U0406344

"十三五"国家重点出版物出版规划项目

工业工程案例精选

主 编 陈友玲
参 编 杨续昌 高庆萱 谷梦瑶

机械工业出版社

本书根据作者多年来在工业工程领域教学科研的实践经验，并结合工业工程在实际中的应用情况，选择了机械制造、城市交通、电子生产、建筑施工、服装加工、家具生产、汽车制造、医院管理、高校管理、出版装订、餐饮等领域的 44 个实际案例，介绍了工作研究、程序分析、作业分析、时间研究、预定动作时间标准法、工作抽样、学习曲线、生产线平衡、生产管理、人因工程、现场改善、设施规划、物流及生产布局改善等内容。每个案例都由案例背景、现状及问题分析、改善方案、改善效果四大内容体系所组成。

本书可作为工业工程、管理科学与工程、机械工程、物流工程、工商管理等专业的本科生和研究生教材，也可作为企事业单位相关专业从业人员的学习参考用书。

图书在版编目（CIP）数据

工业工程案例精选/陈友玲主编．—北京：机械工业出版社，2020.5（2025.1 重印）

"十三五"国家重点出版物出版规划项目

ISBN 978-7-111-65501-5

Ⅰ.①工⋯　Ⅱ.①陈⋯　Ⅲ.①工业工程-案例　Ⅳ.①F402

中国版本图书馆 CIP 数据核字（2020）第 072990 号

机械工业出版社（北京市百万庄大街 22 号　邮政编码 100037）
策划编辑：裴　泱　责任编辑：裴　泱　王海霞　商红云
责任校对：郑　婕　封面设计：张　静
责任印制：单爱军
北京虎彩文化传播有限公司印刷
2025 年 1 月第 1 版第 4 次印刷
184mm×260mm・15.5 印张・372 千字
标准书号：ISBN 978-7-111-65501-5
定价：45.00 元

电话服务　　　　　　　　网络服务
客服电话：010-88361066　　机　工　官　网：www.cmpbook.com
　　　　　010-88379833　　机　工　官　博：weibo.com/cmp1952
　　　　　010-68326294　　金　书　网：www.golden-book.com
封底无防伪标均为盗版　　　机工教育服务网：www.cmpedu.com

前　言

　　工业工程（Industrial Engineering，IE）始创于 1993 年，是工程技术与管理科学相结合的综合性交叉学科，强调"系统观念"和"工程意识"，重视对研究对象的"统筹规划、整体优化和综合管理"；以降低成本、提高质量和效率为导向，通过运用工业工程理论方法和手段，对由人员、设备、物料、能源和信息所组成的复杂系统进行规划、设计、评价、创新和决策。工业工程为提高企事业单位效益和效率、降低成本做出了卓越的贡献。目前，我国对加快建设发展新工科、实施卓越工程师教育提出了较高的要求，明确提出要推广实施案例教学、项目式教学等研究性教学方法，注重综合性项目的训练，以提升学生解决复杂工程问题的能力。案例教学是培养学生发现问题、分析问题、解决问题的重要途径，国外的哈佛大学、斯坦福大学等知名学府无一不将案例教学作为人才培养的重要方式，为社会培养了大量的优秀人才，取得了巨大的成功。哈佛商学院几乎所有的课程都采用案例教学，案例库收录了 8000 多个教学案例，学生在校期间要学习 500 个左右的案例，案例教学丰富了学生的知识，锻炼了学生的实践创新能力，实现了理论和实践的有机结合。我国案例教学起步较晚，案例教学相关教材更是严重缺乏，不能满足目前国家对创新人才培养的需要，为此，我们编著了《工业工程案例精选》一书，希望本书的出版能缓解目前我国缺乏案例教学教材的问题，并将以教师授课为主的传统教学方式转变为以学生探究、讨论案例为主的研究性教学方式，培养学生发现问题、分析问题、解决问题的能力。

　　本书根据作者多年来在工业工程领域教学科研的实践经验，并结合工业工程在实际中的应用情况编写，选择了包括工作研究、程序分析、作业分析、时间研究、预定动作时间标准法、工作抽样、学习曲线、生产线平衡、生产管理、人因工程、现场改善、设施规划、物流及生产布局改善等内容的 44 个实际案例，涉及机械制造、城市交通、电子生产、建筑施工、服装加工、家具生产、汽车制造、医院管理、高校管理、出版装订、餐饮等领域，每个案例都由案例背景、现状及问题分析、改善方案、改善效果四大内容体系所组成。除此以外，本书还具有如下特色：

　　精选案例。书中 44 个案例均为实际案例，分别来源于作者负责实施过的实际项目、作者咨询指导过的实际企业，以及公开发表的期刊和论文。这些案例都是精心挑选出来的，大多是第一次公开与读者见面，且都是为企业带来较好效益的案例。

　　注重应用。本书不讲过多的理论方法、定义和概念，每章均由多个案例构成，旨在通过案例来介绍相关的理论知识，培养读者提出问题、分析问题、解决问题的能力，使读者能尽快掌握提高企业生产效率和效益的方法、工具和技术。

　　大胆尝试。本书的编著历时几年时间，中途也替换过一些案例。书中的案例均根据其性质进行了归类，并采取了统一规范的编写格式，每个案例结构完整，均包括生产现状、改善方案和改善结果。

这种案例编著形式是一次大胆的尝试，期望通过本书抛砖引玉，为我国工科高等教育人才培养尽绵薄之力。

涉及面广。书中案例涉及机械制造、服务、教育、交通运输等行业，涉及面广，适应性强。每个案例均图文并茂，且在实际应用中都获得了较好的应用效果。

本书由重庆大学陈友玲任主编，安徽科技学院杨续昌编写了第 11 章，重庆大学高庆萱编写了第 6 章，中国计量大学谷梦瑶编写了第 10 章，其余章节均由陈友玲编写，全书由陈友玲负责统稿。陈友玲指导的重庆大学部分研究生参与了案例收集和部分图表、文稿的整理及校对等工作。

本书在编写过程中参阅了大量的参考资料，也得到了许多合作企事业单位的大力支持，在此表示由衷的感谢。

本书的编写是一次新的尝试，也是一次挑战，尽管我们为此付出了努力，但由于能力所限，纰漏和不妥之处在所难免，恳请读者不吝赐教，以便在今后再版时加以改进。

作　者

目　　录

前言

第1章　工作研究 ·· 1
　　1.1　概述 ·· 1
　　1.2　工作研究在流水线平整中的应用 ································· 1
　　1.3　方法研究在 D 公司作业优化中的应用 ························· 7
　　1.4　某公司运用工作研究提高生产效率 ···························· 12
　　1.5　方法研究在某公司自动封箱称重生产线改善中的应用 ···· 15
　　1.6　本章小结 ·· 19

第2章　程序分析 ·· 20
　　2.1　概述 ·· 20
　　2.2　某公司变压器生产流程改善 ····································· 21
　　2.3　汽车前排座椅装配线程序分析 ·································· 24
　　2.4　程序分析法在投影仪装配线改善中的应用 ··················· 30
　　2.5　某高校体能测试流程优化改善方案 ···························· 36
　　2.6　某三级甲等医院就诊流程优化改善方案 ····················· 42
　　2.7　本章小结 ·· 45

第3章　作业分析 ·· 46
　　3.1　概述 ·· 46
　　3.2　角环烘烤的人机作业分析 ·· 46
　　3.3　装运轿壁、轿厢工作的联合作业分析 ························ 50
　　3.4　某杂志封面后期加工过程的作业分析 ························ 52
　　3.5　纸巾生产线包装单元的双手作业分析 ························ 55
　　3.6　本章小结 ·· 58

第 4 章　时间研究 … 59
4.1　概述 … 59
4.2　抽水泵装配作业时间研究 … 59
4.3　汽车后门里板冲压工序时间研究 … 64
4.4　某公司现场作业标准化研究 … 67
4.5　本章小结 … 75

第 5 章　预定动作时间标准法 … 76
5.1　概述 … 76
5.2　MOD 法在装配流水线平衡中的应用 … 76
5.3　MOD 法在轴承装配线平衡中的应用 … 81
5.4　MTM 法在上海 DZ 公司中的应用 … 88
5.5　本章小结 … 93

第 6 章　工作抽样 … 94
6.1　概述 … 94
6.2　工作抽样在管理人员工作效率方面的应用 … 94
6.3　工作抽样在某家具厂生产管理中的应用 … 97
6.4　某服装缝制车间作业时间研究 … 101
6.5　本章小结 … 105

第 7 章　学习曲线 … 106
7.1　概述 … 106
7.2　学习曲线在某企业成本预测中的应用 … 107
7.3　学习曲线在服装生产企业中的应用 … 108
7.4　学习曲线在经济订购量模型中的应用 … 110
7.5　学习曲线在建筑施工工期预测中的应用 … 112
7.6　本章小结 … 115

第 8 章　生产线平衡 … 116
8.1　概述 … 116
8.2　玩具小车生产线平衡 … 117
8.3　车身装配生产线平衡 … 121
8.4　SMT 生产线平衡 … 125
8.5　本章小结 … 129

第 9 章　生产管理 … 130
9.1　概述 … 130
9.2　某公司油箱车间设施布局优化方案 … 130
9.3　某订书机公司生产运营解决方案 … 137
9.4　某烟厂生产计划组织管理方案 … 142
9.5　某公司计算机上盖材料利用率提升改善方案 … 147
9.6　价值流在装配线生产中的应用 … 151
9.7　本章小结 … 175

第 10 章　人因工程 … 176
10.1　概述 … 176
10.2　城市公交车的人因工程设计 … 176
10.3　基于人因工程学的"双通道"出纳台设计 … 179
10.4　某冲压厂冲压工艺人因工程改善 … 182
10.5　本章小结 … 185

第 11 章　现场改善 … 186
11.1　某快餐店供餐水平和就餐环境改善 … 186
11.2　某电子科技公司成形车间流程改善 … 189
11.3　某电子科技公司电路板制造车间效率改善 … 193
11.4　本章小结 … 199

第 12 章　设施规划 … 200
12.1　概述 … 200
12.2　某电子厂物流系统规划的选址问题 … 200
12.3　N 公司 NP 事业处新产品场地规划 … 207
12.4　本章小结 … 211

第 13 章　物流及生产布局改善 … 212
13.1　某公司物流配送改善 … 212
13.2　某公司生产布局改善研究与应用 … 225
13.3　本章小结 … 238

参考文献 … 239

第1章 工作研究

1.1 概述

工作研究包括方法研究与作业测定两大技术。方法研究在于寻求经济有效的工作方法,主要包括程序分析、作业分析和动作分析。而作业测定是确定各项作业科学合理的工时定额,主要包括秒表测时、工作抽样、预定时间标准和标准资料法。

工作研究中的方法研究和作业测定这两种技术密切相关。前者着眼于对现有工作方法的改进,其实施效果要运用作业测定来衡量;而后者是努力减少生产中的无效时间,为作业制定标准时间。在进行工作研究时,一般是先进行方法研究,制订出标准的作业方法,然后再测定作业时间。作业测定要以方法研究所选择的较为科学合理的作业方法为前提,并在此基础上制定出标准作业时间定额;而方法研究则是将作业测定的结果作为选择和评价工作方法的依据。因此,两者是相辅相成的。

1.2 工作研究在流水线平整中的应用

1.2.1 案例背景

某企业主要从事各种机型激光头的加工生产,产品主要用于各种 CD、CD-ROM、CD-RW 中。在整个生产工艺过程中,H-S 准备工段是整个生产过程的关键,目前由于设备能力不足、工位布置和作业分工不合理,导致生产线平衡率较低,降低了生产线的生产效率和生产能力。企业为了完成生产任务,不得不采取增员、扩线、加班等措施,由此极大地增加了企业的生产成本。本案例针对现行生产线存在的问题,通过内部挖潜找出影响生产线平衡率的因素,并实施一系列的改善措施,达到了提高生产线平衡率和生产效率,降低生产成本的目的。

1.2.2 现状及问题分析

H-S 准备工段共有 13 条流水线,每条流水线有 20 个作业工位(见表 1-1)。其中,后三个工位（LD 脚剪切、扩散镜粘接 1、扩散镜粘接 2）是专门为 LD 组件装配工位加工 LD 组件的，总称为 D-L 准备。从工艺的角度来看，其作业内容应该独立于 H-S 准备工段，但目前工段把这三个工位也安排到生产线上，按照整条线的节拍进行加工生产，这样的工位布置方式明显不合理。H-S 准备工段主要生产 W33、W34、W35 机型（W33、W34、W35 是激光头的机型名称）。该工段目前定员 513 人，其中 H-S 准备工段（包括 D-L 准备）标准定员 493 人，其他 20 人为工段管理人员，有效工作时间每天 10.5h，人均日产量 108 台。该工段的后续工段是合拢组装，如果该工段的生产不顺畅，将严重影响后续工段的加工生产，从而影响整个产品的产出计划。为了解决 H-S 准备工段目前生产存在的问题，开展了以下工作：

1. 生产线问题调查

作业时间是生产线生产能力的主要衡量标准，也是核算生产线平衡率的基础数据，利用生产线各工序的作业时间挖掘生产中的瓶颈工位。为此，采用秒表测时等方法得出生产线各工位作业标准时间，见表 1-1。

表 1-1　各工位作业标准时间

序　号	工序名称	工位定员	标准时间/s
1	反射镜装配	2	8.4
2	半透镜 A 装配	1	4.6
3	半透镜 B 装配	2	5.3
4	半透镜 UV 点胶	2	5.7
5	光栅装配	2	4.7
6	LD 组件装配	2	5.2
7	LD 支架点胶	2	7.1
8	FMD 粘接	2	9.2
9	FPC 装配	2	5.9
10	驱动 IC 固定	2	4.8
11	LD 焊接	2	4.2
12	FPC 盖装配	2	4.7
13	H-S 半成品检查	2	5.1
14	条码粘贴	2	4.9
15	ACT 装配	2	6.8
16	ACT 焊接	2	6.4
17	H-S 成品检查	2	6.5
18	LD 脚剪切	1	2.7
19	扩散镜粘接 1	2	3.7
20	扩散镜粘接 2	2	5.4
合计		38	111.3
平均			5.6

通过表1-1计算得出 H-S 准备工段时间利用率（或者流水线负荷系数）。首先计算流水线节拍，计算公式为

$$r = \frac{F_e}{N} = \frac{10.5 \times 3600}{108 \times 38} \text{s/件} = 9.2 \text{s/件} \tag{1-1}$$

$$\eta = \sum_{i=1}^{m}[t_i s_{ei}/(rs_0)] = \sum_{i=1}^{20}[t_i s_{ei}/(rs_0)] \tag{1-2}$$

式中　η——生产线时间利用率；
　　　t_i——第 i 工位标准时间；
　　　s_{ei}——第 i 工位定员数（或采用的工作地数）；
　　　r——流水线节拍；
　　　m——工位数；
　　　s_0——流水线定员数（或采用的工作地数）。

通过计算得出 H-S 准备工段生产线时间利用率为

$$\eta = \sum_{i=1}^{m}[t_i s_{ei}/(rs_0)] = \sum_{i=1}^{20}[t_i s_{ei}/(rs_0)]$$
$$= [215.3/(9.2 \times 38)] \times 100\% = 61.6\%$$

则时间损失率为

$$\varepsilon = 1 - \eta = 1 - 61.6\% = 38.4\% \tag{1-3}$$

这意味着在生产过程中，有 38.4% 的时间由于生产线配置不平衡而损失了。造成这一现象的根本原因是工位时间不平衡，存在瓶颈工位，为此，应找出生产线上的瓶颈工位，发现作业时间较长的瓶颈工位如下：

1) 第一瓶颈：FMD 粘接（9.2s）。
2) 第二瓶颈：反射镜装配（8.4s）。
3) 第三瓶颈：LD 支架点胶（7.1s）。
4) 第四瓶颈：ACT 装配、ACT 焊接、H-S 成品检查三个工位（平均时间为 6.6s）。
5) 后三个工位（LD 脚剪切、扩散镜粘接 1、扩散镜粘接 2）构成的 D-L 准备子工段。

2. 瓶颈工位及 D-L 准备子工段问题分析

根据工段实际状况，运用"5W1H"提问技术对各工位完成任务的目的、方法、人员、时间、地点及原因等方面进行分析，发现造成瓶颈的主要原因如下：

1) FMD 粘接工位时间长的原因是该工位设备能力不足。FMD 粘接工位所用的粘接机是双导轨、两底座的机器，目前该设备的生产能力不足，无法满足生产要求，从而造成该工位等待加工现象。

2) 反射镜装配工位时间长的原因是定员不合理。目前该工位定员 2 人，作业时间 8.4s，比流水线平均作业时间 5.6s 长 2.8s，为了提高流水线时间利用率，减少时间损失，必须减少该工位的作业时间，使其等于或者接近流水线的节拍。为此，需要增加相关设备以提高该工位的生产能力，另外，企业目前还有一套闲置未用的反射镜装配设备可用，具备提高该工位生产能力的条件。

3) FPC 装配工位和 LD 焊接工位时间长的原因是作业内容分配不均衡。目前，FPC 装配

工位的作业时间为5.9s,而LD焊接工位的作业时间为4.2s,可以从工艺角度对这两个工位的工作内容进行重新分配,使得两工位的作业时间均衡。

4) ACT装配工位、ACT焊接工位和H-S成品检查工位时间长的原因是人力不足。这三个工位的作业内容和设备比较简单,由于检查人员不足造成延误,致使这三个工位的作业时间分别为6.8s、6.4s和6.5s,均超过整条流水线平均作业时间(5.6s)。为此,可采取适当增加检查人员的方法来缩短加工时间。

5) LD支架点胶工位设备能力不足。该工位的作业时间主要由设备能力决定,改进的主要方向是减少设备辅助时间,以提高设备的工作效率。

6) D-L准备子工段存在能力过剩现象,造成了资源浪费。通过人机操作分析,得知目前扩散镜粘接机的工作时间为9.1s,手动时间为5.0s,有4.1s的空闲时间。如果对人机操作进行改善,则可以提高利用率。另外,D-L准备子工段是为H-S准备工段提供备件的,其作业内容和工艺相对独立,完全可以从H-S准备工段中独立出来进行小组作业,以便利用过剩的生产能力。

3. 确定改善目标

通过以上分析可知,如果能将生产线的节拍由9.2s降到5.6~6s,则可使生产线平衡率由61.6%提升到85%,每条生产线的总体生产能力将提升24%。原来由13条生产线完成的生产任务,改善后由10条生产线就可以完成,这将为企业节约3条生产线的成本和100个左右的劳动力。为此,改善目标是将生产线的节拍降至6s以下,人均产量由原来的108台/人·天提升到160台/人·天。

1.2.3 改善方案

在对生产线存在的问题进行分析的基础上,利用"ECRS"(取消、合并、重排、简化)四大原则,结合动作经济性原则和生产线平衡理论,对生产线进行了如下改善,提高了生产能力:

1. 增加FMD粘接设备

FMD粘接工位是最为关键的工位,决定着整条生产线的生产能力。为此,合理利用废旧资源,对企业闲置的转盘式六底座粘接机进行改进,改进后同样可以完成FMD粘接工作,消除了FMD粘接工位的生产瓶颈,减少了工位作业时间。改进后该工位的作业时间由9.2s降到5.6s,达到了生产线平衡率的要求。

2. 重新分配FPC装配工位和LD焊接工位的作业内容

对这两个工位的作业内容进行重新分配,把原来FPC装配工位中"打色点"的作业内容调整到LD焊接工位。改进后,FPC装配工位的作业时间由5.9s降为5.3s,LD焊接工位的作业时间由4.2s升至5.1s,作业基本均衡。此改进不影响产品性能和质量要求,需要注意的是作业内容重新分配后,要对作业人员进行重新培训。

3. 改善反射镜装配、ACT装配、ACT焊接及H-S成品检查工位的生产能力

影响这四个工位生产能力的主要问题是设备能力和定员不足,改善方案是通过追加设备和定员来减少工位作业时间。根据前述调查分析,反射镜装配工位增加1名人员和1套设备

（企业有闲置设备），工位时间可降至 5.6s。由于 H-S 准备工段生产线是两条线并排且流向相同，后三个工位每并排的两条线增加 1 个定员，相当于每条线只增加 0.5 个定员，就可将各工位的作业时间由原来的 6.8s、6.4s 和 6.5s 降到 5.4s、5.1s 和 5.2s，达到了生产线平衡率的要求。

4. 降低 LD 支架点胶工位的机器作业时间

该工位的机器作业时间主要由两部分构成：一是点胶时间；二是光枪照射时间。可以改进的地方主要是机架运动时间和照射时间。由于照射时间主要是满足点胶剥离强度要求，要减少照射时间必须增加照射强度，并满足光枪寿命要求和质量要求。经试验证明，可以通过适当增加照射强度、减少照射时间来达到减少机器作业时间的目的。改进后，照射时间减少 3s，点胶机架运动时间减少 1s，总工作时间从原来的 7.1s 降到 5.7s（照射时间和点胶时间有交叉部分），接近生产线平均工作时间（5.6s）。

5. 改进扩散镜粘接机的结构

通过对扩散镜粘接机的工作原理和性能参数进行分析，采用增加两根光枪的方法对扩散镜粘接机进行如图 1-1 所示的改造。根据产品生产技术要求，将照射强度设定为 $375mW/cm^2$、照射量设定为 $6000mJ/cm^2$（技术要求为 $200 \sim 400mW/cm^2$ 和 $5000 \sim 8000mJ/cm^2$），且参数值均在设备允许的量程内。通过这一改进，机器的作业时间由原来的 9.1s 降为 5.4s，缩短了 3.7s。

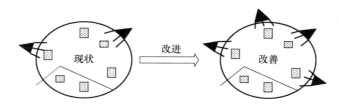

图 1-1　扩散镜粘接机示意图

6. 对 D-L 段实行分段管理

为了降低盈余的生产能力，减少生产浪费，将 D-L 段从原来的 H-S 准备工段的生产线上分离出来，成立一个独立的 D-L 加工组，实行分段管理，进行小组作业。除此以外，还需要对工作台进行重新布置。改进后，不仅完成了 H-S 准备工段的生产任务，还节约了 10 名定员（改进前工段白班、晚班共 52 人，改进后只需要 42 人就可以满足作业要求）、6 台显微镜、6 台气吹、6 台 GT 插入治具。

7. 改善后各工位作业时间

改善前后各工位作业时间及人员配备见表 1-2。

8. 改善方案的具体实施

改善后试点生产线产能情况如图 1-2 所示。从图 1-2 中可以看出，在调查的 10 个时间段内，只有第 4 段和第 6 段的产量没有达到目标产量 600 台/h。追溯其原因，发现第 4 时间段没达标的原因是 FPC 工位的工人因送产品到高温房而离岗，耽误了 20min 的作业时间，造成产量只有 540 台/h；第 6 时间段没达标的原因是 LD 支架供料不及时。如果在正常的生产条件下，这两个时间段的产量均能达到或超过 600 台/h。试点成功后，改善方案将在其他生产线上推广应用。

表1-2 改善前后各工位作业时间变化表

序号	工位名称	改善前工位定员	改善后工位定员	改善前标准时间	改善后标准时间
1	反射镜装配	2	2.5	8.4	5.6
2	半透镜A装配	1	1	4.6	4.6
3	半透镜B装配	2	2	5.3	5.3
4	半透镜UV点胶	2	2	5.7	5.7
5	光栅装配	2	2	4.7	4.7
6	LD组件装配	2	2	5.2	5.2
7	LD支架点胶	2	2	7.1	5.7
8	FMD粘接	2	2	9.2	5.6
9	FPC装配	2	2	5.9	5.3
10	驱动IC固定	2	2	4.8	4.8
11	LD焊接	2	2	4.2	5.1
12	FPC盖装配	2	2	4.7	4.7
13	H-S半成品检查	2	2	5.1	5.1
14	条码粘贴	2	2	4.9	4.9
15	ACT装配	2	2.5	6.8	5.4
16	ACT焊接	2	2.5	6.4	5.1
17	H-S成品检查	2	2.5	6.5	5.2

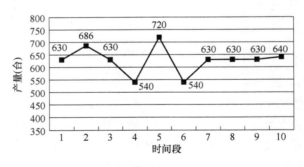

图1-2 小时产量推移图

1.2.4 改善效果

1. 提高了生产线的生产能力

改进后，H-S准备工段生产线更加顺畅，流程更加合理，生产线平衡率得到了较大提升。由表1-2可知，改善前生产线的节拍为9.2s，改善后为5.7s，生产线平衡率由61.6%提升至91.1%，人均产量也从108台/天提升到165台/天。

2. 节约了人力资源，降低了人工成本

通过对H-S准备工段的改善和对D-L准备子工段的分段管理，减少了员工，节约了人工成本。

1.3 方法研究在 D 公司作业优化中的应用

1.3.1 案例背景

D 公司是专业生产成套低压电气设备的公司，在其配套产品中，EC 系列电箱是专为上海某公司的高速注塑机配套生产的。EC 系列电箱有 EC100、EC160、EC220、EC250 四种规格，最大月生产量为 50 多台，年产值约 600 万元，为此，D 公司成立了生产班组专门生产 EC 系列电箱。本案例以电箱装配为研究对象，对其作业进行优化分析并提出改善方案。

1.3.2 现状及问题分析

1. 电箱装配流程

电箱装配流程如图 1-3 所示。

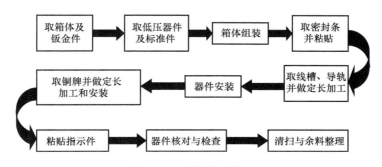

图 1-3　电箱装配流程

各操作步骤的主要作业内容如下：

（1）取箱体及钣金件　将手动液压小车推至箱体及钣金件存放处，然后将检查合格的箱体及钣金件装上小车并运回装配点，最后将箱体及钣金件卸下并堆在生产支架上。相关工序如图 1-4 中的番号①~⑤所示。

（2）取低压器件及标准件　将小车推到仓库，把配好的电器装上小车并运到装配点，卸车待生产，然后推车去取生产中要用的螺母、螺钉等标准件。相关工序如图 1-4 中的番号⑥~⑨和Ⓐ~Ⓒ所示。

（3）箱体组装　将电箱门、安装板、箱壳及相关钣金件装配成一个完整的电箱体。相关工序如图 1-4 中的番号Ⓓ所示。

（4）取密封条并粘贴　推车去辅料库将所需规格的密封条装车运回生产点后，在电箱的有关位置贴上密封条。相关工序如图 1-4 中的番号Ⓔ~Ⓗ所示。

（5）取线槽、导轨并做定长加工　将小车推到辅料库，将线槽及盖板、标准导轨运到切割机旁做定长加工，然后将加工好的线槽及导轨运回装配点。相关工序如图 1-4 中的番号Ⓘ~Ⓜ所示。

(6) 器件安装 采用导轨安装或配装的方式,将所有低压器件在柜内安装好,然后装好线槽,盖好线槽盖板。相关工序如图 1-4 中的番号Ⓝ所示。

(7) 取铜牌并做定长加工和安装 将小车推到辅料库,将长铜牌运到液压机旁加工,然后将加工好的铜牌运回装配点安装在电柜内。相关工序如图 1-4 中的番号Ⓞ~Ⓣ所示。

(8) 粘贴指示件 将与电器匹配的指示件粘贴在线槽盖板及安装板上。

(9) 器件核对与检查 核对电箱内指示件所对应器件的规格、型号是否与装配图相符。相关工序如图 1-4 中的番号Ⓥ所示。

(10) 清扫与余料整理 用吸尘器吸柜内的垃圾颗料,清扫现场并将多余的辅料和垃圾运到指定的堆放区分类堆好。

2. 作业人员移动线路调查

通过现场调查,根据作业人员的实际行走路径,绘出箱体与器件组装工序中作业人员移动线路图,如图 1-4 所示,图中每一根箭头线表示作业人员的一次移动,箭头方向表示移动方向。图 1-4 中各工序的工作内容如图 1-5 左侧所示。

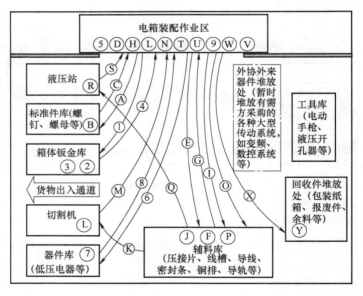

图 1-4 作业人员移动线路图(改善前)

3. 装配作业流程程序图

根据实际情况绘制的装配作业流程程序图如图 1-5 所示。

4. 存在的问题分析

从图 1-4、图 1-5 中发现,原装配作业存在以下问题:

1) 作业流程中移动次数过多。

2) 往返现象严重,存在倒流现象。

3) 移动主要集中在装配区与辅料库之间,材料库与装配现场中间的墙壁造成了生产现场与材料库之间的频繁移动现象。

4) 作业环境由于是装接与配线混在一起,存在铁屑、线头等,作业环境杂乱,不便于管理。

工序说明	距离/m	时间/min	动作 操作	输送	检查	延迟	储存
1.推车来取附件及箱体	18	1.3	○	→	□	D	▽
2.检查箱体及相关附件	0	7.8	○	→	■	D	▽
3.将合格箱体及附件装车	0	12.2	●	→	□	D	▽
4.将箱体及附件运至生产区	18	3.8	○	→	□	D	▽
5.箱体及安装附件卸车	0	11.1	●	→	□	D	▽
6.将手推车推至器械库	28	2.1	○	→	□	D	▽
7.器件领取并装车	0	5.8	●	→	□	D	▽
8.将器件运回生产区	28	2.9	○	→	□	D	▽
9.器件卸车	0	3.8	●	→	□	D	▽
A.去标准件库取螺钉、螺母	14	1.1	○	→	□	D	▽
B.取适当的螺钉、螺母等	0	3.2	●	→	□	D	▽
C.将标准件运回生产区	14	1.3	○	→	□	D	▽
D.箱体总装	0	43.6	●	→	□	D	▽
E.推车来取密封条	24	1.8	○	→	□	D	▽
F.密封条领取及装车	0	4.6	●	→	□	D	▽
G.将密封条运回生产区	24	2.2	○	→	□	D	▽
H.安装密封条	0	19.7	●	→	□	D	▽
I.取导轨、线槽及盖板	24	1.8	○	→	□	D	▽
J.领取辅料并装车	0	9.7	●	→	□	D	▽
K.将导轨等运到切割机处	5	0.9	○	→	□	D	▽
L.切割导轨、线槽及盖板	0	37.3	●	→	□	D	▽
M.将导轨等运到作业区	26	2.2	○	→	□	D	▽
N.电箱内低压器件安装	0	104.9	●	→	□	D	▽
O.推车来取铜牌	24	1.8	○	→	□	D	▽
P.领取对应铜牌并装车	0	2.2	●	→	□	D	▽
Q.将铜牌运至液压站	18	1.6	○	→	□	D	▽
R.按图制作规定长度的铜牌	0	28.7	●	→	□	D	▽
S.将标准铜牌运回生产区	8	0.6	○	→	□	D	▽
T.在电箱内装铜牌	0	12.7	●	→	□	D	▽
U.粘贴指示件、安装电箱标牌	0	19.4	●	→	□	D	▽
V.进行整体电箱检查	0	7.3	○	→	■	D	▽
W.清扫电箱、整理边角余料	0	7.2	●	→	□	D	▽
X.将边角余料送到指定地点	29	2.2	○	→	□	D	▽
Y.边角余料分类堆放	0	5.0	●	→	□	D	▽
合计	302	373.8	17	15	2		

图 1-5　装配作业流程程序图（改善前）

1.3.3　改善方案

1. 制订改善方案

根据前面描述的问题，运用"5W1H"技术和"ECRS"四大原则，制订改善方案如下：

1）重新布局装配作业区。将工具库移至紧靠液压站旁，将装配作业区调整到靠近材料库。

2）器皿标准化。每辆工具小车上装 6 只塑料盒，装配前将常用标准件（螺钉、螺母）

备在小车上以节省去取零件的时间。

3) 采购标准原材料。直接采购长 0.8m 的标准导轨，可直接装入电箱，避免再次切割工作量。

4) 合并工序，改变装配顺序。为了避免粘贴密封条时拆装电箱箱体造成的返工，在安装电箱门、侧板、箱顶时先粘贴密封条，再安装箱门、侧板、箱顶。

5) 改变作业顺序。将原来在箱内安装板上先安装导轨，再将器件——卡装在导轨上的方式改变为先把器件卡装在导轨上，然后再将导轨用螺钉固定在安装板上的作业方式。通过这一作业方式的改变，明显地减少了工人频繁转身取器件、卡装、调整的工作量。

6) 合理调整取货顺序。在取低压器件时，一并将密封条、线槽、导轨等辅料装上小车，然后运到各相关作业点，减少了运送次数。

7) 使用专业配套商。寻找可以完全按 D 公司的技术要求生产接地铜牌的专业钣金厂。

8) 改变箱内导线的固定方式。与主机厂家进行技术沟通和探讨后，决定改变目前箱内导线的固定方式，采用扎线方式，这样既美观，又节省电箱空间和线槽，节约了成本。

9) 增加外层保护。要求钣金生产厂家对每台箱体采用贴膜工艺，有效地减少了电箱在搬运过程中因油漆受损而导致的质量问题。

10) 配置了可调扭矩的气动拧螺钉工具（气动手枪），提高了拧螺钉的效率。

2. 改善后的作业人员的移动线路

改善后的作业人员移动线路图如图 1-6 所示。

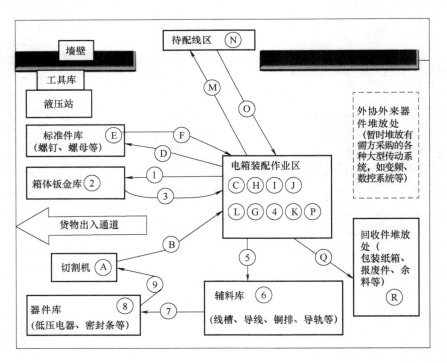

图 1-6　作业人员移动线路图（改善后）

3. 改善后的装配流程程序

改善后的装配流程程序图如图 1-7 所示。

第1章 工作研究

工序说明	距离/m	时间/min	动作				
			操作	运输	检查	延迟	储存
1.推车来取附件及箱体	5	0.5	○	→	□	D	▽
2.将箱体及相关附件装上小车	0	12.2	●	→	□	D	▽
3.将箱体及附件运至生产区	5	1.7	○	→	□	D	▽
4.箱体及附件卸车	0	11.1	●	→	□	D	▽
5.将手推车推至辅料库	6	0.6	○	→	□	D	▽
6.领取辅料并装车	0	11.8	●	→	□	D	▽
7.从辅料库推车到器件库	4	0.7	○	→	□	D	▽
8.领取器件并装车	0	5.8	●	→	□	D	▽
9.从器件库推车到切割机旁	5	0.9	○	→	□	D	▽
A.进行导轨加工	0	27.8	●	→	□	D	▽
B.将手推车从切割机运至装配区	7	1.2	○	→	□	D	▽
C.将低压电器及辅料卸下待用	0	13.2	●	→	□	D	▽
D.到标准件库取标准件	6	0.6	○	→	□	D	▽
E.领取标准件	0	3.2	●	→	□	D	▽
F.返回生产区	6	0.6	○	→	□	D	▽
G.标准件生产前布置	0	2.8	●	→	□	D	▽
H.电箱箱体组装	0	52.2	●	→	□	D	▽
I.箱内器件组装	0	97.8	●	→	□	D	▽
J.粘贴指示件、安装电箱标牌	0	21.4	●	→	□	D	▽
K.清扫电箱	0	7.3	○	→	■	D	▽
L.将已装配好的电箱装上车	0	3.5	●	→	□	D	▽
M.将装好的电箱体运到配线区	24	2.2	○	→	□	D	▽
N.装配好的电箱卸车	0	3.5	●	→	□	D	▽
O.小车返回原作业区	24	1.1	○	→	□	D	▽
P.现场清扫、整理边角余料	0	5.2	●	→	□	D	▽
Q.将边角余料送到指定地点	9	1.4	○	→	□	D	▽
R.边角余料分类堆放	0	5.0	●	→	□	D	▽
合计	101	295.3	15	11	1		

图1-7 装配流程程序图（改善后）

1.3.4 改善效果

改善前后装配作业各工序效果比较见表1-3。从表中可以看出，改善后搬运距离缩短了2/3，工序数、作业时间也有明显减少，通过改善优化了作业流程，缩短了移动路线，提高了生产效率。

表1-3 改善前后装配作业各工序效果比较

过程	工 序 数			时间/min			距离/m		
	改善前	改善后	效果	改善前	改善后	效果	改善前	改善后	效果
加工	17	15	2	331.1	276.5	54.6			
移动	15	11	4	27.6	11.5	16.1	302	101	201

(续)

过程	工序数			时间/min			距离/m		
	改善前	改善后	效果	改善前	改善后	效果	改善前	改善后	效果
检查	2	1	1	15.1	7.3	7.8			
等待	0	0	0	0	0	0			
合计	34	27	7	373.7	295.3	78.4	302	101	201

1.4 某公司运用工作研究提高生产效率

1.4.1 案例背景

大连 A 电子工业公司（A 公司）是国家定点生产录像机的企业，某年 10 月份，该公司与 B 电器公司（B 公司）签订了 20000 台录像机的组装合同，合同规定该公司必须在次年 1 月份前完成全部组装任务。为了能在规定的时间内按期交货，计划产量必须达到 220 台/天，但目前该公司的产量只有 136 台/天。为了提高生产效率，按期交货，该公司运用工作研究方法对其生产现状进行了改善，获得了令人满意的效果。

1.4.2 现状及问题分析

A 公司拟生产该产品的工艺过程为：元件成形→插件→修正→电源组件装检→整机装检→其他工序及辅助工序。B 公司需要的机种是 A 公司首次生产，A 公司根据 B 公司提出的技术要求对现有的生产资源进行计划安排。每天有效工作时间为 7h，日产量为 220 台，主要生产工序有 6 道，工位数合计 102 个，见表 1-4。

表 1-4 人员安排

工序	元件成形	插件	修正	电源组件装检	整机装检	其他工序及辅助工序	合计
工位数	3	30	7	9	24	29	102

经实地调查，发现修正工序在制品积压严重，属于瓶颈工序。修正工序共有 7 个工位，研究者用秒表对每个工位的操作时间进行了"测时"，得出了修正工序各工位的操作时间，见表 1-5。

表 1-5 修正工序各工位的操作时间

工位号	1	2	3	4	5	6	7
工位操作时间/s	104.5	123.9	116.4	65.1	75	109.8	67.8

从表 1-5 中可以看出，修正工序的第 2 工位操作时间最长，为 123.9s，是修正工序的瓶颈工位。通过分析发现第 2 工位的工作地面积较小，工具、工装和半成品摆放不够合理。

1.4.3 改善方案

1. 提高瓶颈工序的产能

根据动作经济原则,重新布置了修正工序的各个工位,把工具、工装和半成品摆放在合理的位置,并且将熟练工人调动到了修正工序的第 2 工位。

经过以上改进,修正工序第 2 工位的工序时间由原来的 123.9s 降至 113s,效率提高了 8.8%,若每天的有效工作时间为 7h,则

改进前:工序时间为 123.9s,日产量 = $\frac{60 \times 60 \times 7}{123.9}$ 台 ≈ 203 台

改进后:工序时间为 113s,日产量 = $\frac{60 \times 60 \times 7}{113}$ 台 ≈ 223 台

改进后,修正工序第 2 工位已经达到 220 台/天的生产任务目标。修正工序的第二瓶颈为第 3 工位,目前的作业时间为 116.4s,日产量为 216.5 台,距离目标日产量 220 台还差 3.5 台。而第 4 工位的作业时间却只有 65.1s,生产能力富裕,因此,考虑合并第 3、第 4 工位,使其生产能力与目标日产量 220 台基本平衡。

2. 装配线生产能力计算与平衡

(1) 装配线生产能力计算　研究发现,插件工序的工位数为 30 个,占全部工位数的 29.4%,若每个工位配备一个工人,则插件工序的工人数占整条流水线工人数的 29.4%。为此,对元件成形、插件、电源组件装检和整机装检四道工序的人力配置进行了实地测试,得到了主要工序作业时间,见表 1-6,从而可以进行工序生产能力的计算。

1) 元件成形工位生产能力计算。元件成形工位配置人数共 3 人,实际测量完成每套件需 335s/人,则该工位的生产能力为 $\frac{60 \times 60 \times 7 \times 3}{335}$ 台/天 = 225.7 台/天。

2) 插件工位生产能力计算。插件工位共 30 人,其中插件 24 个工位,检查 6 个工位,实际测出插件工序时间为 62.2s,则插件工序的生产能力可达到 $\frac{60 \times 60 \times 7}{62.2}$ 台/天 = 405 台/天。

3) 电源组件装检工位生产能力计算。电源组件装检工序共 9 个工位,实际测量工序时间为 49.4s,则其生产能力为 $\frac{60 \times 60 \times 7}{49.4}$ 台/天 = 510 台/天。

4) 整机装检工位生产能力计算。整机装检工序共 24 个工位,其中装配 12 个工位,检查 12 个工位,实际测量工序时间为 85s,则其生产能力为 $\frac{60 \times 60 \times 7}{85}$ 台/天 = 296 台/天。

改善前装配线各主要工序作业时间与日生产能力见表 1-6。

表 1-6　主要工序作业时间与日生产能力(改善前)

工　序	元件成形	插　件	修　正	电源组件装检	整机装检
工位人数	3	30	7	9	24
每台时间/s	335	62.2	113	49.4	85
有效工作时间/min	420	420	420	420	420
生产能力(台/日)	225.7	405	223	510	296

(2) 装配线生产能力的平衡　从表 1-6 中可以看到，各工序生产能力极不平衡，在人力、物力、时间上均存在较大浪费，需要对装配线各工位的生产能力进行进一步优化平衡。平衡的依据是流水线的节拍，按照生产任务要求，A 公司日生产量为 220 台，有效生产时间按 7h/天计，则流水线生产节拍 $r = \dfrac{60 \times 60 \times 7}{220}$ s/台 = 115s/台。平衡后，每道工序的作业时间应该基本等于流水线的节拍或者为节拍的整数倍。

1) 目前，元件成形工序的生产能力为 225.7 台/天，与日计划产量 220 台相比，生产能力略有富裕。

2) 插件工序的生产能力为 405 台/天，超过计划日生产能力太多，需要对插件工序生产能力进行调整。为此，将插件工序原来的 24 个工位减少为 12 个工位，质检工序的 6 个工位保持不变，通过调整，插件工序的作业时间从原来的 62.2s 延长到 110s，工序操作人员从原来的 30 人减少为现在的 18 人，日生产能力从原来的 405 台降为 229 台，生产能力基本与生产节拍保持一致。

3) 修正工序现有 7 个工位，生产能力为 223 台/天，基本满足计划日产量的要求。

4) 电源组件装检工序的生产能力为 510 台/天，远远超过计划日产量要求，需要对其进行调整。为此，将工位进行必要的合并，工位人数从原来的 9 人减少为 5 人，按照产能 220 台/天计算，工序时间从原来的 49.4s 增加到 $t = \dfrac{60 \times 60 \times 7}{220}$ s = 114.5s，达到了装配线平衡率的要求。

5) 整机装检工序的生产能力为 296 台/天，共 24 个工位，按照计划日产量 220 台进行平衡，则只需要 19 个工位。

6) 其他工序及辅助工序人员由于工作负担不饱满，减少 2 人。

1.4.4　改善效果

调整后，生产人员和生产能力平衡情况见表 1-7。

表 1-7　主要工序的生产能力（改善后）

工　序	人　数			生产能力（台/天）	
	改善前	改善后	增减数	改善前	改善后
元件成形	3	3	0	225.7	225.7
插件	30（含检查）	18	-12	405	229
修正	7（含检查）	7	0	223	223
电源组件装检	9	5	-4	510	220
整机装检	24	19	-5	296	220
其他工序及辅助工序	29	27	-2	—	220
合计	102	79	-23	—	—

从表 1-7 可以看出，通过对装配线进行生产平衡，减少了工位，减少了人员，解决了流水线负荷不均衡的现象，减少的人员可以进一步充实到其他装配工作中，实现了在不增加人员的情况下，提高产量的目的。

1.5 方法研究在某公司自动封箱称重生产线改善中的应用

1.5.1 案例背景

某专业从事计算机、通信、汽车零组件等电子制造产业的电子科技公司，近年来专注提高自身的创新能力和生产能力，取得了一定的成绩。本案例针对该公司的封箱称重生产线，运用AHP层次分析法对其进行研究，提出改善方案，达到提高生产效率，降低生产成本和员工劳动强度的目的。

1.5.2 现状及问题分析

1. 生产现状

该公司的自动封箱称重流程为：扫描→封箱→称重和扫描→搬运至周转车，共四个步骤，现场布局如图1-8所示。其中称重和扫描工作站共设置了7条生产线，实行2班工作制，每班配备4名员工，其作业流程为：作业人员单手抓取两支扫描枪扫描外箱条码，需要4人在封箱工作站将机台从高的线体上搬到低的线体上（高度差为360mm），再手动将包装箱合页。

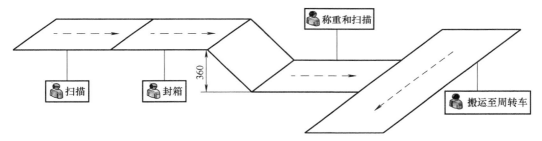

图1-8 自动封箱称重生产线布局图

2. 问题分析

分别采用五五法和鱼骨图对自动封箱称重生产线存在的问题进行分析。

（1）五五法

问：为什么这里需要一名作业人员？

答：因为需要将外箱从高的线体搬到低的线体，且外箱需要合页。

问：为什么要把外箱往下搬？

答：因为线体呈阶梯状。

问：为什么线体呈阶梯状？

答：因为阶梯状可使外箱倾斜，有利于合页和封箱。

问：能否让线体不呈阶梯状且方便合页和封箱？

答：可以，但需要使用自动化设备。

问：如何实现自动化？

答：设计自动封箱机。

(2) 鱼骨图　鱼骨图主要从人员、机器、物料、方法、环境五个方面来分析造成作业效率低、作业人员易疲劳的主要原因，如图1-9所示。

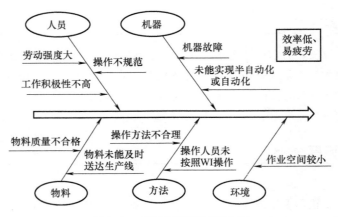

图1-9　劳动效率低原因分析

通过上述分析，发现自动封箱称重生产线存在的主要问题如下：

1) 自动封箱称重生产线共有7条，2个班，每班4人，每个人的工作强度及工作量相差较大，生产线平衡率较低，劳动力没有得到合理的分配和利用。

2) 需要将机台从高的线体搬到低的线体上（高度差为360mm），再手动将包装箱合页，手动搬运机体容易导致作业人员劳动强度大，容易产生疲劳。

3) 作业人员单手抓取两支扫描枪扫描外箱条码，容易造成其手部疲劳。

因此，降低作业人员的劳动强度，进行人力资源的合理配置，是此次改善的主要任务。

1.5.3　改善方案

1. 提出改善方案

根据上面的问题描述及分析提出了三种解决方案：

方案一（P1）：外购部分设备（称重工作站）和改装已有设备（封箱工作站）。

方案二（P2）：外购全套自动化设备（扫描→封箱→称重）。

方案三（P3）：改装已有设备（用斜坡传送带连接高、低线体）。

现在需要在上述三种方案中选取一种最优的改善方案。为此，运用层次分析法（AHP）对三种方案进行评价，选择一种令人较为满意的方案来实施。

2. 运用AHP选择改善方案

假设选择方案的准则是可行性高、效益高和劳动强度小，则评价过程如下：

(1) 建立多级递阶层次结构　将问题分解为三级结构，分别为目标层、准则层、方案层，其关系如图1-10所示。

(2) 建立判断矩阵，计算各级要素的相对重要度，进行一致性检验　根据调查研究得出相对重要度的判断矩阵见表1-8左侧，计算得出的权重系见表1-8右侧。

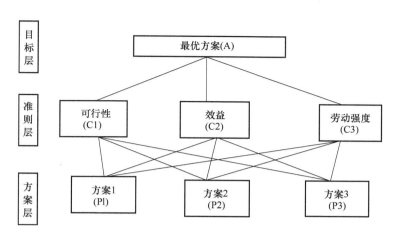

图1-10 目标层、准则层、方案层的相互关系

表1-8 判断矩阵

A	C1	C2	C3	W_i	W_i^0	λ_{mi}
C1	1	1/3	2	0.874	0.230	3.002
C2	3	1	5	2.466	0.648	3.004
C3	1/2	1/5	1	0.464	0.122	3.005

（3）进行一致性检验 $\lambda_{max} = (\lambda_{m1} + \lambda_{m2} + \lambda_{m3})/3 = 3.004$；$CI = (\lambda_{max} - 3)/(3 - 1) = 0.002 < 0.1$，满足一致性指标，由此可知该判断矩阵具有一致性，可继续进行下一阶段的计算工作。

（4）计算 λ_{max} 和 CI 计算系统总体的综合重要度，即进行层次总排序，同时根据最大特征值公式以及一致性指标算出 λ_{max} 和 CI，见表1-9。

表1-9 两两判断矩阵

C1	P1	P2	P3	W_i	W_i^0	λ_{mi}	
P1	1	1/3	1/5	0.405	0.105	3.041	$\lambda_{max} = (\lambda_{m1} + \lambda_{m2} + \lambda_{m3})/3$ = 3.039
P2	3	1	1/3	1	0.258	3.037	PI = $(\lambda_{max} - 3)/(3 - 1)$
P3	5	3	1	2.466	0.637	3.038	= 0.02 < 0.1
C2	P1	P2	P3	W_i	W_i^0	λ_{mi}	
P1	1	2	7	2.41	0.592	3.015	$\lambda_{max} = (\lambda_{m1} + \lambda_{m2} + \lambda_{m3})/3$ = 3.014
P2	1/2	1	5	1.357	0.333	3.015	PI = $(\lambda_{max} - 3)/(3 - 1)$
P3	1/7	1/5	1	0.306	0.075	3.012	= 0.007 < 0.1
C3	P1	P2	P3	W_i	W_i^0	λ_{mi}	
P1	1	3	1/7	0.754	0.149	3.079	$\lambda_{max} = (\lambda_{m1} + \lambda_{m2} + \lambda_{m3})/3$ = 3.014
P2	1/3	1	1/9	0.333	0.066	3.082	PI = $(\lambda_{max} - 3)/(3 - 1)$
P3	7	9	1	3.979	0.785	3.080	= 0.007 < 0.1

(5) 计算综合重要度　计算综合重要度，见表 1-10。其中 P_{ij} 表示方案层对准则层的贡献度，P_j 表示各方案对总目标的贡献度。

表 1-10　综合重要度矩阵

C_i		C1	C2	C3	$P_j = \Sigma C_i P_{ij}$
		0.230	0.648	0.122	
P_{ij}	P1	0.105	0.592	0.149	0.426
	P2	0.258	0.333	0.066	0.283
	P3	0.637	0.075	0.785	0.291

从表 1-10 中可知，P1 对可行性准则的贡献度为 0.105，而可行性准则对总目标的贡献度为 0.230，所以 P1 通过可行性准则对总目标的贡献度为 $0.105 \times 0.230 = 0.02415$；同理，P1 对效益准则的贡献度为 0.592，而效益准则对总目标的贡献度为 0.648，所以 P1 通过效益准则对总目标的贡献度为 $0.592 \times 0.648 = 0.383616$；P1 对劳动强度准则的贡献度为 0.149，而劳动强度准则对总目标的贡献度为 0.122，所以 P1 通过效益准则对总目标的贡献度为 $0.149 \times 0.122 = 0.018178$。

因此，P1 对总目标的贡献度为 $0.02415 + 0.383616 + 0.018178 = 0.425944$，取 0.426。

P2 对可行性准则的贡献度为 0.258，而可行性准则对总目标的贡献度为 0.230，则 P2 通过可行性准则对总目标的贡献度为 $0.258 \times 0.230 = 0.05934$；P2 对效益准则的贡献度为 0.333，效益准则对总目标的贡献度为 0.648，所以 P2 通过效益准则对总目标的贡献度为 $0.333 \times 0.648 = 0.21578$；P2 对劳动强度准则的贡献度为 0.066，而劳动强度准则对总目标的贡献度为 0.122，所以 P2 通过劳动强度准则对总目标的贡献度为 $0.066 \times 0.122 = 0.008052$。因此，P2 对总目标的贡献度为 $0.05934 + 0.21578 + 0.008052 = 0.283172$，取 0.283。

同理，可得出 P3 对总目标的贡献度为 0.291。由于 $0.426 > 0.291 > 0.283$，而 0.426 对应的方案为 P1 方案，因此最终选择方案 P1，即第一种方案，外购部分设备（称重工作站）和改装已有设备（封箱工作站）。

3. 其他改善点

(1) 封箱工作站

1）将封箱工作站前的阶梯型线体高度改为统一高度，新增一条从扫描工作站至自动封箱机的传送带。

2）增加自动合页装置。将简单的弧形长条铁片装置架在线体上方，在箱体沿传送带传送的过程中，借助铁片进行自动合页。

(2) 称重工作站

1）采取在线称重。产品流入在线称重机，待称重机识别产品为合格后，进入扫描环节。

2）采取在线扫描组件。产品进入扫描环节后，扫描组件伸出，扫描组件同时起动对箱体标签进行扫描，扫描后产品进入流出滑槽。

3）产品流出滑槽后，搬运人员根据显示器提示，把产品放入转运小车或暂存。

1.5.4 改善效果

（1）改善需投资的固定成本　预估自动扫描称重机需投资 135000 元，改装封箱机需花费 15000 元，则改善需要投资的固定成本为 150000 元。

（2）改善节约的人力成本　每条线每班精简 2 人，两班共精简 4 人，7 条生产线将精简 28 人。若人力成本为 3000 元/人·月，则年节省成本为 3000×28×12 元 = 1008000 元。

1.6　本章小结

工作研究运用"5W1H"和"ECRS"四大原则加"一表"等分析技术来考察生产和管理工作，系统地调查研究影响生产效率和成本的各种因素，寻找最经济合理的工作方法，不断改进和完善，保证人员、物料等资源的有效运作，以达到提高生产效率、降低生产成本的目的。

本章通过上述案例，分别运用方法研究和作业测定方法，从改善劳动组织、优化作业过程、平衡流水线等方面进行了深入分析。通过学习，对工作研究有了更深入的了解和认识，实际工作中应将工作研究作为一项经常性的工作积极加以推广实施，以便获得更好的效益和更高的效率。

第 2 章 程序分析

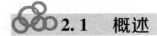 **2.1 概述**

2.1.1 程序分析的概念

程序分析是依照工作流程,从第一个工作地到最后一个工作地,全面地分析有无多余、重复和不合理的作业,程序是否合理,搬运是否过多,延迟、等待时间是否太长等问题。通过对整个工作过程的逐步分析,改进现行的作业方法及空间布置,提高生产效率。也可以说,程序分析是通过调查分析现行工作流程,改进流程中不经济、不均衡、不合理的现象,提高工作效率的一种研究方法。

2.1.2 程序分析的特点

程序分析具有以下特点:

1) 它是对生产过程的宏观分析。它不是针对某个生产岗位、生产环节,而是以整个生产系统为分析对象。

2) 它是对生产过程全面、系统而概略的分析。

2.1.3 程序分析的目的、作用和内容

1. 程序分析的目的

程序分析的目的是改善生产过程中不经济、不合理、不科学的作业方法、作业内容以及现场布置,设计出科学、先进、合理的作业方法、作业程序以及现场布置,从而提高生产效率。

2. 程序分析的作用

程序分析是工序管理、搬运管理、布局管理、作业编制等获取基础资料的必要手段。为此,在进行程序分析时可以从以下几个方面入手:

(1) 从流程入手 可以发现工艺流程中是否存在不经济、不合理、停滞和等待等现象。

(2) 从工序入手 可以发现加工顺序是否合理,流程是否畅通,设备配备是否恰当,搬

运方法是否合理。

（3）从作业入手　可以发现工序中的某项作业是否必须进行，是否可以取消，是否还有更好的方法。

3. 程序分析的内容

程序分析的工作流程一般由五种基本活动构成，即加工、检查、搬运、等待和储存。

2.2　某公司变压器生产流程改善

2.2.1　案例背景

A 公司为某大型变压器生产公司，主要进行变压器的设计、制造、销售和维修。变压器的生产过程复杂，生产时间和物流线路较长，生产工艺涉及绕线车间、前装车间、总装车间、试验室等部门。目前，该公司变压器的生产品质量能满足客户要求，但生产周期和物流线路较长，导致交货期长、成本高、客户满意度低。为了研究变压器的加工、装配过程是否存在不合理、不经济的现象，调查组对该公司变压器的生产过程进行了流程程序分析，并提出了改善措施。

2.2.2　现状及问题分析

经调查分析，变压器的生产涉及绕线车间、前装车间、总装车间、试验室四个部门，共51 道工序。变压器生产流程程序图（改善前）如图 2-1 所示。

运用"ECRS"原则和"5W1H"方法，从加工、检查、储存、等待及搬运五个方面进行分析，发现生产线存在以下问题：

1）取消第 16 相套装工序，既可以节约相套时间，又可以避免在进炉烘焙之前放置时间过长，相套装可以安排在前装工作台上直接进行。

2）第 22 CTC 去漆工序安排在线圈车间线圈联检间隙即第 6 工序后进行，以减少 TPT 时间。

3）第 28 器身试装配工序时间较长，一般情况下，若设计图样无严重问题，则器身完全可以装入油箱内，而且现实生产中也几乎未出现过器身不能装入油箱的情况。

4）第 48 补漆工序出现在拆卸、包装过程中，主要是对总装或试验过程中箱体被刮擦的地方进行补漆处理，以方便客户验收，而产品在交运过程中，同样还会出现箱体被刮擦的问题，需要在运到目的地后再进行一次补漆处理。

2.2.3　改善方案

运用"ECRS"原则进行工序改进，具体见表 2-1。

通过对该生产流程进行分析研究，取消了第 15~18 相套及相关流程，以及第 28 器身试装配、第 48 补漆工序；简化了第 3 线圈绕制工序过程；另外，将前装的 CTC 去漆工序安排在联检间隙进行。改善后的变压器生产流程程序图如图 2-2 所示。

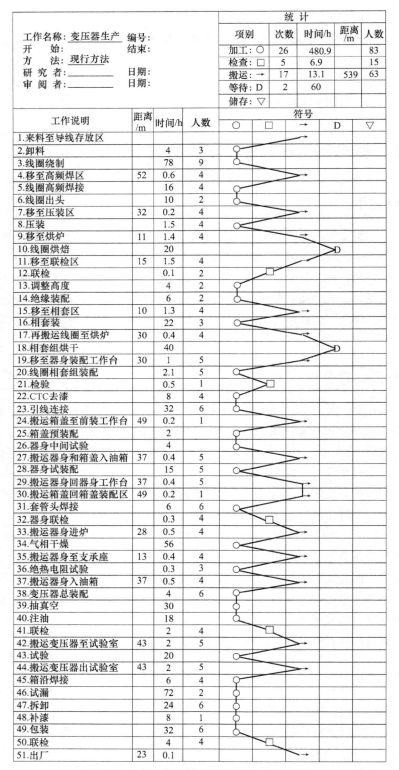

图 2-1 变压器生产流程程序图（改善前）

第2章 程序分析

表2-1 运用"ECRS"原则改进工序

改进	改进流程及原因
取消	试装、补漆、相套
合并	无
重排	将前装的CTC去漆工序安排在线圈车间线圈联检间隙进行
简化	线圈车间线圈需要反复压制三次,可以考虑改用压床压制,以简化操作

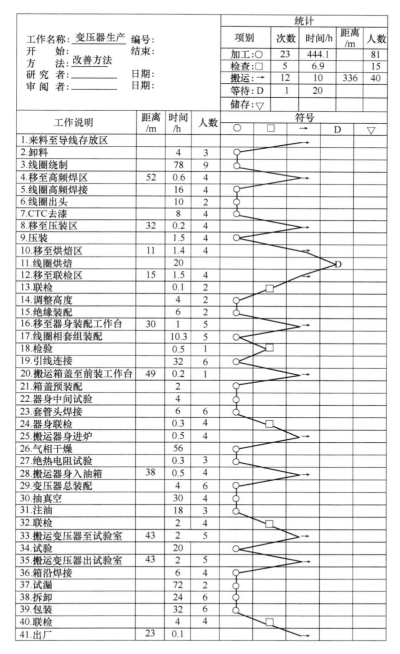

图2-2 变压器生产流程程序图(改善后)

工作名称:变压器生产　编号:
开　始:　　　　　　结束:
方　法:改善方法
研究者:_____　日期:
审阅者:_____　日期:

项别	次数	时间/h	距离/m	人数
加工:○	23	444.1		81
检查:□	5	6.9		15
搬运:→	12	10	336	40
等待:D	1	20		
储存:▽				

工作说明	距离/m	时间/h	人数
1.来料至导线存放区			
2.卸料		4	3
3.线圈绕制		78	9
4.移至高频焊区	52	0.6	4
5.线圈高频焊接		16	4
6.线圈出头		10	2
7.CTC去漆		8	4
8.移至压装区	32	0.2	4
9.压装		1.5	4
10.移至烘焙区	11	1.4	4
11.线圈烘焙		20	
12.移至联检区	15	1.5	4
13.联检		0.1	2
14.调整高度		4	4
15.绝缘装配		6	4
16.移至器身装配工作台	30	1	5
17.线圈相套组装配		10.3	5
18.检验		0.5	1
19.引线连接		32	6
20.搬运箱盖至前装工作台	49	0.2	1
21.箱盖预装配		2	
22.器身中间试验		4	
23.套管头焊接		6	6
24.器身联检		0.3	4
25.搬运器身进炉		0.5	4
26.气相干燥		56	
27.绝热电阻试验		0.3	3
28.搬运器身入油箱	38	0.5	4
29.变压器总装配		4	6
30.抽真空		30	4
31.注油		18	3
32.联检		2	4
33.搬运变压器至试验室	43	2	5
34.试验		20	
35.搬运变压器出试验室	43	2	5
36.箱沿焊接		6	4
37.试漏		72	2
38.拆卸		24	6
39.包装		32	6
40.联检		4	2
41.出厂	23	0.1	

2.2.4 改善效果

改善前后工序数、时间、距离及人数对比见表2-2。

表2-2 生产流程改善前后效果对比

项目 工序	工 序 数			时间/h			距离/m			人 数		
	改善前	改善后	变化	改善前	改善后	变化	改善前	改善后	变化	改善前	改善后	变化
加工	26	23	3	480.9	444.1	36.8	—	—	—	83	81	2
检查	5	5	0	6.9	6.9	0	—	—	—	15	15	0
搬运	17	12	5	13.1	10	3.1	539	336	203	63	40	23
等待	2	1	1	60	20	40	—	—	—	0	0	0
合计	50	41	9	560.9	481	79.9	539	336	203	161	136	25

由表2-2可知,通过对生产流程进行改进,工序数减少了9个,工序时间缩短了14.2%,搬运距离缩短了37.7%,人数减少了25人,获得了较好的改善效果。

2.3 汽车前排座椅装配线程序分析

2.3.1 案例背景

汽车座椅作为汽车驾乘者直接接触的部件,在具有乘坐功能的同时,又具有手动/电动坐垫升降调节、靠背倾角调节、加热通风、多媒体等中的部分或者全部功能。本案例提到的汽车座椅是一款高档汽车的座椅,其功能齐全,装配过程复杂,现行生产过程存在大量浪费。为此,通过流程程序分析对其进行研究,发现生产过程中存在负荷不均衡的现象。对此提出改善措施,获得了较好的改善效果。

2.3.2 现状及问题分析

1. 座椅的装配工艺

通过实地调查研究,得出座椅的装配工艺过程如图2-3所示。

2. 座椅装配工序工位分配

为了更详细地了解座椅的装配情况,根据装配工艺整理得出座椅装配工序、所属装配工序工位分配表,见表2-3。

3. 座椅装配工位布局

由表2-3可知,座椅装配工作主要分配在F01~F09这9个工位上,根据实际情况绘制出的现行座椅装配线工位布局如图2-4所示。

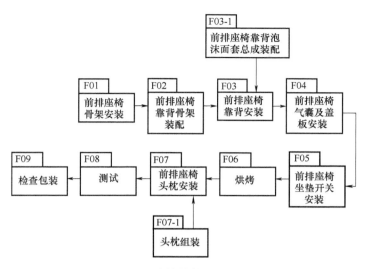

图 2-3 座椅的装配工艺过程

表 2-3 座椅装配工序工位分配表

工序号	工 序 名	工位号	工位描述
FA00	物料上架		
FA01	扫描		
FA02	固定滑道		
FA03	安装座椅线束	F01	前排座椅骨架安装
FA04	安装安全气囊线束		
FA05	安装螺母		
FA06	安装内侧饰板支架		
FA07	安装靠背骨架总成及安全带外侧插锁		
FA08	安装横梁		
FA09	固定线束卡钉	F02	前排座椅靠背骨架装配
FA13	安装内衬面板		
FA14	安装外衬面板		
FA15	安装 U 形塑料面板		
FA16	安装靠背面套总成		
FA20	安装后侧饰板	F03	前排座椅靠背安装
FA21	安装调角器外侧饰板		
FA22	安装安全气囊总成		
FA23	安装安全带内侧插锁	F04	前排座椅气囊及盖板安装
FA24	安装调角器内侧饰板		
FA25	安装安全带三角盖板		
FA26	安装坐垫总成	F05	前排座椅坐垫开关安装
FA28	烘烤	F06	烘烤
FA29	安装头枕总成	F07	前排座椅头枕安装
FA30	功能测试	F08	测试

(续)

工序号	工 序 名	工位号	工位描述
FA32	贴3C标签	F09	检查包装
FA33	安装靠背面板		
FA34	检查整形		
FA35	送至仓储位置		
FA36	QC检查		
FA37	包装		

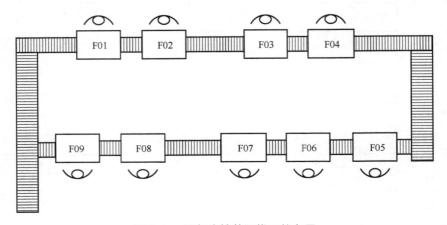

图2-4 现行座椅装配线工位布局

4. 座椅装配线时间平衡

经现场作业观测，得到座椅装配线各工位操作时间分布如图2-5所示，计算得出工位间的平衡率为

$\zeta = [各工位操作时间之和/(最长的工位操作时间 \times 总工位数)] \times 100\%$

$= [(7.7+4.1+5.3+7.3+2.9+0.5+8.5+8.9+5.8)/(8.9 \times 9)] \times 100\% = 63.7\%$

由此可知各工位时间平衡性较差。

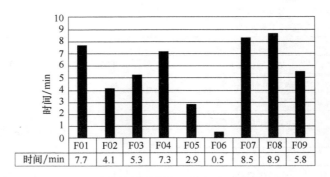

图2-5 座椅装配线各工位操作时间分布

5. 座椅装配线作业流程

为了了解座椅装配的详细情况，运用流程程序图记录了座椅装配过程，如图2-6所示。

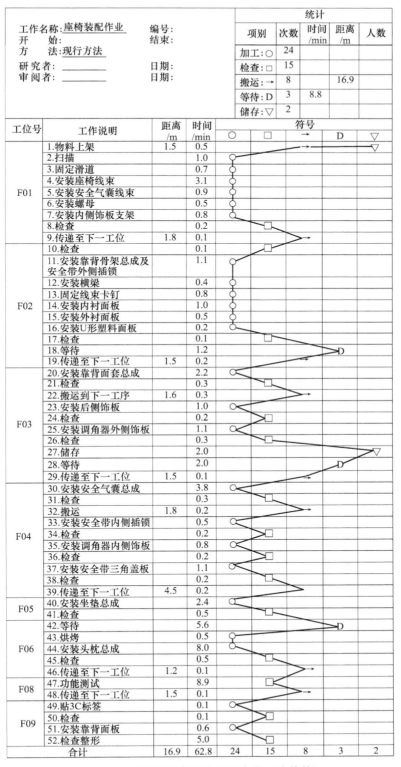

图 2-6　前排座椅装配流程程序图（改善前）

6. 座椅装配作业统计

由图 2-6 可知，座椅装配作业中有加工 24 次，搬运 8 次（总移动距离为 16.9m），等待 3 次（1.2min + 2.0min + 5.6min = 8.8min），储存 2 次，检查 15 次（主要为每个工位的收料和完成品自检）。

2.3.3 改善方案

由图 2-5 可知，各工位时间极不平衡，容易造成装配线瓶颈的产生。为此，拟通过工序重新组合来实现装配线的时间平衡，达到消除瓶颈的目的，采取的改善方案如下：

1）将 F01 工位中的工序 5 安装安全气囊线束和工序 7 安装内侧饰板支架移到 F02 工位。因为工序 5、工序 7 的装配顺序是在 F01 作业的后端，具有一定的独立性，而且 F02 装配时间较短，加入工序 5、工序 7 后也不会影响后续作业的装配。

2）将原来 F02 工位中的工序 14、工序 15 移入 F03 工位。

3）F04 工位中安全气囊的安装需要在线外准备，因此将其移至生产线外组装。

4）F08、F09 工位是测试和检查包装，其中 F08 是装配线中工序时间最长的瓶颈工位，为此，考虑采用以下两种改善方案来提升 F08 瓶颈工位的生产能力：

① 采购新测试机，提高 F08 工位的生产能力，但需要增加投资。

② 增加 F08 工位的有效工作时间，实行两班制工作以提升产能。目前整个生产线实行一班制工作，局部工位实行两班制工作提升产能是可行的，而且不会增加成本，因此采用了此方案。

通过以上改善，前排座椅装配流程程序图（改善后）如图 2-7 所示。

2.3.4 改善效果

改善后，各工位的时间平衡率得到了提高。改善后座椅装配线各工位操作时间分布如图 2-8 所示。

改善后座椅装配线的时间平衡率为

ζ = [各工位操作时间之和/(最长的工位操作时间×总工位数)] ×100%

= [(6.0 + 5.5 + 5.4 + 5.1 + 5.4 + 0.5 + 5.0 + 4.5 + 5.8)/(6.0×9)] ×100% = 80%

改善前后效果对比见表 2-4，通过改善提升了产能，减少了搬运时间和等待时间，缩短了生产周期，每件产品的生产时间由原来的 62.8min 缩短到 31.5min，搬运距离由 16.9m 缩短到 15.9m，获得了较好的改善效果。

表 2-4 改善前后效果对比

	加工（次）	搬运（次）	等待（次）	存储（次）	检查（次）	距离/m	时间/min
改善前	24	8	3	2	15	16.9	62.8
改善后	24	8	0	1	12	15.9	31.5
节约量	0	0	3	1	3	1.0	31.3

第 2 章　程 序 分 析

工作名称：	座椅装配作业	编号：			统计			
开　始：		结束：		项　别	次数	时间/min	距离/m	人数
方　法：	改善方法			加工　○	24	31.5		
研究者：		日期：		检查　□	12			
审阅者：		日期：		搬运　→	8		15.9	
				等待　D	0			
				储存　▽	1			

工位号	工作说明	距离/m	时间/min	○	□	→	D	▽
F01	1.物料上架	1.5	0.5					▽
	2.扫描		1.0	○				
	3.固定滑道		0.7	○				
	4.安装座椅线束		3.1	○				
	5.安装螺母		0.4	○				
	6.检查		0.1		□			
	7.传递至下一工位	1.8	0.2			→		
F02	8.安装安全气囊线束		0.9	○				
	9.安装内侧饰板支架		1.0	○				
	10.安装靠背骨架总成及安全带外侧插锁		1.1	○				
	11.安装横梁		0.4	○				
	12.固定线束卡钉		0.8	○				
	13.安装内衬面板		1.0	○				
	14.传递至下一工位	1.5	0.3			→		
F03	15.安装外衬面板并检查		0.5	○	□			
	16.安装U形塑料面板并检查		0.3	○	□			
	17.传递至下一工位	1.5	0.1			→		
	18.安装靠背面套总成并检查		2.8	○	□			
	19.安装后侧饰板		1.1	○				
	20.传递至下一工位	1.5	0.5			→		
F04	21.安装调角器外侧饰板并检查		1.3	○	□			
	22.安装安全气囊总成		0.8	○				
	23.安装安全带内侧插锁		0.7	○				
	24.安装调角器内侧饰板并检查		1.0	○	□			
	25.安装安全带三角盖板并检查		1.1	○	□			
	26.传递至下一工位	2.5	0.2			→		
F05	27.安装坐垫总成并检查		5.4	○	□			
F06	28.烘烤	2.3	0.3	○				
	29.搬运		0.2			→		
F07	30.安装头枕总成并检查		4.9	○	□			
	31.传递至下一工位	1.2	0.1			→		
F08	32.功能测试	0.6	4.4		□			
	33.传递至下一工位	1.5	0.1			→		
F09	34.贴3C标签并检查		0.2	○	□			
	35.安装背靠面板		0.6	○				
	36.检查整形		5.0		□			
	合计	15.9	31.5	24	12	8	0	1

图 2-7　前排座椅装配流程程序图（改善后）

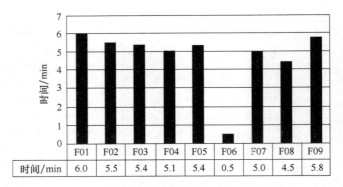

图 2-8　改善后座椅装配线各工位操作时间分布

2.4　程序分析法在投影仪装配线改善中的应用

2.4.1　案例背景

本节以投影仪装配生产线为例，应用程序分析法，对装配线进行工序分析和改善，减少其中不经济、不合理的流程，消除不增值活动，达到缩短加工周期和减少在制品数量的目标。

2.4.2　现状及问题分析

1. 高射投影仪装配过程

投影仪装配车间的产品是高射投影仪，与多媒体投影仪不同，高射投影仪是一种使用投影透明胶片将相关图片及文字资料投影到屏幕上的演示产品。高射投影仪装配作业要素先后顺序逻辑关系如图 2-9 所示，图中圆圈内的数字是作业名称。

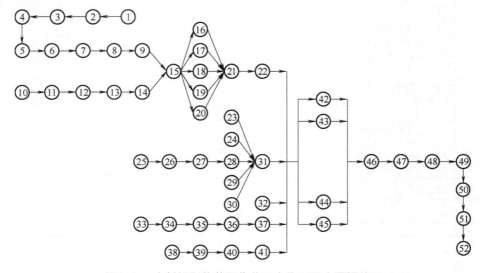

图 2-9　高射投影仪装配作业要素先后顺序逻辑关系

高射投影仪主要由镜头组件、机箱组件、立柱组件、面盖组件、前面板组件和机体反光镜组件构成。经实际测量得出该产品装配过程各作业名称和作业时间见表2-5。

表2-5　高射投影仪装配作业名称和作业时间

序号	作业名称	时间/s	序号	作业名称	时间/s
1	电动机安装	45	27	齿轮旋钮压入	10
2	电动机防振支架安装	40	28	齿轮旋钮安装	20
3	风扇安装	15	29	橡皮脚固定	66
4	开关安装	15	30	立柱垫板安装	55
5	电动机开关连线	15	31	稳固性检查	65
6	电源线连接	26	32	机体反光镜组装	55
7	电动机连接	25	33	玻璃安装	40
8	电动机罩壳安装	25	34	菲涅尔镜安装	45
9	标签贴附	13	35	面盖锁安装	37
10	摇杆安装	25	36	隔热板安装	26
11	灯座安装	35	37	面盖锁块安装	23
12	热敏开关安装	26	38	镜头反光镜安装	55
13	电阻夹片安装	15	39	塑料套管装入	15
14	电阻安装	15	40	镜头物镜安装	35
15	灯座、电动机组件连接	35	41	镜头总装	115
16	电阻跳线连接	25	42	前面板-机箱安装	65
17	热敏开关跳线连接	25	43	机体反光镜-机箱安装	23
18	二极管跳线连接	25	44	面盖-机箱安装	55
19	灯座跳线连接	25	45	镜头-机箱安装	55
20	散热铝箔粘贴	16	46	外观检查	15
21	前面板组件总装	45	47	力学性能检查	25
22	电源线夹板安装	20	48	高压接地测试	35
23	立柱帽压入	25	49	接地测试	40
24	小扳手安装	35	50	镜头调节	36
25	齿条安装	13	51	光学测试	118
26	立柱横梁连接	76	52	包装	259

2. 高射投影仪装配工序时间

根据实地调查研究，高射投影仪装配各工位作业周期、人数及在制品数量见表2-6。

3. 高射投影仪装配现场布局

各装配工位现场布局、物流路线及人员分配如图2-10所示。

4. 高射投影仪装配流程程序

以型号为M1720 US的高射投影仪装配为例，绘制出装配先后顺序逻辑关系，如图2-11所示，图中圆圈上面的数字为操作时间（单位为min），箭头上的数字为停滞时间（单位为min）。

表 2-6 高射投影仪装配各工位作业周期、人数及在制品数量

工位	工位名称	作业序号	周期/min	人数	在制品数量（件）
A1	电动机组件装配	1、2、3、4、5、6、7	3.02	1	40
A2	灯座组件装配	8、9、10、11、12、13、14、15	3.15	1	40
A3	前面板组件装配	16、17、18、19、20、21、22	3.02	1	30
A4	立柱组件装配	23、24、25、26、27、28	2.98	1	80
A5	机箱初装	29、30、31	3.10	1	30
A6	面盖组件装配	33、34、35、36、37	2.35	1	60
A7	机体反光镜装配	32	0.92	0.3	400
A8	镜头组件装配	38、39、40、41	3.67	1.4	40
A9	总装	42、43、44、45、46	3.55	1.3	10
A10	检查	47、48、49、50、51	4.23	2	10
A11	包装	52	4.32	2	—

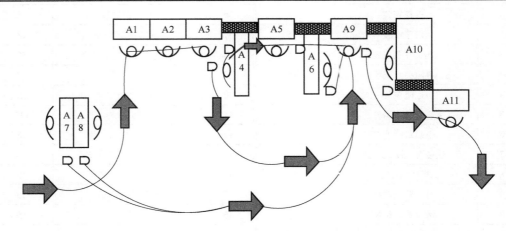

图 2-10 生产线布置图（改善前）

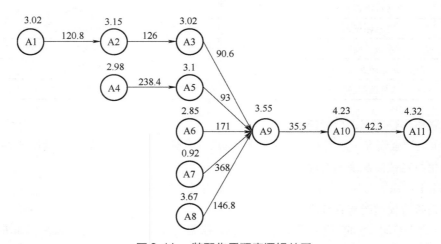

图 2-11 装配先后顺序逻辑关系

M1720 US 型高射投影仪装配流程程序图如图 2-12 所示。

流程程序图				人员/物料/设备			
图号:		页号:	总页数:	统计			
工作名称: 高射投影仪装配				活动	次数	时间/min	距离/m
编　号:				加工: ○	10	30.58	
开　始:				检查: □	1	4.23	
结　束:				搬运: →	4	10	32
方　法: 现行方法				等待: D	10	1432.4	
研究者:		日期:		储存: ▽	0		
审阅者:		日期:					

	说明	距离/m	时间/min	符号					备注
				○	→	□	D	▽	
1	电动机组件装配		3.02	○					
2	暂时放置		120.8				D		半成品放置
3	灯座组件装配		3.15	○					
4	暂时放置		126				D		半成品放置
5	前面板组件装配		3.02	○					
6	暂时放置		90.6				D		半成品放置
7	立柱组件装配		2.98	○					
8	暂时放置		238.4				D		半成品放置
9	机箱初装		3.1	○					
10	暂时放置		93				D		半成品放置
11	面盖组件装配		2.85	○					
12	暂时放置		171				D		半成品放置
13	镜头组件装配		3.67	○					
14	暂时放置		146.8				D		半成品放置
15	机体反光镜装配		0.92	○					
16	暂时放置		368				D		半成品放置
17	搬运机体反光镜组件	13.5	4		→				
18	搬运面盖组件	1	0.5		→				
19	搬运前面板组件	4	1.5		→				
20	搬运镜头组件	13.5	4		→				
21	总装		3.55	○					
22	暂时放置		35.5				D		半成品放置
23	检查		4.23			□			
24	暂时放置		42.3				D		半成品放置
25	包装		4.32	○					
	合计	32	1477.21	10	4	1	10	0	

图 2-12　M1720 US 型高射投影仪装配流程程序图（改善前）

5. 高射投影仪装配存在的问题

高射投影仪从原材料开始投入装配到成品包装共有 25 道工序。其中，加工工序有 10 次，加工时间为 1477.21min；半成品停滞工序有 10 次，半成品停滞时间为 1432.4min；搬运 4 次，搬运距离约 32m；质量检查 1 次。高射投影仪装配关键路线为作业加工时间和停滞时间最长的路线，总加工周期（LT）为关键路线上作业时间和停滞时间之和，即（0.92 + 368 + 3.55 + 35.5 + 4.23 + 42.3 + 4.32）min = 458.82min，约 7.6h。

由此可知，现有装配流程中存在临时放置次数过多、在制品库存大、停滞时间过长、不合理搬运过多、搬运距离较长等问题。为此,必须改善作业流程,减少在制品库存,减少不必要的搬运活动,缩短搬运距离。

2.4.3 改善方案

根据现场调查,运用"5W1H"技术和"ECRS"原则,制订以下改善方案:

1)减少瓶颈工序的等待时间。

问:何为瓶颈工序?

答:时间最长的工序。

问:该案例时间最长的工序是?

答:工序16(暂时放置)。

问:为何暂时放置需要如此长的时间?

答:因为工序15(机体反光镜装配)要求后续工序等待较长的时间。

问:能否缩短等待时间?

答:能。

问:如何缩短等待时间?

答:改善现有工艺,增加加热装置,缩短等待时间。工序16的等待时间长达368min,其原因是工序15的作业内容是使用双面胶带将反光镜粘贴在反光镜支架上,双面胶带的黏性要完全发挥作用需要等待一段时间,由于车间温度较低,双面胶带的黏性发挥作用的等待时间就较长。为此,提出使用烘箱设备,通过加热组件,升高温度来缩短双面胶带黏性发挥作用的等待时间。通过这一改进,暂时放置时间将从原来的368min缩短到现在的100min。

2)减少其他工位的在制品数量,缩短停滞时间。

实际生产中,除机体反光镜装配工位有400个在制品外,其他工位的在制品数量多的高达80个,少的也有10几个,为此,决定通过减少各工位的在制品数量来缩短停滞时间。通过这一改善,机体反光镜装配工位的在制品数量从原来的400个降低到100个,其他工位的在制品数量也大大减少,具体见表2-7。

表 2-7 改善后各工位的在制品数量

工位	A1	A2	A3	A4	A5	A6	A7	A8	A9	A10	A11
在制品数量	10	10	10	10	10	10	100	5	5	5	—

3)改善布局,减少搬运次数,缩短搬运距离。

通过改善布局,增加输送轨道,以及改变工作台的摆放位置和方向,消除了不必要的搬运活动。改善后装配线的布局如图2-13所示。

改善后的M1720 US型高射投影仪装配流程程序图如图2-14所示。

2.4.4 改善效果

改善前后方案对比见表2-8。

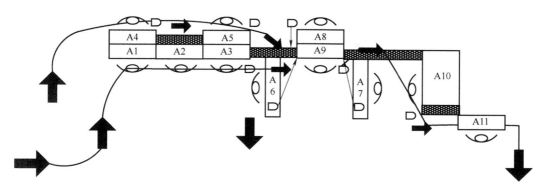

图 2-13 改善后装配线布局图

流程程序图				人员/物料/设备			
图号：		页号：	总页数：	统计			
工作名称：高射投影仪装配				活动	次数	时间/min	距离/m
编　　号：				加工：○	10	30.58	
开　　始：				检查：□	1	4.23	
结　　束：				搬运：→	0		
方　　法：改善后				等待：D	10	348.8	
研 究 者：		日期：		储存：▽	0		
审 阅 者：							
日　　期：							

	说明	距离/m	时间/min	符号					备注
				○	→	□	D	▽	
1	电动机组件装配		3.02	○					
2	暂时放置		30.2				D		半成品放置
3	灯座组件装配		3.15	○					
4	暂时放置		31.5				D		半成品放置
5	前面板组件装配		3.02	○					
6	暂时放置		30.2				D		半成品放置
7	立柱组件装配		2.98	○					
8	暂时放置		29.8				D		半成品放置
9	机箱初装		3.1	○					
10	暂时放置		31				D		半成品放置
11	面盖组件装配		2.85	○					
12	暂时放置		28.5				D		半成品放置
13	镜头组件装配		3.67	○					
14	暂时放置		36.7				D		半成品放置
15	机体反光镜装配		0.92	○					
16	暂时放置		92				D		半成品放置
17	总装		3.55	○					
18	暂时放置		17.75				D		半成品放置
19	检查		4.23			□			
20	暂时放置		21.15				D		半成品放置
21	包装		4.32	○					
	合计	0	383.61						

图 2-14 M1720 US型高射投影仪装配流程程序图（改善后）

表 2-8　改善前后方案对比

| 工序 | | 工序数 | | | 时间/min | | |
名称	符号	改善前	改善后	减少	改善前	改善后	减少
加工	○	10	10	0	30.58	30.58	0
搬运	→	4	0	4	10	0	10
检查	□	1	1	0	4.23	4.23	0
停滞	D	10	10	0	1432.4	348.8	1083.6
合计		25	21	4	1477.21	383.61	1093.6

根据表 2-8 可知，通过改善布局和流程，工序总数从 25 次减少到 21 次，减少了 4 次；搬运工序数从 4 次减少到 0 次，搬运距离缩短了 32m，消除了不增值的搬运活动；停滞时间从原来的 1432.4min 减少到 348.8min，缩短了 76%；加工周期从原来的 1477.21min 减少到现在的 383.61min，缩短了 74%，提高了生产效率，加快了高射投影仪装配产出。

2.5　某高校体能测试流程优化改善方案

2.5.1　案例背景

随着素质教育的兴起，各高校越来越重视学生的身体素质，体能测试已成为学校的必修课。但是，现有体能测试存在流程烦琐、效率低下、等待时间长等问题。从 IE 的视角来看，这些等候都是无效的、不增值的，应大力缩减。本案例运用流程程序分析的方法，对某高校体能测试流程进行调查研究，运用"5W1H"提问技术和"ECRS"原则对该高校体能测试流程进行优化设计并提出了改进方案和措施。

2.5.2　现状及问题分析

1. 体能测试项目的基本情况

体能测试项目一般包括握力、肺活量、50m 跑步、800m/1000m 跑步测试，使用的仪器包括握力测试器 4 台、肺活量测试器 4 台。其中，握力、肺活量、50m 跑步测试中，每个班级（30 人左右）分成 4 组，分别轮流进行。通过调查得出的每人（每组）平均测试时间、平均记录时间和每个测试区的负责人数见表 2-9。

表 2-9　体能测试基本情况表

测试项目	握力	肺活量	50m 跑步	800m/1000m 跑步
仪器数目（台）	4	4	—	—
负责人数（人）	2	2	1	1
每人（每组）平均测试时间/s	20	30	8	250
每人（每组）平均记录时间/s	20	25	35	300
备注	4人一组	4人一组	4人一组	全班同学

2. 体能测试项目现场布局

为了能够直观、形象地进行分析，通过测量和统计，绘出了该高校体能测试场地以及参加测试人员的基本移动路线，如图 2-15 所示。

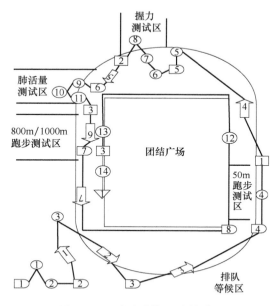

图 2-15　移动路线（改善前）

3. 体能测试流程程序

根据现场布局绘出该高校体能测试流程程序图，如图 2-16 所示。

4. 体能测试现行流程存在的问题

对图 2-15 和图 2-16 进行分析，可以看出现行流程存在以下问题：

1）等待次数多、时间长，占据了整个测试时间的 49.8%。从图 2-16 可以看到，测试准备阶段一直处于等待状态。在测试阶段，测试班级到达每个测试点都要等待 10~20min 才能进行测试，导致总测试时间长达 137.5min。

2）各个测试点进度不同、不合拍，缺乏弹性，出现杂乱现象。对于现场的多个班级，负责人按交表顺序对班级测试时间排序后，按主观判断随意调遣班级先去进行 50m 或 800m/1000m 跑步测试，然后再转到下一个测试点，导致有些测试点很忙，而有的测试点却比较空闲。另外，测试流程缺乏弹性、不灵活。例如，当学生在握力测试区等候 15min 时，长跑区却比较空闲，原因是将测试表交到某个测试点后，测试学生就必须先参加该测试点项目的测试。

3）测试效率低、时间长。测试分成 8 组、每组 4 人轮流进行，等候时间长，有些学生在到达测试点后不排队而随意走动，导致每次测试前都要寻人、整队，浪费了很多时间；另外，在握力和肺活量测试中，很多学生由于不熟悉测试方法，影响了整组 4 个人的测试进度，从而影响了整体进度。

4）短跑、长跑测试成绩记录时间长。

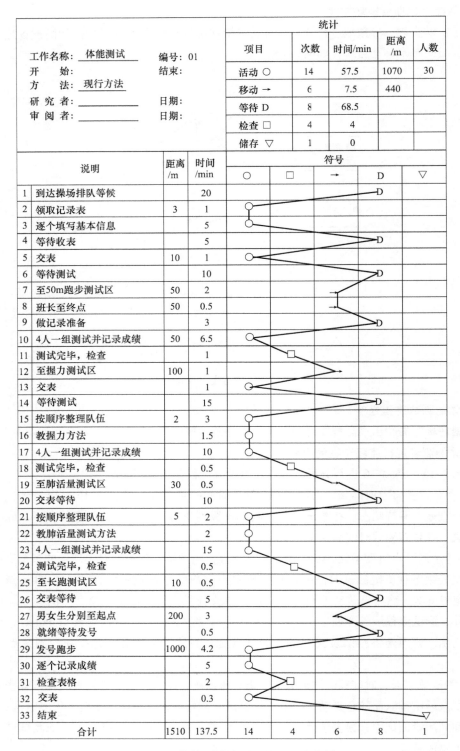

图2-16 体能测试流程程序图（改善前）

2.5.3 改善方案

1. 改善分析

针对现存问题,运用"5W1H"提问技术、"ECRS"原则和改善分析表(见表2-10)进行分析。

表2-10 体能测试改善分析表

问	答
步骤1中,到场后为什么要等待那么长时间?	多个班级没有事先安排次序,导致现场混乱,只留下部分班级先测试,其余班级到了测试点后又要回寝室另待通知
能否取消此等待?	能。事先安排好次序,分配好时间
步骤4中,为什么要等待5min才收表,交表后为何等待10min才能测试?	收发表负责人少、忙;由于没有安排好班级测试次序,测试效率低,要等前面的班级测试完后才轮到后面的班级测试
有无改进方法?	有。安排好班级次序,增加流程弹性,增加测试仪器的数量,提高测试效率
为什么要进行两次按序整队?	等候时间长,很多学生随意走动
为什么在教师演示了测试方法后,测试效率还是很低?	教师演示测试方法时很多学生没有认真听,有些学生对测试结果不满意,要求再测试一遍,导致效率低下
握力、肺活量测试为什么不一次进行?	现行流程的要求是,每个教师只负责自己分管的测试项目
合并握力和肺活量测试是否可行?	可行,只要稍做调整即可节约很多时间
短跑、长跑为什么需要这么长的记录时间?	要寻找每个学生对应表格位置,报成绩后再记录
能否简化记录?	能。短跑时也按学号四人一组排好顺序
步骤9中为什么需要3min的等待时间?	测试记录点没有找到笔,用了3min找到笔后才开始测试
有无改善方法?	有。准备好记录工具,多准备几支笔,以备不时之需

2. 改善方案

根据上面的改善分析表,提出以下改善方案:

1)合并握力测试区和肺活量测试区,并把测试点移到足球场空地。在现行方法中,测试点在跑道附近,堵塞了跑道,形成了人流交叉。把测试点移到足球场空地,既方便测试,也不影响长跑的同学,而且缩短了测试人员的移动距离。现行方法中,握力和肺活量测试分开进行,需要两次交表等待(共25min)、两次整队(共10min),严重浪费了时间,影响了整体进度。通过合并这两个测试项目,只需一次整队(4人一组),参加测试学生可先参加握力测试,随后参加肺活量测试。在前一组转到肺活量测试时,后一组可同时进行握力测试。这样既节省了等待时间和整队时间,又减少了记录员的记录时间,使得流程更顺畅,测试更迅速。

2)学院事先安排好班级次序以及相应班级参加测试的流程,做到系统节拍一致,测试有序进行。每个时间段测试班级数量保持一定数量,使得学院多个班级共计800余人分批分时段进行测试。同时，对于参加测试的班级，按照表 2-11 所列安排好优先次序，尽量做到每个测试点节拍一致，流程顺畅，减少参加测试的排队等候时间。

表 2-11 体能测试项目安排表（样表）

测试顺序	班 级	班级人数	开始时间	结束时间	使用时间/min
1	工业工程 1 班	30	14:00	14:40	40
2	工业工程 2 班	29	14:05	14:45	40
…	…	…	…	…	…

3) 参加短跑测试前就按照学号 4 人一组排好队，以节省记录时间。短跑、肺活量、握力测试都是 4 人一组进行测试。因此，短跑前就整理好队伍，4 人一组排好队，既节约了记录短跑成绩时寻找对应姓名的时间，又省去了后面测试重新排队的时间。

4) 增加负责人员和测试器材。由于负责人员过少，使得参加测试的学生需要等待 5min 才能收表，之后还需要再等待 10min 才能测试。为此，需要适当增加负责人人员和测试仪器的数量，以缩短测试时间。

2.5.4 改善效果

改善后，参加体能测试学生的移动线路如图 2-17 所示，改善后的体能测试流程程序图如图 2-18 所示。

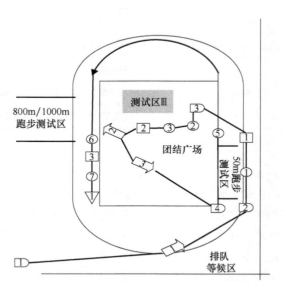

图 2-17 改善后的移动路线

改善前后效果对比见表 2-12。

经过改善，大大缩短了等待时间，一个班级完成测试的时间从原来的 137.5min 减少到 40.5min，测试效率提高了 70.5%。

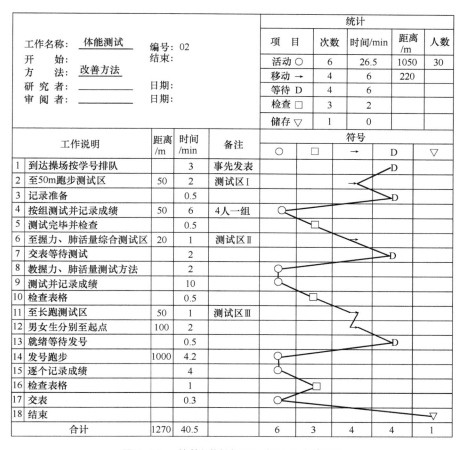

图 2-18 体能测试流程程序图（改善后）

表 2-12 改善前后效果对比

统 计			
项目	改 善 前	改 善 后	节 省
活动○（次）	14	6	8
移动→（次）	6	4	2
等待 D（次）	8	4	4
检查□（次）	4	3	1
储存▽（次）	1	1	0
距离/m	1510	1270	240
时间/min	137.5	40.5	97

2.6 某三级甲等医院就诊流程优化改善方案

2.6.1 案例背景

医院就诊问题一直是社会关注的话题，原有的三级医院功能划分在医疗体制改革过程中被打乱，三级医院人满为患，社区医院、小型医院的生存更是难以为继。与此同时，人们普遍反映看病难、看病贵、就诊程序复杂等问题，而大型医院的医生尤其是专家满负荷工作却仍然难以处理完过多的门诊。长期以来，医院形成了"三长一短"的就诊模式，即挂号、收费、取药时间长，实际就诊时间短，整个就诊流程"难、繁、慢、乱、差"，患者在医院就诊等待时间长的现象司空见惯。医疗问题关系到国计民生，与人们的日常生活息息相关，因此，改善目前医院就诊过程中存在的问题具有十分重要的意义。

本案例针对某三级甲等医院存在的问题，同时也是大多数医院存在的共性问题，通过调查研究，提出了一套合理的就诊流程，不仅提高了医院的运营效率和医疗质量，还提高了患者的就诊满意度，降低了医院的运营成本。

2.6.2 现状及问题分析

1. 医院就诊流程调查研究

通过现场调查分析和统计，得出现行医院就诊流程图如图2-19所示。为了更直观地对医院就诊流程进行分析，绘出医院就诊流程程序图，如图2-20所示。

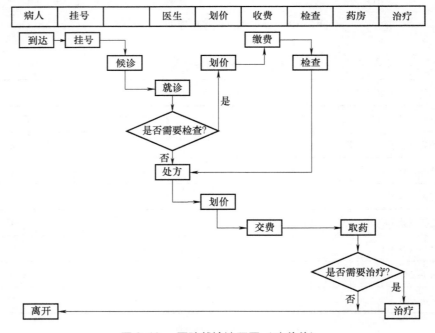

图2-19 医院就诊流程图（改善前）

工作名称：	医院就诊流程	统计	
开　始 方　法：	现行方法	项目	次数
研究者：　　　　日期：		加工：○	9
审阅者：　　　　日期：		检查：□	1
		搬运：→	8
		等待：D	9
		储存：▽	0

序号	作业说明	符号 ○	→	D	□	▽
1	排队挂号			D		
2	挂号	○				
3	走到相应科室		→			
4	排队诊断			D		
5	诊断	○				
6	去划价处		→			
7	排队划价			D		
8	划价	○				
9	去交费处		→			
10	排队交费			D		
11	交费	○				
12	去检查室		→			
13	排队检查			D		
14	检查				□	
15	走到相应科室		→			
16	排队诊断			D		
17	诊断	○				
18	去划价处		→			
19	排队划价			D		
20	划价	○				
21	去交费处		→			
22	排队交费			D		
23	交费	○				
24	走到药房		→			
25	排队取药			D		
26	取药	○				
27	离开	○				

图 2-20　医院就诊流程程序图（改善前）

2. 医院就诊流程存在的问题

应用 "5W1H" 提问技术和 "ECRS" 原则，分析医院就诊流程，发现就诊流程中的挂号、诊断、辅助检查是必需的，而挂号之前的排队、诊断之前的排队、辅助检查之前的排队是无效活动，应尽可能取消或者简化。为了进一步得出改善方案，对就诊流程中的活动进行一一分析如下：

（1）挂号存在的问题　挂号是患者就诊的第一道工序，针对目前医院挂号窗口较少的状况，应在挂号高峰期增加挂号窗口或者自助挂号终端，减少因排队挂号带来的时间浪费。经调查，患者就诊挂号多集中在早晨 7:30—10:30 以及下午 1:30—2:00 这些时段。在集中挂号的高峰时段里，医院的辅助检查科室、药房等处于相对闲置期，因此，可以抽出一部分人员辅助挂号窗口的工作。也就是说，可以设置一个"柔性增减员系统"，按照实际情况及时进行人员合理调配。

（2）候诊存在的问题　现有医院一般都是在科室门口设置一排座位，然后患者（及家属）等待医生的"召唤"。从心理学的角度讲，等待的时间最为漫长，医院应在现有条件下，尽量提供必要的条件，如安装电视、放置报纸杂志及医院的平面图等，帮助患者度过漫长的等待时间，或者逐步进行就诊预约。

（3）交费存在的问题　医院的交费窗口一般都是和挂号窗口设置在一起，这使得患者在"挂号窗口—科室—缴费窗口—检查室—诊断科室—就诊室—药房"间来回往返，不仅增加了患者的就诊时间，也使得医院就诊空间显得非常拥挤、忙碌。为此，医院可以合理设置自助缴费终端，以节省排队等待时间。

2.6.3　改善方案

通过以上分析，运用 IE 分析技术和方法提出以下改善方案：

1. 发现瓶颈，提升瓶颈工序能力

1）挂号是就诊流程中的瓶颈，开辟多渠道、多窗口挂号机制。加强医疗"高速公路"的"入口管理"，打造立体化挂号方式，实行网上预约、电话预约、现场预约、自助挂号及现场挂号等多种挂号方式，减少排队等候时间。

2）开发愉快候诊的有效途径。开展类似银行先取"等待凭条"号码的候诊系统，让病人大致了解候诊时间、候诊人数，提供电视、报刊和保健书籍等，让患者愉快轻松地度过就诊等待时间。

3）缩短等待取药时间。在收费窗口拿到缴费凭单的同时，药房通过医院的内部网络知道患者姓名和所需药品，提前备齐药品以减少患者等待取药的时间，实行缴费与药房发药准备联动。

2. 优化医院的空间布局

优化医院的空间布局，各个楼层均设置挂号收费联合窗口，减少患者的往返次数和移动距离。

3. 建立高效的预约制度

病人可以通过该三级甲等医院的网络、终端和电话预约挂号，分时段就诊。

4. 全方位完善医院的标识系统

在医院的大厅、楼梯口显眼处设立醒目、简洁的就医指示标志。

5. 创建信息共享平台，引入"一卡通"式服务系统

医院和银行合作，搭建信息化平台，推出"医疗一卡通"。患者在初次就诊时办理"医疗一卡通"，并录入个人信息。再次就诊时，患者直接持"医疗一卡通"在挂号处刷卡即可，而医院方面会迅速地调出患者的资料。排队就诊后，医生将患者的病情写进数据库作为患者病情档案，方便后续就诊时参考。

2.6.4　改善效果

通过改善，减少了患者就诊等待时间，提高了医院的服务水平、服务质量和运作效率。

2.7　本章小结

通过程序分析，可以有效地改善工序流程，缩短生产周期，减少生产浪费，降低生产成本，为企业带来较大的经济效益。

第3章 作业分析

3.1 概述

3.1.1 作业分析的概念

作业分析是研究一道工序、一个工作地点的作业人员操作机器或不操作机器的多个作业（操作）活动，通过对以人为主的工序的详细研究，使作业者、作业对象、作业工具三者得到合理布置，达到降低劳动强度、减少工时消耗、缩短整个作业时间，提高产品质量和产量的目的。根据不同的调查目的，作业分析可分为人机作业分析、联合作业分析和双手作业分析三大类。本章将通过几个案例，分别对以上几种作业分析类型进行具体的描述。

3.1.2 作业分析的特点

1) 应用程序分析的基本手法，对以人为主的作业系统进行分析。
2) 把详细的分析、改善一个工作地上的作业作为分析的对象和目标。
3) 分析的内容是影响该项作业的效率和质量的各种因素，通常包括作业方法、原材料、设备与工装工位器具、作业环境条件等方面的因素。

3.2 角环烘烤的人机作业分析

3.2.1 案例背景

某大型变压器公司的绝缘件车间，其中一道工序为角环烘烤，有白班和夜班两个班次，每班次5人，两班次共10人。实地调查发现人的空闲时间太多，利用率低，通过人机作业分析进行分析改善以提高人机利用率，由于两班次进行同样的工作，故只需分析一个班次即可。

3.2.2 现状及问题分析

1. 角环烘烤工艺过程

角环烘烤工序的作业过程：将角环装入高频烘炉→开机→烘烤→关机→从高频烘炉中取出角环→划线→锯切→发水等。其中，发水工序包括工人将角环从库存处搬运至目的地，放入浸水池发水并使其变软。角环烘烤各工序时间表见表3-1。

表3-1 角环烘烤各工序时间表

序号	工 序	时间/s	备 注
1	将角环装入高频烘炉	50	
2	开机	10	
3	烘烤	480	
4	关机	10	
5	从高频烘炉中取出角环	50	
6	划线	40	
7	锯切	60	
8	发水	40	工人将角环从库存处搬运至目的地，放入浸水池发水，使其变软

2. 角环烘烤人机作业

通过调查绘制出角环烘烤人机作业图，如图3-1所示。

由图3-1可以看出，人的空闲时间太多，利用率仅为43.3%，还有很大的提升空间。

3.2.3 改善方案

采用提问技术对人的利用率低这一问题进行提问：

问：为什么人的利用率这么低？

答：因为作业人员只需要操作一台机器，在很长时间内都处于空闲状态。

问：有无改善措施？

答：有。

问：改善措施是什么？

答：一是增加其他工作；二是缩减作业人员的数量，让一名作业人员同时操作一台以上的烘炉。

问：上面两种方法，哪种方法更好？

答：由于在此工位无其他工作要做，所以方案二更好。

因为在一个周程内，工人有340s的空闲时间，足够操作另外一台高频烘炉，这样既充分利用了工作人员的空闲时间，提高了工作效率，又节省了劳动力。因此，决定改善方法为增

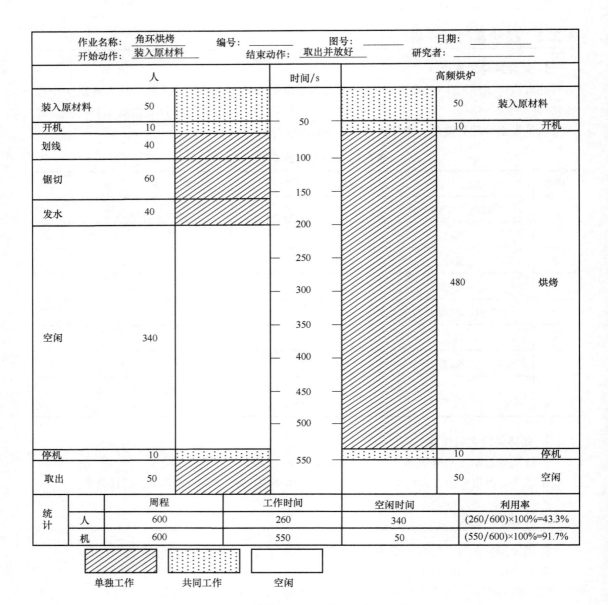

图 3-1 改善前的角环烘烤人机作业图

加一台高频烘炉，一名工作人员同时操作两台设备，图 3-2 所示为改善后的角环烘烤人机作业图。

3.2.4 改善效果

改善前后效果对比见表 3-2。比较改善前后的人机作业图，发现工作周程未改变，两种方法的工作周程均为 600s，高频烘炉的利用率也没有变化，改善前后均为 91.7%，但是操作人员的利用率却提高了一倍，从原来的 43.3% 提高到现在的 86.7%。改善后，一名工人可以

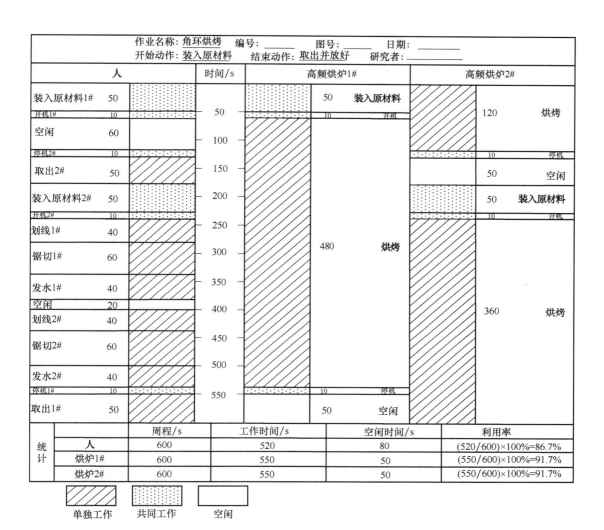

图 3-2 改善后的角环烘烤人机作业图

同时操作两台高频烘炉设备,对人员非常紧张的角环组来说,已经在很大程度上提高了人的利用率,减少了人力成本。改进前由 5 人操作的高频烘炉,现在只要 3 人就可以完成相应的工作任务(理论上只需要 2.5 人)。若每人每年工资按 5 万元计算,则仅仅通过该项改善,每年就可以为公司节约 10 万元。

表 3-2　改善前后效果对比

对比的项目	工作周程/s	人员利用率(%)	机器利用率(%)	人员需求/人
改善前	600	43.3	91.7	5
改善后	600	86.7	91.7	3

3.3 装运轿壁、轿厢工作的联合作业分析

3.3.1 案例背景

某电梯公司一车间用起重机搬运轿壁，每天由工人甲和工人乙将所需的轿壁用起重机运至装箱区并装入轿厢中，然后到库房领取其他装入轿厢的物品，封装完毕后，操作起重机搬运到车间出口成品存放区暂存。现场调查发现，起重机和工人的利用率都不高，为此，对其进行人机作业分析，并提出改善方案，以提高起重机和工人的利用率。

3.3.2 现状及问题分析

1. 现行方法的操作流程

1）根据装厢单寻找所需轿壁（找轿壁，10min）。由于每份装厢单所需轿壁型号不同，因此，工人甲和工人乙需要根据装厢单要求从存放轿壁处找出所需的轿壁型号，在此期间起重机处于等待状态。

2）吊运轿壁至装厢区（吊轿壁，10min）。在"找轿壁"即将结束时，工人乙开动起重机至轿壁存放处（即与"找轿壁"同步进行，用时 2min），然后将轿壁吊运至装厢区（10min）。

3）分类核对并装厢（装厢，25min）。一套轿壁装厢时需要按不同型号装入不同的位置，核对用时 3min。

4）固定轿壁（固定，10min）。轿壁在轿厢中需要用铝合金固定起来，以防运输过程中划伤、变形。此时，起重机处于等待状态。

5）去库房领其他装厢物品（领物，15mim）。去库房领其他装厢物品，包括光幕、扶手等。此时，起重机仍处于等待状态。

6）照相，寻找与此轿厢对应的标签，并把标签装订在轿厢上（照相，找标签并装订，15min）。每次封厢前需要照相，并将照片放入厢中，以防产生纠纷。标签是装厢的明细表，需要装订在厢外，以方便验货，每只轿厢只对应一个标签。在照相、找标签、装订标签过程中，起重机也处于等待状态。

7）密封轿厢（封厢，15min）。装厢完毕需要密封轿厢，这项工作由其他工人完成。此时，工人甲、乙和起重机均处于等待状态。

8）吊运轿厢至成品存放区（吊轿厢，10min）。

2. 吊运现场平面布置

起重机每次只能搬运一套轿壁或一只轿厢，吊运物品一次需要 10min。搬运现场平面布置图如图 3-3 所示。

3. 现行吊运工作人机作业分析

对现行方法进行联合作业分析，绘制出联合作业图，如图 3-4 所示。

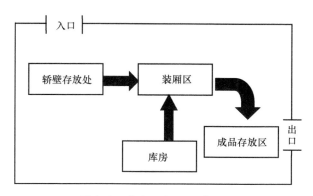

图 3-3 搬运现场平面布置图

现行方法					
序号	操作	工人甲	工人乙	时间/min	起重机
1	找轿壁			10	
2	吊轿壁			10	
3	装厢			25	
4	固定			10	
5	领物			15	
6	照相、找标签并装订	照相(5)	找标签并装订	15	
7	封厢			15	
8	吊轿厢			10	

图 3-4 改善前装运轿壁、轿厢联合作业图

3.3.3 改善方案

1. 联合作业分析，提出改善方案

针对以上操作方法，运用"5W1H"提问技术和"5S"现场管理方法进行分析，并用"ECRS"四大原则进行改善。

（1）对"找轿壁"进行提问

问：每套轿壁是否需要两人同时寻找？

答：是，轿壁是类似于木板的物体，找到后需要两人抬出来。

问：找轿壁为什么要用 10min 的时间？

答：因为轿壁规格不一，堆放不整齐，故需要花费较长的寻找时间。如果堆放整齐，则只需要 3min。

（2）对"固定""领物"进行提问

问："固定"工作能否一个人完成？

答：能，不过需要 15min。

问："领物"时工人乙做了什么工作？

答：大部分时间在等待（14min）。

问：工人乙的等待是否必要，"固定"和"领物"能否同时进行？

答：不必要，能同时进行。

"找标签"操作和"找轿壁"类似，都是因为车间的"5S"做得不好，没有做到定位摆放，物各有位，物在其位；定量摆放，过目知数，标识清晰；工具、物料分类、分规格摆放，一目了然。改善后，要把轿壁和标签按照"整理、整顿"的要求摆放整齐，以减少查找时间。

2. 改善后的人机作业图

通过以上分析与改善，得出改进后的联合作业图，如图3-5所示。

改善后的方法					
序号	操作	工人甲	工人乙	时间/min	起重机
1	找轿壁			3	
2	吊轿壁			10	
3	装厢			25	
4	固定、领物	领物	固定	15	
5	照相、找标签	照相	找定标签	5	
6	封厢			15	
7	吊轿厢			10	

图3-5 改善后装运轿壁、轿厢联合作业图

3.3.4 改善效果

改善前后效果对比见表3-3。

表3-3 改善前后效果对比

	改善前的方法				改善后的方法			
项目	周程/min	工作时间/min	空闲时间/min	利用率	项目	周程/min	工作时间/min	空闲时间/min	利用率
起重机	110	20	90	18.2%	起重机	83	20	63	24.1%
工人甲	110	85	25	77.3%	工人甲	83	68	15	81.9%
工人乙	110	80	30	72.7%	工人乙	83	68	15	81.9%

由表3-3可见，通过改善，清除了工人甲、工人乙不必要的等待时间，作业效率得到了提高，起重机的利用率也得到了提高，作业周程由原来的110min降至83min，完成同样的作业节省了24.5%的作业时间。

3.4 某杂志封面后期加工过程的作业分析

3.4.1 案例背景

某公司的某杂志自从出版发行后，得到了广大读者的喜爱，人们对该杂志的需求量也越来越大。市场需求的扩大要求该公司提高该杂志的出版发行量和出版速度，以适应市场需要。

3.4.2 现状及问题分析

通过调查了解杂志出版流程为：确定设计目标→收集素材→选择样式→选择平面设计人员→进行设计→出菲林片→选择印刷机印刷（制版、印刷）→后期加工（裁剪、装订、覆膜、烫金（锡）、对折、贴标）。其中，后期加工中的各个环节需要的人员较多，手工操作环节也较多。本案例针对杂志封面后期加工过程进行详细调查，发现其加工流程中存在的问题并进行改善，提高了出版效率。

1. 杂志封面后期加工流程

杂志封面后期加工工序一般有亚光膜、折页、刷胶、打号、压痕、模切、烫金（锡）、骑马订、胶订、切成品、裱糊、过油、PV、起鼓、穿环、装订、压（撕）口线。其中最主要的工序是压痕、折页、骑马订、切成品等。

2. 杂志封面后期加工联合作业分析

经过对杂志封面后期加工工作岗位、相关资料、车间布局、工作流程的调查了解，选取一个工作周程内的压痕工作人员甲、折页工作人员乙、骑马订工作人员丙、整理工作人员丁以及切成品工作人员戊进行分析，绘制出周程内各工作人员的工作流程，如图3-6所示。

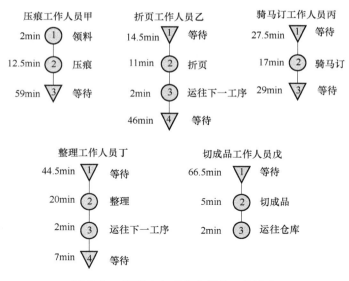

图 3-6　周程内各工作人员的工作流程

对周程内各工作人员的作业进行联合作业分析，并绘制出改善前杂志封面后期加工联合作业图，如图3-7所示。

3.4.3 改善方案

运用"5W1H"技术进行提问。

问：周程时间是73.5min，为什么每名作业人员都有如此多的空闲时间？
答：因为杂志封面后期加工工序要求他们依次完成自己的作业。

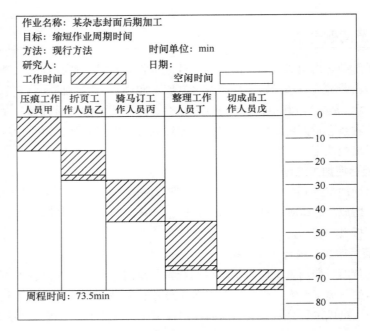

图 3-7 改善前杂志封面后期加工联合作业图

问：有无办法减少作业人员的等待时间？

答：有，可以采用分批加工的办法，将工作分两批完成，如先取 50% 半成品进行压痕，待完成后再交给下一道折页工序，以减少空闲时间，缩短生产周期。

问：是否需要安排专门的搬运人员搬运产品？

答：不需要。由于切成品是最后一道工序，且加工时间很短，搬运成品可由切成品人员来完成，这样既避免了增加人员，又减少了切成品人员的等待时间。

改善后杂志封面后期加工联合作业图如图 3-8 所示。

3.4.4 改善效果

杂志封面后期加工改善前后效果对比见表 3-4，周程时间由原来的 73.5min 减少到 56.5min，缩短了生产周期，增加了出版数量，减少了工人空闲时间，缓解了市场需求的压力。

表 3-4 改善前后效果对比

作业人员	作业项目	现行方法作业时间/min	改善方法作业时间/min	比较	现行利用率	改善后利用率
压痕甲	作业	14.5	13	-1.5	19.7%	23.0%
	等待	59	43.5	-15.5		
折页乙	作业	13	11	-2	17.7%	19.5%
	等待	60.5	45.5	-15		
骑马订丙	作业	17	17	0	23.1%	30%
	等待	56.5	39.5	-17		

(续)

作业人员	作业项目	现行方法作业时间/min	改善方法作业时间/min	比　较	现行利用率	改善后利用率
整理丁	作业	22	20	-2	29.9%	35.4%
	等待	51.5	36.5	-15		
切成品戊	作业	7	30	+23	9.5%	53.1%
	等待	66.5	26.5	-40		
合计	作业	73.5	56.5	-17	19.9%	22.8%
	等待	294	191.5	-102.5		

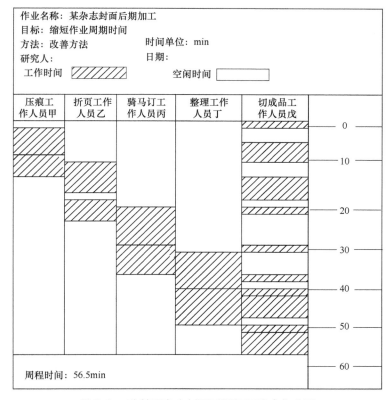

图 3-8　改善后杂志封面后期加工联合作业图

3.5　纸巾生产线包装单元的双手作业分析

3.5.1　案例背景

G 公司创建于 1993 年，现在拥有 15 条先进的纸巾生产线，其中包括年产能力达到世界一流水平的生产线 5 条。据行业协会的统计，G 公司的生产规模及品牌知名度已进入国内相关行业的前十名。然而，其纸巾生产中仍然存在生产周期过长，包装效率不高，各操作工位忙闲不均，物料搬运量较大、距离较长等问题。本案例将通过双手作业分析对G公司的包装单元进行作业改善，以提高生产效率。

3.5.2 现状及问题分析

G公司的车间包括一楼和二楼，其中二楼为生产车间，一楼为包装车间。整条包装线由四个工位组成，分别是插片、套袋、封口、装箱。通过现场观察和记录，发现套袋和装箱都是整条包装线的瓶颈工位。

3.5.3 改善方案

1. 套袋工位的分析及改善

插片工位完成一组产品插片工作的平均用时为3.8s，而套袋工位完成一组产品套袋工作的平均用时为5.6s，应对套袋工位进行分析及改善。绘出现行套袋工位双手操作图，如图3-9左侧所示，从图中可以发现：

1) 工作台上的包装袋摆放凌乱，拿取时需要寻找包装袋开口的方向，而且拿取时包装袋容易滑落到地上。

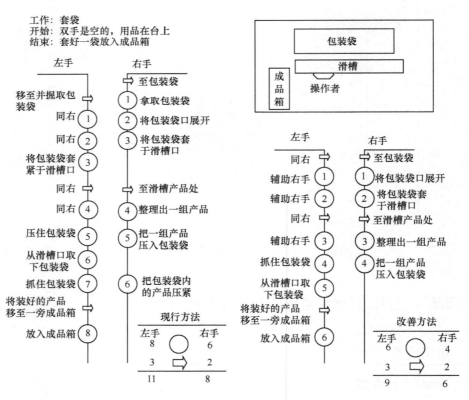

图3-9 改善前后套袋工位双手操作图

2）双手存在较多的无用操作。例如，左手的第三个动作和第七个动作都是无用操作，是对前一个不完善操作的补充。

经过分析，取消了一些操作，并把包装袋整齐地放置于一个木盒内以减少寻找时间。改善后的双手操作图如图 3-9 右侧所示。

2. 装箱工位的分析及改善

装箱工位是将散落在地上封好口的产品按要求（产品标志向上，手工封口的一边向下）砌好装入箱中，装箱模式是 4 包×6 层。通过现场观察发现，每个工人的操作动作都不一样，单位工作时间也有长有短。绘出现行装箱工位的双手操作图，如图 3-10 左侧所示，由图 3-10 左侧可知，操作者双手的操作很不平衡，容易造成操作者的身体疲劳，需要对该工位的操作进行改善，尽量达到使操作者双手操作平衡、减少疲劳的目的。

改善后的双手操作图如图 3-10 右侧所示。

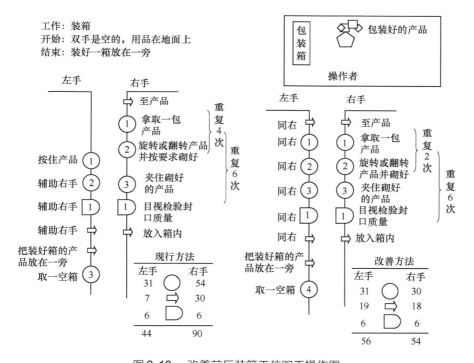

图 3-10　改善前后装箱工位双手操作图

3.5.4　改善效果

1. 套袋工位改善效果

套袋工位双手操作改善前后效果对比见表 3-5。

2. 装箱工位改善效果

装箱工位双手操作改善前后效果对比见表 3-6。

由表 3-5 和表 3-6 的数据比较可知，通过双手作业分析对套袋和装箱工位进行分析及改善后，减少了操作者左、右手的操作次数，降低了操作者的疲劳程度。

表 3-5　套袋工位改善前后效果对比

方法	总计			
	现行方法		改善方法	
	左手	右手	左手	右手
操作	8	6	6	4
运输	3	2	3	2
等待	—	—	—	—
合计	11	8	9	6

表 3-6　装箱工位改善前后效果对比

方法	总计			
	现行方法		改善方法	
	左手	右手	左手	右手
操作	31	54	31	30
运输	7	30	19	18
等待	6	6	6	6
合计	44	90	56	54

3.6　本章小结

作业分析是消除作业浪费的行之有效的分析方法，通过作业分析对操作及其周围的工具、设备、加工条件等进行改善，可达到提高工作效率的目的。作业分析不但可用于企业的生产过程中，还可以用于日常生活中，以达到减少浪费、提高效率的目的。

第4章 时间研究

4.1 概述

时间研究是作业测定技术中的一种常用方法，也称直接时间研究—密集抽样（Direct Time Study-Intensive Samplings，DTSIS）。它是在一段时间内，使用秒表或电子计时器对操作者的作业执行情况进行直接、连续的观测，把工作时间和有关工作的其他参数一起记录下来，并结合组织制定的宽放政策，来确定操作者完成某项工作所需的标准时间的方法。时间研究是工作研究中的一项基本技术和主要内容，也是制定作业标准时间的主要依据。

时间研究中作业标准时间的确定可按照以下几个步骤来完成：①工作分解；②测时；③样本大小确定；④标准时间确定。

本章将通过几个案例来说明时间研究的运用及其作业标准时间的确定方法与过程。

4.2 抽水泵装配作业时间研究

4.2.1 案例背景

某公司的主要产品为抽水泵，其主体由电动机、泵体和密封装置三部分组成，如图4-1所示。电动机位于水泵的上部，机械密封装置位于电动机轴伸处，泵体位于水泵下部，运转方式为离心式，泵外壳为不锈钢材料。根据公司的发展目标，拟对抽水泵生产线平衡率及装配生产作业进行优化，以提高生产线的工作效率。为此，应对抽水泵装配生产作业的各个工序进行作业标准时间测定，依据作业测定的相关数据对抽水泵装配生产作业过程进行改善。

图4-1 抽水泵

4.2.2 现状及问题分析

该公司的抽水泵装配采用流水线方式，整个装配流水线作业均为操作者手工操作，其装配工艺流程以及每道工序所使用的主要工装设备如图4-2所示。

为了制定抽水泵装配各工序作业标准时间，首先需要对抽水泵装配作业进行分解，分解成多个作业单元。分解时应注意如下几点：分解成的作业单元应有明确的开始和结束标记；花费很短的时间就能完成的工作，一般不作为一个作业单元。时间长短的判别标准依工作研究对象的不同而不同，通常3s内就可以完成的动作一般不划分为一个独立的作业单元。

在抽水泵装配过程中，按照其工艺流程，将装配作业分解成如图4-2所示的17个作业单元，最后两道工序——包装和入库合并为一个作业单元，其余每道工序为单独的作业单元，由此进行作业时间研究。

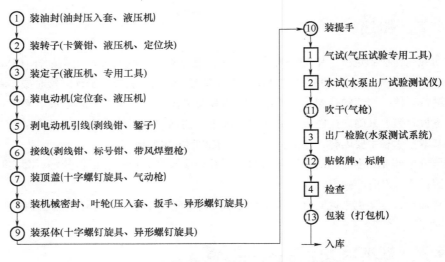

图4-2 抽水泵装配工艺流程及主要工装设备

4.2.3 作业标准时间制定

1. 作业时间测定

为了制定抽水泵装配作业标准时间，需要进行作业时间测定，即用秒表或其他工具观察和测量每一个作业单元花费的作业时间。常用的测时方法是连续测时法，即研究人员在每个作业单元动作结束时，记下该时刻的时间，两个作业单元结束时刻的时间差即是前一个作业单元所花费的时间，依此类推，直到计算出所有作业单元所消耗的时间。

对于有连续多个时间较短（0.1s内）的作业单元的情况，可采用循环测时法。即除去该工作所在的那个作业单元后再观测其他时间，按照循环计算法计算出各个作业单元所耗费的时间。每次记录时都不记录所要观测的那个作业单元，而只记录其余各个作业单元所耗费的时间之和，然后从全部工作时间中减去每次所得的时间，即得到所要观测的那个作业单元所耗费的时间。

在进行观测时，如果所观测的数值中有明显偏离大多数其他数据的异常数据，应该深入分析造成异常的原因，若是由于偶然因素（如机器故障、工人误动作等）引起的，则应该剔除这些异常数据。

2. 测时

初次测时时，对17个作业单元分别进行了8次观测计时，得出的各组数据见表4-1。表中"R"行表示连续测时法的秒表指针读数，"T"行表示单元实际工作时间。

表4-1 初次测时数据　　　　　　　　　　　　　　　　（单位：min）

序号	作业单元	周程	1	2	3	4	5	6	7	8	统计	观测次数	平均时间
1	装油封	R	0.07	0.08	0.07	0.07	0.06	0.08	0.07	0.06	0.56	8	0.07
		T	0.07	0.08	0.07	0.07	0.06	0.08	0.07	0.06			
2	装转子	R	0.44	0.43	0.47	0.52	0.52	0.5	0.49	0.47	3.28	8	0.41
		T	0.37	0.35	0.4	0.45	0.46	0.42	0.42	0.41			
3	装定子	R	0.77	0.73	0.76	0.79	0.78	0.7	0.71	0.69	2.09	8	0.26
		T	0.33	0.3	0.29	0.27	0.26	0.2	0.22	0.22			
4	装电动机	R	1.35	1.28	1.31	1.25	1.25	1.17	1.23	1.17	4.08	8	0.51
		T	0.58	0.55	0.55	0.46	0.47	0.47	0.52	0.48			
5	剥电动机引线	R	1.74	1.59	1.61	1.65	1.63	1.5	1.58	1.51	2.8	8	0.35
		T	0.39	0.31	0.3	0.4	0.38	0.33	0.35	0.34			
6	接线	R	3.79	4.18	4.11	4.7	4.2	4.08	4.1	4.05	20.4	8	2.55
		T	2.05	2.59	2.5	3.05	2.57	2.58	2.52	2.54			
7	装顶盖	R	5.4	5.91	5.92	6.62	5.98	5.88	6.12	5.86	14.48	8	1.81
		T	1.61	1.73	1.81	1.92	1.78	1.8	2.02	1.81			
8	装机械密封、叶轮	R	6.1	6.41	6.32	7.02	6.48	6.38	6.52	6.46	4	8	0.5
		T	0.7	0.5	0.4	0.4	0.5	0.5	0.4	0.6			
9	装泵体	R	6.92	7.04	7.11	7.66	7.16	7.06	7.27	7.15	5.68	8	0.71
		T	0.82	0.63	0.79	0.64	0.68	0.68	0.75	0.69			
10	装提手	R	7.73	7.81	7.91	8.31	7.91	7.83	8.02	7.85	6	8	0.75
		T	0.81	0.77	0.8	0.65	0.75	0.77	0.75	0.7			
11	气试	R	8.23	8.31	8.31	8.91	8.41	8.33	8.42	8.45	4	8	0.5
		T	0.5	0.5	0.4	0.6	0.5	0.5	0.4	0.6			
12	水试	R	13.13	12.11	12.31	12.41	12.91	12.53	12.62	12.15	32.8	8	4.1
		T	4.9	3.8	4	3.5	4.5	4.2	4.2	3.7			
13	吹干	R	13.84	12.78	12.91	13.03	13.5	13.13	13.27	12.75	5.04	8	0.63
		T	0.71	0.67	0.6	0.62	0.59	0.6	0.65	0.6			
14	出厂检验	R	14.11	13.07	13.13	13.24	13.79	13.39	13.5	12.98	2	8	0.25
		T	0.27	0.29	0.22	0.21	0.29	0.26	0.23	0.23			
15	贴铭牌、标牌	R	14.19	13.15	13.21	13.31	13.87	13.48	13.57	13.07	0.64	8	0.08
		T	0.08	0.08	0.08	0.07	0.08	0.09	0.07	0.09			
16	检查	R	15.1	14.07	14.05	14.18	14.8	14.32	14.38	13.91	6.96	8	0.87
		T	0.91	0.92	0.84	0.87	0.93	0.84	0.81	0.84			
17	包装、入库	R	16.03	15.1	15.03	15.23	15.79	15.34	15.3	14.91	7.92	8	0.99
		T	0.93	1.03	0.98	1.05	0.99	1.02	0.92	1			

3. 观测次数（样本数）确定

样本数是指为了达到所需要的时间精度必须重复观测的次数，可按式（4-1）进行计算。为了提高观测精度和可靠度并弥补初次测量的不足，往往需要对观测次数进行修正，这种修正是建立在统计学基础上的。

$$n = \frac{z^2 s^2}{\Delta \bar{x}^2} = \left(\frac{zs}{2p\bar{t}}\right)^2 \tag{4-1}$$

式中　n——样本数；
　　　$\Delta \bar{x}$——平均指标允许误差；
　　　z——置信水平的 z 统计值；
　　　p——期望置信度；
　　　s——作业单元的样本标准差；
　　　$\bar{t}$——对某工作观测得到的时间的平均值。

任意期望置信度对应的 z 值可从正态分布表中获得，计算中常用的 z 值见表4-2。

样本标准差 s 可按式（4-2）计算，即

$$s = \sqrt{\frac{\sum_{j}(t_j - \bar{t})^2}{n_0 - 1}} \tag{4-2}$$

式中　t_j——第 j 个工作循环的观测时间；
　　　n_0——初次观测次数。

表4-2　置信水平的 z 统计值

期望置信度（%）	z 值
90	1.65
95	1.96
95.5	2.00
98	2.33
99	2.58

4. 作业时间计算

在抽水泵装配过程中，初次测量次数 $n_0 = 8$，期望的最大误差为样本均值的 ±5%，则期望置信度 p 为 95%，查表4-2得置信水平 $z = 1.96$，将上述数据代入式（4-1）和式（4-2），计算得出的样本数和标准差见表4-3。计算出的 n 通常不是整数，按四舍五入的原则对其取整。为了保证每个单元的估计精度误差均在 5% 以内，所需样本数应取表4-3中的最大值15，即在原来8次观测的基础上再追加7次观测。$T_{作}$ 为进行15次观测后所得的各作业单元的平均作业时间，见表4-3。

5. 标准时间确定

标准时间是一个工人在不存在延迟和中断时完成任务所需要的时间，不包括人为因素的延迟（如喝水、休息）和不可避免的客观延迟（如机器调整和维护）等。标准时间一般根据对作业单元的实测时间来确定，为了得出研究对象的正确标准时间，还需对上述数据进行修正。

表 4-3 样本数据计算结果

作业单元	$\bar{t}$/min	s	n	$T_{作}$/min
装油封	0.07	0.0076	4	0.07
装转子	0.41	0.037	3	0.42
装定子	0.26	0.0452	12	0.27
装电动机	0.51	0.04598	3	0.49
剥电动机引线	0.35	0.037	4	0.35
接线	2.55	0.26897	4	2.52
装顶盖	1.81	0.122	2	1.83
装机械密封、叶轮	0.50	0.107	15	0.51
装泵体	0.71	0.0693	4	0.75
装提手	0.75	0.05264	2	0.76
气试	0.50	0.0756	9	0.50
水试	4.10	0.4536	5	4.00
吹干	0.63	0.04276	2	0.65
出厂检验	0.25	0.0316	6	0.25
贴铭牌、标牌	0.08	0.0075593	3	0.08
检查	0.87	0.04472	1	0.88
包装、入库	0.99	0.04598	1	0.99

在实际生产过程中，工人作业所消耗的一切时间都是由定额时间和非定额时间两部分构成的。定额时间包括准备与结束时间、工作时间、布置工地时间、休息与生理需要时间，是完成工作所必需的正常时间消耗，在制定劳动定额时必须考虑进去；非定额时间包括非生产时间、工人造成的停工时间、非由工人造成的停工损失时间等，应尽量减少非定额时间。

在抽水泵装配作业的定额时间中，主要包括工作时间和休息与生理需要时间，而时间定额主要由定额时间构成。于是，抽水泵装配作业时间为

$$T = T_{作} + T_{布} + T_{休} + T_{生理} = T_{作}(1 + 宽放率) \quad (4-3)$$

宽放率是指布置工作地时间、休息与生理需要时间之和占作业时间的百分比。在实际中，宽放率可以根据时间研究员的判断、工作抽样或员工以及实际情况来确定，通常取 0.04~0.1。

时间定额表示的是单个产品的劳动时间消耗，它随生产类型以及生产过程中零件移动方式的不同而有所不同，具体如下：

单件生产时 $\qquad T = T_{作}(1 + 宽放率) + T_{准} \qquad (4-4)$

成批生产时 $\qquad T = T_{作}(1 + 宽放率) + T_{准}/批量 \qquad (4-5)$

大量生产时 $\qquad T = T_{作}(1 + 宽放率) \qquad (4-6)$

抽水泵属于大量生产的标准产品，按式 (4-6) 计算，取宽放率为 0.083（即每班休息 40min），计算得出抽水泵装配各作业单元的标准时间见表 4-4。

表 4-4　抽水泵装配各作业单元的标准时间

作业单元	时间/min
装油封	0.08
装转子	0.45
装定子	0.29
装电动机	0.53
剥电动机引线	0.38
接线	2.73
装顶盖	1.98
装机械密封、叶轮	0.55
装泵体	0.81
装提手	0.82
气试	0.54
水试	4.33
吹干	0.70
出厂检验	0.27
贴铭牌、标牌	0.09
检查	0.95
包装、入库	1.07

4.3　汽车后门里板冲压工序时间研究

4.3.1　案例背景

某公司为汽车制造公司，进行某品牌汽车的设计与生产制造，包括从汽车设计、汽车零部件生产到零部件组装和汽车总装的全生产过程。本案例的主要研究对象是冲压车间某汽车后门里板冲压工序。

4.3.2　汽车后门里板冲压加工流程

该车间汽车后门里板冲压工序为简单作业工序，每步操作均为工人手工作业。该工序的加工流程如图 4-3 所示。

为了对车间各工序进行规范化管理，要求对汽车后门里板冲压工序进行作业时间测量，求出各个动作的正常时间，并制定作业标准时间。

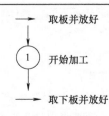

图 4-3　冲压工序加工流程

4.3.3 作业时间分析与研究

1. 工作分解

按照汽车后门里板冲压实际操作步骤,将作业划分为6个操作单元,各操作单元的具体内容如下:

1) 取板,是指从工人拿起板到接触到压力机为止。
2) 放板,是指从接触到压力机到将板放好为止。
3) 开始加工,是指压力机开始运动到碰到板为止。
4) 完成加工,是指从压力机加工完毕到离开板为止,该操作单元时间为压力机加工时间。
5) 取板,是指从工人碰到已经加工好的板到将板从压力机上取出为止。
6) 将板放好,是指从工人取出已经加工好的板到将板放置到叉车上并摆放整齐为止。

2. 测时

用秒表测量法,对各操作单元进行连续测时,首次测时次数选择为10次。将每个操作单元作为一组动作进行测量,测量数据见表4-5和表4-6。

表4-5 测量数据 (单位:s)

研究日期:	开始时间:9:20		结束时间:10:20						总时间:60min	
序号	1		2		3		4		5		6	
单元	取板		放板		开始加工		完成加工		取板		将板放好	
周程	R	T	R	T	R	T	R	T	R	T	R	T
1	1.2	1.2	3.0	1.8	5.1	2.1	17.0	11.9	20.2	3.2	23.0	2.8
2	1.1	1.1	3.2	2.0	4.8	1.6	18.2	13.4	21.1	2.9	23.4	2.3
3	1.3	1.3	3.1	1.8	5.2	2.1	17.8	12.6	20.8	3.0	23.5	2.7
4	1.3	1.3	3.4	2.1	5.7	2.3	16.9	11.2	21.5	4.6	24.0	2.5
5	1.0	1.0	2.9	1.9	4.9	2.0	16.8	11.9	19.7	2.9	22.5	2.8
6	1.4	1.4	3.7	2.3	5.6	1.9	18.0	12.4	22.1	4.1	25.9	3.8
7	1.2	1.2	3.5	2.3	4.7	1.2	17.5	12.8	20.4	2.9	23.6	3.2
8	1.1	1.1	2.8	1.7	5.1	2.3	16.5	11.4	19.5	3.1	21.8	2.2
9	1.3	1.3	3.2	1.9	4.9	1.7	16.9	12.0	19.4	2.5	22.5	3.1
10	1.5	1.5	3.6	2.1	5.8	2.2	17.7	11.9	20.8	3.1	24.9	4.1
统计	12.4		19.9		19.4		121.5		32.3		29.5	
观测次数	10		10		10		10		10		10	
平均时间	1.24		1.99		1.94		12.15		3.23		2.95	
方差	0.0204		0.0429		0.1104		0.3925		0.3581		0.3425	

表4-6 测量相关数据 (单位:s)

i	1	2	3	4	5	6	7	8	9	10	合计
x_i	23	23.4	23.5	24	22.5	25.9	23.6	21.8	22.5	24.9	235.1
x_i^2	529	547.56	552.25	576	506.25	670.81	556.96	475.24	506.25	620.01	5540.33

3. 样本数确定

取期望置信度为95%，平均误差为±5%，计算得出最少观测次数 n 为

$$n = \{40[\sum x_i^2 - (\sum x_i)^2]^+ / \sum x_i\}^2 = 3.8 \qquad (4-7)$$

即至少观测3.8次（即4次）就可满足精度要求，初始观测次数为10次，满足要求。

4. 标准时间确定

(1) 确定各作业单元正常时间

$$单元正常时间 = (单元统计时间 \times 单元评比百分率)/观测次数 \qquad (4-8)$$

用式（4-8）可分别计算各操作单元的正常时间，具体数据见表4-7。

表4-7 各单元正常时间 （单位：s）

序号	1	2	3	4	5	6
单元	取板	放板	开始加工	完成加工	取板	将板放好
统计	12.4	19.9	19.4	121.5	32.3	29.5
观测次数	10	10	10	10	10	10
评比	70/60	60/60	60/60	60/60	60/60	60/60
正常时间	1.45	1.99	1.94	12.15	3.23	2.95

(2) 确定宽放时间 冲压里板是一项单调、枯燥的重复工作，极易造成工作者疲劳，因此取宽放率为15%，用式（4-9）计算出各个动作的宽放时间，见表4-8。

$$宽放时间 = 正常时间 \times 宽放率 \qquad (4-9)$$

表4-8 宽放时间 （单位：s）

序号	1	2	3	4	5	6
单元	取板	放板	开始加工	完成加工	取板	将板放好
正常时间	1.45	1.99	1.94	12.15	3.23	2.95
宽放率	15%	15%	15%	—	15%	15%
宽放时间	0.22	0.30	0.29	—	0.48	0.44

(3) 确定标准时间

$$标准时间 = 正常时间 + 宽放时间 \qquad (4-10)$$

用式（4-10）计算各操作单元的标准时间，见表4-9。

表4-9 标准时间 （单位：s）

序号	1	2	3	4	5	6
单元	取板	放板	开始加工	完成加工	取板	将板放好
正常时间	1.45	1.99	1.94	12.15	3.23	2.95
宽放时间	0.22	0.30	0.29	—	0.48	0.44
标准时间	1.67	2.29	2.23	12.15	3.71	3.39

4.4 某公司现场作业标准化研究

4.4.1 案例背景

生产现场是企业直接创造效益的场所，现场管理水平的高低可以直接反映出企业经营情况的好坏。现场管理是使用持续改善理论对生产现场的人员、设备、物料、作业方法、生产环境等生产要素进行持续的改善，实现各生产要素的合理配置，从而减少生产过程中的浪费，降低生产成本，提高生产效率和产品质量。

作业标准化也是生产现场管理的一项主要内容，本案例以大型变压器制造部油箱车间为研究对象，进行时间标准化研究。

4.4.2 现状及问题分析

1. 车间已有的标准化基础

该公司油箱车间是典型的面向订单的单件生产模式，制造过程差别较大，推行作业标准化存在很大困难。随着市场竞争的加剧，该公司专注于550kV以上输配电变压器产品的生产。另一方面，由于设计技术的日趋成熟，设计过程逐渐采用了标准化的设计方法，使其产品结构越来越稳定，产品制造工艺越来越优化，工人的操作也越来越熟练，这些都为实施作业标准化创造了必要的有利条件。

2. 车间目前存在的问题

（1）生产控制难度大　该公司以前的生产模式是单件生产，产品订单数量较少，任务相对宽松，没有明确、统一的操作流程，也没有明确的时间定额标准，计划员按经验安排生产计划，工段长按经验分配生产任务，工人按经验进行生产，造成生产进度、生产质量难以控制，生产时间波动较大。

（2）生产成本不断增加　随着公司订单数量的增加，生产任务日趋紧张，公司主要采用增加工作人员数量的方法来提高生产能力，导致人力成本不断增加。从表面上看订单增多了，任务增加了，然而，人均实际产出并没有实质性的增加，工人的工资也没有大幅度的上升，造成工人怨声载道，生产积极性受到严重挫伤。

（3）现行工时模板指导性不强　为了保证产品质量，该公司工艺部门在流程标准化方面做了很多有益的工作，编制了操作标准化工艺文件，并对工人进行了标准化相关培训，采用了工时模板制度，通过逐年压缩产品制造工时来提高生产产量。但由于关注的是单件产品的总工时，而不是生产过程中每一项作业的必要工时，造成生产过程中很多浪费被表象所掩盖。当生产时间普遍超过工时模板的规定时间时，不是深入地寻找超出的原因，减少生产时间，而是通过调高模板值去迎合实际生产情况，使工时模板失去了真正的指导意义。为此，该公司决定对现行操作流程进行调查研究，通过实际调研制定标准操作流程，改进产品工时模板，达到缩短生产时间、提高生产效率的目的。

4.4.3 下料工段数控下料时间研究

车间现共有三个工段，各工段的生产特点各不相同，本案例根据各工段的特点，分别采用不同的方法来确定各工段操作的标准时间。首先对下料工段数控下料进行时间研究。

1. 数控下料工作流程

数控下料主要是对油箱盖、油箱底、油箱侧壁加强肋、互感器壁、油枕加强肋等进行数控切割加工，加工设备是两台数控切割机，每台切割机配备两名操作工，包括一名主操作工和一名打磨工。主操作工负责操作机床和上下料，打磨工则负责板材边缘的打磨以及辅助主操作工进行上下料，联合作业图如图4-4所示。

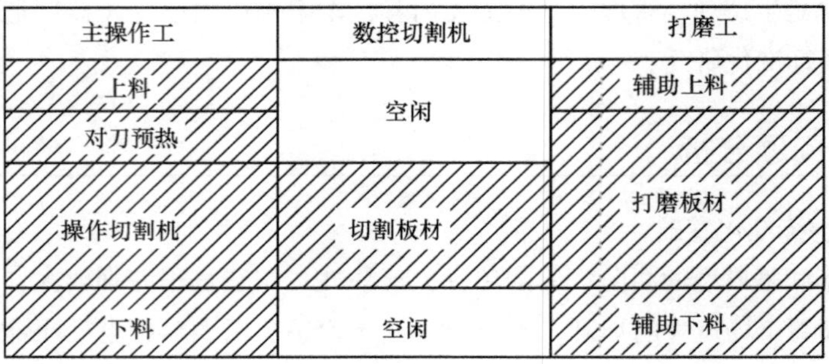

主操作工	数控切割机	打磨工
上料	空闲	辅助上料
对刀预热		打磨板材
操作切割机	切割板材	
下料	空闲	辅助下料

图4-4 数控下料联合作业图

2. 数控下料时间模型建立

（1）工作耗时分析 数控下料作业时间由切割时间和辅助时间构成，其中辅助时间比较稳定，切割时间由板材厚度和切割距离决定。

（2）确定切割时间

$$切割时间 = 切割距离/切割速度（切割速度由板材厚度决定） \qquad (4-11)$$

工艺部门已经根据数控切割机的性能制定了切割速度与板材厚度关系参照表，见表4-10。为了保证加工精度，要求切割速度取参考速度的下限，这一结果也与现场测定的切割速度相吻合。因此，在确定切割时间时均采用参考值的下限。

表4-10 切割速度与板材厚度关系参照表

序 号	1	2	3	4	5
板材厚度/mm	8	10	20	30	40
切割速度/(mm/min)	600~700	600~700	450~500	300~350	300~350

（3）确定辅助时间 辅助时间主要是上料时间、下料时间、对刀预热时间和打磨时间，经过测定，上料时间平均为0.5h/次，下料时间为1h/次，打磨时间 = 总周期 - 1.5h，而对刀预热时间则与切割零件的数目有关。

（4）建立数控下料工时模型 根据联合作业图及以上分析确定数控下料工时模型，即

$$数控下料工时 = （切割时间 + 对刀预热时间） + （上料时间 + 下料时间）\times 2 + 打磨时间$$

$$(4-12)$$

3. 确定数控下料工时定额

（1）确定板材分类与切割距离　根据板材厚度和用途不同，将待切割产品分成六类：侧壁加强肋、互感器壁、油枕附件（油枕加强肋和支脚）、其他附件（各种肋板、盖板等）、箱盖、箱底，并分别确定各类产品的切割距离，见表4-11。

表4-11　切割距离汇总表

序号	名称	板厚/mm	切割距离计算/m	总计/m
1	侧壁加强肋	10	每条加强肋切割距离：12 每台变压器需要14条加强肋，则切割距离 = 12 × 14 = 168	168
2	互感器壁	10	高压互感器切割距离：7.1 中压互感器切割距离：5.8 中性点互感器切割距离：5.7 两个低压互感器切割距离：7.6	26.2
3	油枕附件	20	14条油枕加强肋切割距离：14 × 3 = 42 4条油枕支脚：4 × 4 = 16 4块支脚肋板：4 × 1 = 4	62
4	其他附件	20	28块侧壁三角形支承板：28 × 1 = 28 油枕端壁板：16 吊耳肋板：4 × 1.5 = 6 其他各类小附件总切割距离之和：40	90
5	箱盖	20	外缘切割长度：20 内部孔切割距离：30	50
6	箱底	40	外缘切割距离：20	20

（2）确定辅助时间　辅助时间主要根据实际观测得出，首先确定对刀预热时间。对刀预热时间与起刀次数有关，而与切割距离关系不是很大。上、下料时间与上、下料次数以及零件的数量相关，切割侧壁加强肋需上料3次、切割互感器板材需上料1次、切割油枕附件需上料1次、切割其他附件需上料1次、切割箱盖需上料1次、切割箱底需上料1次，根据以上结果可以得出辅助时间，见表4-12。

表4-12　辅助时间汇总表

序号	任务名称	对刀预热时间/h	上料时间/h	下料时间/h
1	切割侧壁加强肋	2	0.5 × 3 = 1.5	1 × 3 = 3
2	切割互感器板材	1	0.5 × 1 = 0.5	1 × 1 = 1
3	切割油枕附件	1	0.5 × 1 = 0.5	1 × 1 = 1
4	切割其他附件	2	0.5 × 1 = 0.5	1 × 1 = 1
5	切割箱盖	1.5	0.5 × 1 = 0.5	1 × 1 = 1
6	切割箱底	1	0.5 × 1 = 0.5	1 × 1 = 1

（3）确定各项作业有效时间　根据前两步的分析结果，确定各项作业有效时间，见表4-13。根据表4-13，得出打磨工作有效工时 =（切割时间 + 对刀预热时间 - 1.5）= 15.3h + 8.5h - 1.5h = 22.3h。

表 4-13 各项作业有效时间

序号	切割作业项目	板厚/mm	切割速度/(m/min)	切割距离/m	切割时间/h	对刀预热时间/h	上料时间/h	下料时间/h	总时间/h
1	侧壁加强肋	10	0.6	168	4.7	2	1.5	3	11.2
2	互感器板材	10	0.6	26.2	0.7	1	0.5	1	3.2
3	油枕加强肋	20	0.45	62	2.7	1	0.5	1	5.2
4	其他附件	20	0.45	90	3.3	2	0.5	1	6.8
5	箱盖	20	0.3	50	2.8	1.5	0.5	1	5.8
6	箱底	40	0.3	20	1.1	1	0.5	1	3.6
合计	—	—	—	—	15.3	8.5	4	8	35.8

（4）根据数控下料工时模型确定数控下料作业有效工时 数控下料作业有效工时=（切割时间+对刀预热时间）+（上料时间+下料时间）×2+打磨时间=（15.3+8.5）h+（4+8）h×2+[（15.3+8.5）-1.5]h=70.1MH（人时）

（5）确定宽放率 宽放率见表 4-14。

表 4-14 宽放率

宽放种类	私事宽放	疲劳宽放	操作宽放	干扰宽放	总计
宽放率（%）	5	20	10	5	40

（6）确定数控小组单台产品工时定额 数控下料工时定额=有效时间×（1+宽放率）=70.1×1.4=98.14MH，即该产品数控下料工时定额为98.14人时。

4.4.4 焊接工段埋弧焊时间研究

1. 埋弧焊工作流程

埋弧焊工作主要是由焊接工段埋弧焊小组负责完成，其主要工艺过程包括加强肋折弯、油枕壁折弯、箱壁焊接、加强肋埋弧焊。主要加工设备是一台折弯机、一台悬臂埋弧焊焊机、一台校直机，操作人员是三名焊接工人。一名焊接工人主要负责操作埋弧焊焊机，另外两名焊接工人一组，主要负责其余焊接工作。以油箱壁和油枕壁焊接工艺为例，绘出其埋弧焊工艺流程，如图 4-5 和图 4-6 所示。

2. 确定埋弧焊时间模型

埋弧焊组与其他小组一样，主要工作都是以人工操作为主，工序较多，易于划分成独立的操作单元，在确定埋弧焊组的工时定额时，采用单元法。

1）对整个油箱壁和油枕壁埋弧焊操作流程进行分解，划分成若干独立的、长短适宜的、可观测的单元。

2）分别测定各独立操作单元的标准时间。

3）用单元工时乘以单元数量得到埋弧焊有效工时。

4）对有效工时进行合理的宽放，即可得到埋弧焊组的工时定额。

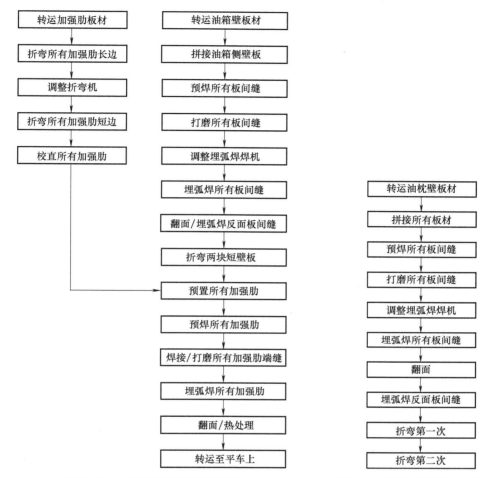

图 4-5 油箱壁埋弧焊工艺流程　　图 4-6 油枕壁埋弧焊工艺流程

$$埋弧焊有效工时 = \sum(单元工时 \times 单元数量) \qquad (4-13)$$
$$埋弧焊工时定额 = 有效工时 \times (1 + 宽放率) \qquad (4-14)$$

采用上述方法的好处是将有效时间和无效时间分开，以后如果某些单元需要改变，则只需要改变相应单元的时间，而无须重新测定其他单元的时间；如果进行流程改善，也只需要调整相应单元的作业顺序或者增加、删除相应单元，就可以很方便地预估改善效果。

3. 确定埋弧焊工时定额

（1）划分作业单元　埋弧焊作业单元划分见表 4-15。

（2）测定作业单元标准时间　在划分完作业单元后，即可采用直接观测法测定作业单元标准时间，见表 4-16。

（3）确定埋弧焊总有效工时

埋弧焊总有效工时 = 任务 1 有效工时 + 任务 2 有效工时 = 64.2MH + 8.8MH = 73MH

（4）确定宽放率　宽放率见表 4-17。

（5）确定埋弧焊工时定额　埋弧焊工时定额 = 埋弧焊总有效工时 × (1 + 宽放率) = 73MH × 1.5 = 109.5MH

表 4-15 埋弧焊作业单元划分

序号	单元名称	人数	作业单元内容说明
任务1：油箱壁焊接			
1	转运加强肋板材	2	将加强肋板材转运至折弯机区域
2	转运油箱壁板材	2	将油箱壁板材转运至埋弧焊区域
3	折弯所有加强肋长边	2	吊运加强肋，将两长边折弯成形
4	调整折弯机	2	更换折弯机压力板
5	折弯所有加强肋短边	2	所有的加强肋长边折弯后，再折弯短边
6	校正所有加强肋	2	在校直机上校直已折弯的加强肋
7	拼接油箱侧壁板	2	将所需数目的板材两两拼接在一起
8	预焊所有板间隙	1	手工粗略焊接已拼接好的板间缝
9	打磨所有板间缝	1	将手工焊缝打磨平整，以便进行埋弧焊
10	调整埋弧焊焊机	1	更换焊剂、焊丝，调试设备
11	埋弧焊所有板间缝	1	利用埋弧焊自动焊接板壁间缝隙
12	翻面	2	将焊接好的侧壁翻转，焊接另一面
13	埋弧焊反面板间缝	1	利用埋弧焊自动焊接板壁间缝隙
14	折弯两块短壁板	2	将埋弧焊后的端壁板吊运至折弯机处折弯
15	预置所有加强肋	2	吊运加强肋预置在箱壁板上的合适位置
16	预焊所有加强肋	2	将定位好的加强肋人工焊接几点固定
17	加强肋两端焊接	1	手工焊接加强肋两端无法埋弧焊的缝隙
18	打磨两端焊缝	1	打磨手工焊缝
19	埋弧焊所有加强肋	1	埋弧焊自动焊接加强肋与箱壁缝隙
20	翻面	2	将焊接完成的箱壁翻面
21	特定焊缝热处理	1	用氢氧焰加热埋弧焊起弧和灭弧区域
22	转运至平车上	2	吊运箱壁板至平车上，清理作业区域
任务2：油枕壁焊接			
1	转运油枕壁板材	2	将板材转运至埋弧焊区
2	拼接所有板材	2	将油枕壁板两块一组拼接对和
3	预焊所有板间缝	1	手工快速焊接板间缝
4	打磨所有板间缝	1	用砂轮打磨手工焊缝
5	调整埋弧焊焊机	1	更换焊剂、焊丝，调试设备
6	埋弧焊所有板间缝	1	埋弧焊自动焊接手工焊缝
7	翻面	2	将油枕壁翻转
8	埋弧焊反面板间缝	1	埋弧焊自动焊接反面板间缝
9	折弯第一次	2	将油枕壁吊运至折弯机处折弯第一处
10	折弯第二次	2	折弯第二处

表 4-16 作业单元标准时间

序号	单元名称	人数	时间/min	工时/人×min	数量	总工时/人×min
任务1：油箱壁焊接						
1	转运加强肋板材	2	60	120	1	120
2	转运油箱壁板材	2	60	120	1	120
3	折弯所有加强肋长边	2	8	16	14	224
4	调整折弯机	2	60	120	1	120
5	折弯所有加强肋短边	2	7	14	14	196
6	校正所有加强肋	2	6	12	14	168
7	拼接油箱侧壁板	2	15	30	10	300
8	预焊所有板间隙	1	15	15	6	90
9	打磨所有板间缝	1	5	5	6	30
10	调整埋弧焊焊机	1	30	30	3	90
11	埋弧焊所有板间缝	1	15	15	6	90
12	翻面	2	10	20	4	80
13	埋弧焊反面板间缝	1	15	15	6	90
14	折弯两块短壁板	2	30	60	2	120
15	预置所有加强肋	2	9	18	14	252
16	预焊所有加强肋	2	9	18	14	252
17	加强肋两端焊接	1	30	30	14	420
18	打磨两端焊缝	1	5	5	14	70
19	埋弧焊所有加强肋	1	30	30	14	420
20	翻面	2	15	30	4	120
21	特定焊缝热处理	1	90	90	4	360
22	转运至平车上	2	60	120	1	120
任务1 有效工时 =3852 人×min =64.2MH						
任务2：油枕壁焊接						
1	转运油枕壁板材	2	30	60	1	60
2	拼接所有板材	2	15	30	4	120
3	预焊所有板间缝	1	15	15	2	30
4	打磨所有板间缝	1	5	5	2	10
5	调整埋弧焊焊机	1	30	30	1	30
6	埋弧焊所有板间缝	1	15	15	2	30
7	翻面	2	10	20	2	40
8	埋弧焊反面板间缝	1	15	15	2	30
9	折弯第一次	2	25	50	2	100
10	折弯第二次	2	20	40	2	80
任务2 有效工时 =530 人×min =8.8MH						

注：时间是指完成某一单元所需的时间；工时是指完成某一单元所需人数与所需时间的乘积；总工时是指作业所含相同单元的数量与该单元工时的乘积。

表 4-17　宽放率

宽放种类	私事宽放	疲劳宽放	操作宽放	干扰宽放	总计
宽放率（%）	5	15	25	5	50

4.4.5　改善效果

1) 制定了车间作业标准工时定额，见表 4-18。

表 4-18　作业标准工时定额

序号	组　别	作业名称	作业人数	工时定额/MH
1	下料组	数控下料	4	98.14
2	下料组	锯切下料	1	23
3	下料组	剪切下料	2	24
4	埋弧焊组	埋弧焊	3	109.5
5	焊二组	油枕焊接	2	62.7
6	焊二组	升高座焊接	2	46.3
7	焊一组	箱盖零件焊接	3	72
8	焊一组	箱壁零件焊接	3	105
9	焊一组	合箱作业	4	96
10	成形组	冷却器支架焊接	3	70.2
11	成形组	油枕支架焊接	2	14.3
12	成形组	连接管类焊接	2	53.8
13	成形组	其他附加焊接	3	27
14	成形组	试装	3	48
15	合计	—	37	849.94

2) 新工时定额与上一年单台产品实际工时对比分析。当年该车间全年总计生产代表产品（ODFS-334/500 型油箱）62 台，从公司的工时统计系统中提取相关产品的工时记录，采用算数平均法分别计算生产 62 台代表产品的平均工时以及各单项作业的工时，见表 4-19。

表 4-19　ODFS-334/500 型油箱实际工时统计　　　　（单位：MH）

型号	下料组	焊一组		埋弧焊组	焊二组	成形组		合计
	下料	箱体	箱盖			附件	试装	
ODFS-334/500	205	303	86	193	148	255	63	1253

将标准工时按照实际工时统计表中的分组方式进行重新组合，并与实际工时进行对比，得出实际工时与标准工时之间的差异，见表 4-20。

从表 4-20 中可看出，新工时标准比现行实际工时缩短了 403.06MH，总工时减少了 32%，证明在时间标准化方面有较大的改善空间。按每工时人工成本 30 元计算，仅依靠人工成本一项，每台产品成本就可以减少 12091.8 元，公司现在年生产代表产品约 135 台，则年节约人工成本为 1632393 元。此外，压缩工时能够缩短产品制造周期，产品生产周期的缩短既可以提高资金周转率，减少贷款利息额，又可以提高能源利用率，减少电能、热能的浪费。

表 4-20　实际工时与标准工时差异分析　　　　　　　　（单位：MH）

类别	下料组	焊一组		埋弧焊组	焊二组	成形组		合计
	下料	箱体	箱盖			附件	试装	
实际	205	303	86	193	148	255	63	1253
标准	145.14	201	72	109.5	109	165.3	48	849.94
差值	59.86	102	14	83.5	39	89.7	15	403.06

3）提高了人员利用率。通过编制标准工时，并与实际工时进行对比，可以发现下料工段（数控下料、剪切下料、锯切下料）、箱体组（侧壁零件焊接、合箱）、埋弧焊组、附件组等小组的理论工时与实际工时相差较大，因此，应该加强对这几个组的生产控制，合理安排操作人员数量，提高人员利用率。

4）提高了生产计划的准确性。标准工时的制定减少了生产过程的不确定性，有利于制订较准确的生产计划，工段长可以依据工时标准安排各项作业人数和作业周期，进行作业进度控制。同时，管理人员可以通过及时地将各项作业的实际时间与标准工时进行对比来发现作业异常情况，从而及时进行有针对性的处理，以保证产品保质保量按期完成。

4.5　本章小结

时间研究是以生产过程中的工序为研究对象，通过对作业单元的操作时间进行测定，从而制定各作业单元的标准时间，由此得到生产过程中各个工序的标准时间，并通过标准时间的制定，对生产现场的工人操作以及生产线的运行进行更准确、有效的控制，保证生产有序进行。

本章通过抽水泵装配作业时间研究、汽车后门里板冲压工序时间研究和某公司现场作业标准化研究三个案例，对如何通过时间研究来制定作业单元的标准时间进行了详细的讲解与阐述，按照工作分解、测时、样本数确定、标准时间确定这四个步骤，最终确定作业单元的标准时间。通过对这些案例的学习，能更好地掌握时间研究的方法，并在实际工作中更广泛、有效地运用此方法。

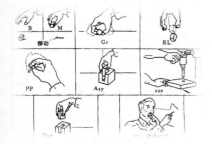

第 5 章
预定动作时间标准法

5.1 概述

预定动作时间标准系统也称预定时间标准系统（Predetermined Time System，PTS），是国际公认的制定时间标准的先进技术。它利用预先为各种动作制定的时间标准来确定进行各种操作所需要的时间。PTS 法不需要使用秒表进行直接时间测定，根据作业中包含的动作及事先确定的各动作的预定时间即可计算该作业的正常时间，加上适当的宽放时间后就可得到作业标准时间。

预定动作时间标准法有多种，根据基本动作的分类与所使用时间单位的不同而不同。到目前为止，已经有 40 多种预定动作时间标准法，其中最常用的有工作因素体系（Work Factor，WF）法、方法时间衡量（Method Time Measurement，MTM）法和模特排时法（Modular Arragement of Pre-determined，MOD）法。

5.2 MOD 法在装配流水线平衡中的应用

5.2.1 案例背景

在日益激烈的市场竞争中，每家汽车及其零部件制造企业都致力于生产效率的不断提高。如何优化流水线的生产能力，是工业工程研究的主要课题，而流水线的平衡便是达到这一目标的途径之一。

本案例应用 IE 工具——MOD 法结合生产实际，对装配流水线平衡情况进行改善。

5.2.2 MOD 法简介

一条流水线的生产能力取决于其生产能力最薄弱的环节，这个环节称为瓶颈环节。平衡流水线的目的就是通过提高瓶颈环节的生产能力来提高整条流水线的生产能力，从而降低成本，提高利润。

MOD法是预订动作时间标准法的一种,它不是通过直接观察和测定,而是利用预先为各种动作制定的标准时间来确定操作所需时间。传统PTS法的优点在于不受作业熟练程度和评比者主观性的影响,相对客观公正,但是比较耗时。MOD法则更为简练、易于掌握,适合实际生产操作。基于人体工程学试验总结出来的MOD法的基本原理如下:

1) 通过大量的试验研究,MOD法将生产实际中的操作动作归纳为21种。
2) 在相同条件下,不同的人做同一动作所需的时间基本相等。
3) 使用身体不同部位完成动作时,其所用的时间互成比例(如手腕的动作时间是手指动作时间的2倍,小臂的动作时间是手指动作时间的3倍等)。

因此,根据手指完成一次动作的单位时间,可直接计算其他身体部位动作的单位时间。

5.2.3 现状及问题分析

该公司装配流水线中的瓶颈工序之一是三大件装配,主要由人工操作完成,操作效率在很大程度上取决于工人的操作熟练程度。为此,运用MOD法进行分析改进。首先,将三大件装配工序细化为以下工步:①定位后盖;②装密封垫;③装导向杆;④装阀板;⑤装阀片;⑥装机体部件;⑦放置轴封保护套;⑧装配前盖;⑨取下轴封保护套;⑩取下6个螺栓;⑪蘸油;⑫装配5个螺栓;⑬取下导向杆并装最后一个螺栓;⑭拧螺栓螺纹2~3牙;⑮放成品。然后利用MOD法对所有动作进行分解,累计得到262个MOD值,见表5-1。

表5-1 三大件装配工序MOD分析(改善前)

序号	左手分析		右手分析		标记符号	MOD值	备注
	动作叙述	MOD分析	动作叙述	MOD分析			
1	BD		抓起后盖	M4G1	M4G1	5	
2	配合右手定位好后盖	M2P0	将后盖放在定位座上	M3P5	M3P5	8	
3	配合右手从一叠密封垫中拿出一张	M2G3	从左侧一叠密封垫中拿出一张密封垫	M4G3E2R2	M2G3M2G3E2R2	14	出现找正情况
4	配合右手放好密封垫	M2P2	将密封垫放入后盖中	M3P2	M2P2M2P2	8	
5	BD		拿起放在桌上的导向杆	M3G1	M3G1	4	
6	BD		将导向杆插入后盖的一个孔内	M3P5	M3P5	8	
7	BD		伸向右侧料箱取出一片阀板	M4G1	M4G1	5	
8	与右手配合插入阀板	M2G1M2P0	将阀板插入导向杆并向下压至底面	M3P5M2P0A4	M3P5M2P0A4	14	
9	BD		从右侧料箱取出一片阀片	M4G3E2R2	M4G3E2R2	11	出现找正情况
10	与右手配合插入阀片	M2G1M2P0	将阀片插入导向杆并向下压至底面	M3P5M2P0A4	M3P5M2P0A4	14	

(续)

序号	左手分析 动作叙述	左手分析 MOD分析	右手分析 动作叙述	右手分析 MOD分析	标记符号	MOD值	备注
11	BD		从工作台前方拿起机体部件	M4G1	M4G1	5	
12	与右手配合装配机体部件	M2G1M2P0A4	顺着导向杆放好机体部件并压到位	M4P5M2P0A4	M4P5M2P0A4	15	
13	BD		从装配器具旁拿起轴封保护套	M3G1	M3G1	4	
14	BD		将轴封保护套装在机体部件中间的轴顶	M3P5	M3P5	8	
15	BD		从工作台前方拿起前盖	M5G1	M5G1	6	
16	与右手配合装配前盖	M2G1M2P0	顺着导向杆装配好前盖	M5P5M2P0	M5P5M2P0	12	
17	BD		取下保护套，放在工作台上	M3G1M2P0	M3G1M2P0	6	
18	从左侧料箱中取出6个螺栓返回	M3E2R2G3M1G3	BD		M3E2R2G3M1G3	14	判断数量再次拿取
19	调整螺栓方向，传到右手3个螺栓	M2G3E2R2M2P0	协助调整螺栓方向，从左手中拿3个螺栓	E2R2M2G3M2P0	M2E2R2G3M2P0	11	判断数量二次拿取
20	将螺栓排齐调整好位置	M3R2	将螺栓排齐调整好位置	M3R2	M3R2	5	
21	伸向前方储油盒，蘸油	M3G3M3P0	伸向前方储油盒，蘸油并滴油	M3G3M3P0	M3G3M3P0	9	
22	插入第一个螺栓至前盖左侧孔中	M3P5	插入第一个螺栓至前盖右侧孔中	M3P5	M3P5M2P5	15	
23	H		插入第二个螺栓	M2P5	M2P5	7	
24	插入第二个螺栓	M2P5	插入第三个螺栓	M2P5	M2P5M2P5	14	
25	取出导向杆	M3G1	BD		M3G1	4	
26	把导向杆放在桌上	M3P0	BD		M3P0	3	
27	插入剩余的一个螺栓	M3P5	BD		M3P5	8	
28	拧螺栓1螺纹2~3牙	M1/2×10	拧螺栓2螺纹2~3牙	M1/2×10	M1/2×10	5	循环10次
29	协助右手拿起压缩机	M3G1	拿起装好的压缩机	M3G1	M3G1	4	
30	协助右手拿起压缩机	M3G1	转身，将压缩机放在后侧的桌上	W5×2M3P2L1	W5×2M3P2L1	16	走两步

注：BD—空闲；H—持住。

5.2.4 改善方案

鉴于操作空间的局限性和现有布局已较为合理，而增加设备又对资金要求较大，因此，分析改进主要从工人的操作方法及过程着手。

1）尽量减少移动次数，同时使用两只手，提高双手的利用率。

① 表5-1中的序号3~5：左手拿起左侧的密封垫，同时右手抓起导向杆，左手装好密封垫后右手装导向杆。

② 序号13、14：改由左手拿起轴封保护套，同时右手拿起前方的前盖，左手套好轴封保护套后右手装前盖。

③ 序号16、17：右手装好前盖后，左手顺势拿下轴封保护套。

2）尽量减小动作幅度，减少M5、W5的使用。

① 序号15：前道工序传来机体部件和前盖时应将两者水平放置，可省去装配工人拿起前盖时的手臂伸直动作，M5动作以M4动作代替。

② 序号29：装配好压缩机后，可利用手臂将其放到右后侧堆放区，无须转身走动，取消了W5。实际试验中，工人完全可以做到这点，但需要后续工序的工人及时取走装配好的压缩机，以腾出空间放置后续装配好的压缩机。

3）尽量减少判断调整动作，即E2、R2动作。

① 序号3、4、7：在取密封垫、阀片时，需要目视完成只取一片的要求。可利用工位器具保证每片分离，以便于直接取用。

② 序号19：在取用螺栓时，需要找正螺栓方向，可预先使螺栓方向一致。

4）利用重力减少下压动作。

序号21~23：装螺栓时无须将其往下插入孔中，而是利用螺栓的重力使其自行下落至孔中。在实际操作过程中，此方法具有可行性，可提高装配速度。

5）取消多余动作。

① 序号12：机体装配到位后的下压动作为多余动作，可取消。

② 序号20：螺栓蘸油后的滴油动作为多余动作，可取消。

③ 序号28：拧螺栓10次过多，可减少为6次。

采用MOD法对部分工序进行合并、简化，消除多余动作。改善后装配工序的总MOD值减为197，结果见表5-2。

表5-2 三大件装配工序MOD分析（改善后）

序号	左手分析		右手分析		标记符号	MOD值	备注
	动作叙述	MOD分析	动作叙述	MOD分析			
1	BD		抓起后盖	M4G1	M4G1	5	
2	配合右手定位好后盖	M2G1M2P0	将后盖放在定位座上	M3P5	M3P5	8	
3	从左侧一叠密封垫中拿出一张密封垫	M3G3	拿起放在桌上的导向杆	M3G1	M3G3	6	

（续）

序号	左手分析		右手分析		标记符号	MOD值	备注
	动作叙述	MOD分析	动作叙述	MOD分析			
4	将密封垫放入盒底	M3P5	放好导向杆	M3P5	M3P5 M2P5	15	
5	BD		伸向右侧料箱取出一片阀板	M4G1	M4G1	5	
6	与右手配合插入阀板	M2G1 M2P0	将阀板插入导向杆并向下压至底面	M3P5 M2P0	M3P5 M2P0	10	
7	BD		从右侧料箱中取出一片阀片	M4G3	M4G3	7	
8	与右手配合插入阀片	M2G1 M2P0	将阀片插入导向杆并向下压至底面	M3P5 M2P0	M3P5 M2P0	10	
9	从装配器具旁拿起轴封保护套	M3G1	从工作台前方拿起机体部件	M4G1	M4G1	5	
10	将保护套装在机体中间的轴颈上	M3P5	顺着导向杆放好机体部件	M4P5	M3P5 M2P5	15	
11	BD		从工作台前方拿起前盖	M4G1	M4G1	5	
12	取下保护套，放在工作台上	M3G1 M3P0	顺着导向杆装配好前盖	M4P5	M4P5	9	
13	从左侧料箱中取出6个螺栓	M3G3 E2R2 M1G3	BD		M3G3 E2R2 M1G3	14	判断数量再次拿取
14	传到右手3个螺栓	M2P0	从左手中拿3个螺栓	E2M2G3	E2M2G3	7	目视后一次拿取
15	将螺栓排齐调整好位置	M3G1R2	将螺栓排齐调整好位置	M3G1R2	M3G1R2	6	
16	伸向前方储油盒，蘸油	M3G3 M3P0	伸向前方储油盒，蘸油	M3G3 M3P0	M3G3 M3P0	9	
17	插入第一个螺栓至前盖左侧孔中	M3P5	插入第一个螺栓至前盖右侧孔中	M3P5	M3P5 M2P5	15	
18	H		插入第二个螺栓	M2P5	M2P5	7	
19	插入第二个螺栓	M2P5	插入第三个螺栓	M2P5	M2P5 M2P5	14	
20	H		取出导向杆	M3G1	M3G1	4	
21	插入剩余的一个螺栓	M2P5	把导向杆放在桌上	M3P0	M2P5	7	
22	拧螺栓1螺纹2~3牙	M1/2×6	拧螺栓2螺纹2~3牙	M1/2×6	M1/2×6	3	循环6次
23	协助右手拿起压缩机	M3G1	拿起装好的压缩机	M3G1	M3G1	4	
24	BD		将压缩机放在后侧的桌上	M4P2L1	M4P2L1	7	

5.2.5 改善效果

根据本公司的实际情况，进行三大件装配的工人操作均比较熟练，取 MOD 值为 0.129s。同时，在制订标准时间时还需考虑操作者休息和停顿的时间，即宽放时间，这里只考虑疲劳宽放，宽放率取 0.07，则时间计算如下：

1. 正常时间

改进前：262×0.129s＝33.80s；改进后：197×0.129s＝25.41s

2. 标准时间

改进前：33.80s×(1＋0.07)＝36.17s；改进后：25.41s×(1＋0.07)＝27.19s

由表 5-3 可知，采用 MOD 法进行分析改善后，MOD 值减少了 65，标准时间缩短了 8.98s，瓶颈环节得以消除，工序生产能力也基本达到了要求。

表 5-3 改善前后时间对比

状　态	改　善　前	改　善　后	差　值	改善率 (%)
MOD 值	262	197	65	24.8
正常时间/s	33.80	25.41	8.39	24.8
标准时间/s	36.17	27.19	8.98	24.8

5.3　MOD 法在轴承装配线平衡中的应用

5.3.1 案例背景

某轴承公司的轴承装配大部分为手工作业，由于装配工技术水平和经验参差不齐，操作动作不符合动作经济原则，造成各工序时间不平衡，影响了装配效率的提高，并导致装配工的劳动强度较大。为了使各工序时间趋于平衡，并提高装配效率，本案例将应用 MOD 法来平衡、优化该公司的轴承装配线。

5.3.2 MOD 分析及平衡措施

该公司所生产的 6206 轴承的零部件有外圈、内圈、钢球、保持架及铆钉，其装配工艺流程如图 5-1 所示。

现用 MOD 法对第 1 道工序至冲压工序共 7 道工序进行分析、平衡。

1. 第 1 道工序

第 1 道工序为检测轴承外圈外径误差，双手活动范围为 350mm。作业前应准备轴承外圈周转箱、外圈放置工作台和外圈外径测量仪表。

（1）作业要素说明

1）将待检测外圈放于右手 300mm 范围内，已检测外圈放于左手 300mm 范围内，右手从

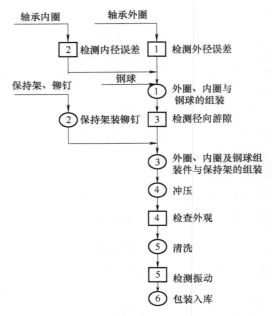

图 5-1 6206 轴承装配工艺流程

储存处取外圈至身前放于仪表测量处。

2）装配工目视仪表判断外圈外径误差是否在规定范围内，右手指旋转外圈后，再目视仪表判断误差范围。因右手旋转外圈不到 1/2 周，所以不作为旋转动作。

3）根据外径误差值分类堆放检测过的轴承外圈。

（2）动作因素分析 第 1 道工序动作因素分析（双手操作程序）见表 5-4，MOD 数为 33，时间为 4.257s。

（3）平衡意见 检测过的外圈堆放在工作台上，装配工左手将外圈放于储存处时必须目视检查，伸直手臂将外圈根据外径误差范围分类放于储存处，其动作为 M4P2。如果外圈运输及时，则装配工动作为 M3P0，并且和单元 1 的右手动作同时进行，则第 1 道工序的 MOD 数可以减少 27，时间减少为 3.483s。

2. 第 2 道工序

该工序为检测轴承内圈内径误差，双手活动范围为 350 mm。作业前应准备好轴承内圈周转箱、内圈放置工作台和内圈内径测量仪表。

（1）作业要素说明

1）将待检测内圈放于右手 300mm 范围内，已检测内圈放于左手 300mm 范围内，右手从储存处取内圈至身前，放于仪表测量处。

2）装配工目视仪表判断内圈内径误差是否在规定范围内，右手指旋转内圈后，再目视仪表判断误差范围。因右手指旋转内圈不到 1/2 周，所以不作为旋转动作。

3）根据内径误差值分类堆放检测过的内圈。

（2）动作因素分析 第 2 道工序动作因素分析（双手操作程序）见表 5-5。

（3）平衡意见 平衡意见同第 1 道工序。

第5章 预定动作时间标准法

表 5-4 第 1 道工序动作因素分析

作业内容	检测轴承外圈外径误差			工作地布置位置				
MOD 数	33	时间/s	4.257					
定员	2							

单元	左 手		时 间			右 手	
	动作叙述	分析式	次数	MOD 数	次数	分析式	动作叙述
1	持住仪表			9	1	M3G1M3P2	至储存处取外圈至身前,放于仪表处
2	持住仪表			5	1	E2D3	目视仪表,判断误差范围
3	持住仪表			1	1	M1G0	右手指旋转外圈
4	持住仪表			5	1	E2D3	目视仪表,判断误差范围
5	从右手取外圈	M3G1	1	7	1	M3G1M3P0	将外圈交于左手
6	将外圈放于储存处	M4P2	1	6			

注:用手推车将检测过的外圈运至第 3 道工序。

表 5-5 第 2 道工序动作因素分析

作业内容	检测轴承内圈内径误差			工作地布置位置				
MOD 数	33	时间/s	4.257					
定员	2							

单元	左 手		时 间			右 手	
	动作叙述	分析式	次数	MOD 数	次数	分析式	动作叙述
1	持住仪表			9	1	M3G1M3P2	至储存处取内圈至身前,放于仪表处
2	持住仪表			5	1	E2D3	目视仪表,判断误差范围
3	持住仪表			1	1	M1G0	右手指旋转内圈
4	持住仪表			5	1	E2D3	目视仪表,判断误差范围
5	用右手取内圈	M3G1	1	7	1	M3G1M3P0	将内圈从仪表上拿开交于左手
6	将内圈放于储存处	M4P2	1	6			

注:用手推车将检测过的内圈运至第 3 道工序。

3. 第 3 道工序

第 3 道工序是外圈、内圈与钢球的组装,根据内、外圈误差范围相配套,内圈放于外圈中,并堆集在工作台上,双手活动范围为 350mm。作业前准备好内、外圈放置在工作台上,并准备好钢球储存箱和长 150mm 的 ϕ3mm 铜棒一根。

(1) 作业要素说明

1) 左手至内、外圈储存处取内、外圈至身前,右手至钢球储存箱取钢球至身前并放于内、外圈中,两手动作可同时进行。

2) 左手移动内圈,右手持铜棒拨动钢球,使其进入内、外圈沟道中,因右手旋转没有超过 1/2 周,所以不采用旋转动作 C4。

(2) 动作因素分析 第 3 道工序动作因素分析(双手操作程序)见表 5-6。

表 5-6 第 3 道工序动作因素分析

作业内容	内圈、外圈与钢球的组装			工作地布置位置			
MOD 数	22	时间/s	2.838				
定员	1						

单元	左 手		时 间		右 手	
	动作叙述	分析式	次数	MOD 数	次数	分析式	动作叙述
1	至内、外圈储存处取内、外圈至身前	M3G1 M3P0	1	9	1	M3G1 M3P2	至钢球储存箱取钢球至身前并放入内、外圈中
2	手指移动内圈	M1G0	1	6	3	M2P0	持铜棒拨动钢球,使其分布于沟道中
3	将装配件放于储存处	M1G1 M3P2	1	7	1	M3P0	至钢球储存箱等待下一件工件

注:用手推车将该工序组装件运至第 4 道工序。

4. 第 4 道工序

第 4 道工序为检测径向游隙,双手活动范围为 300mm。作业前准备好内、外圈与钢球组装件放置工作台。

(1) 作业要素说明 右手摇晃组装件检测径向游隙。判断径向游隙的动作不是独立进行的,所以不采用判断动作 D3。右手检测径向游隙时需反复摇晃 3 次,所以动作为 3MOD。

(2) 动作因素分析 第 4 道工序动作因素分析(双手操作程序)见表 5-7。

(3) 平衡意见 单元 1 中左手取组装件动作为 M4G1,如果将组装件放在装配工小臂活动范围内,则动作为 M3G1。右手将组装件放于储存处时需步行,步行动作为 W5,如果工作台上的组装件运输及时,则不必步行,可以减少此动作。平衡后 MOD 数为 17,时间为 2.193s。

表 5-7 第 4 道工序动作因素分析

作业内容	检测径向游隙			工作地布置位置	已检测组装件储存处 / 组装件储存处 / 工作台 / 操作者				
MOD 数	23	时间/s	2.967						
定员	1								
单元	左 手		时 间			右 手			
	动作叙述	分析式	次数	MOD 数	次数	分析式	动作叙述		
1	至储存处取组装件,手指拨动外圈旋转	M4G1 M1P0	1	6					
2	将组装件交于右手	M3P0	1	7	1	M3G1 3MOD	从左手取工件并反复摇晃 3 次		
3	持住仪表	H		10	1	W5M3P2	将组装件放于储存处		

注：用手推车将检测过的组装件运至第 6 道工序。

5. 第 5 道工序

第 5 道工序为保持架装铆钉，双手活动范围为 300mm。作业前准备好保持架周转箱、保持架放置工作台并准备好镊子。

（1）作业要素说明

1）因为铆钉直径小，所以在用镊子抓取和放置时需目视检查，即抓取动作采用 G3，放置动作采用 P2 或 P5。

2）因为 6206 轴承保持架上的铆钉孔一共有 9 个，所以右手用镊子夹持住铆钉装入保持架铆钉孔的次数为 9 次，而左手持保持架转动 8 次。

（2）动作因素分析　第 5 道工序动作因素分析（双手操作程序）见表 5-8。

表 5-8 第 5 道工序动作因素分析

作业内容	保持架装铆钉			工作地布置位置	保持架储存处 / 装铆钉保持架 / 铆钉 / 工作台 / 操作者				
MOD 数	120	时间/s	15.48						
定员	8								
单元	左 手		时 间			右 手			
	动作叙述	分析式	次数	MOD 数	次数	分析式	动作叙述		
1	至储存处取待装订保持架至身前	M3G1 M3P0	1	7			持住镊子		
2	持住保持架并移动,保持架装订	M1G0	8	108	9	M2G3 M2P5	用镊子夹持铆钉至面前并装订		
3	将保持架放于储存处	M3P2	1	5			持住镊子		

注：将装好的保持架周转箱运至第 6 道工序。

6. 第 6 道工序

第 6 道工序是内圈、外圈及钢球组装件与保持架的组装。作业前准备好内、外圈与钢球组装件周转箱，未装铆钉保持架周转箱，装配铆钉保持架周转箱，放置工作台和长 150mm 的 ϕ30mm 铜棒一根。

（1）作业要素说明

1）单元1。左、右手从未装铆钉的保持架周转箱中取出保持架移至面前，并判断正反面。因判断过程不是独立动作，所以不采用判断动作 D3。双手将保持架移至面前均需注意力，所以不能同时进行。故 MOD 分析式为 M3G1M3P2M2P2，MOD 值为 13。

2）单元2。左、右手取内、外圈与钢球组装件，然后放于保持架上。这些动作均需注意力，所以双手不能同时动作，MOD 分析式为 M4G1M4P2M2P2，MOD 值为 15。

3）单元3。右手持铜棒拨动钢球，使其均布于保持架兜孔中，因右手旋转超过 1/2 周，所以采用旋转动作 C4。

4）单元4。双手将装有铆钉的保持架与单元 3 的组装件装配，因均需注意力，所以双手不能同时动作，故 MOD 分析式为 M3G1M3P5M2P5，MOD 值为 19。

（2）动作因素分析　该工序的动作因素分析（双手操作程序）见表 5-9。

表 5-9　第 6 道工序动作因素分析

作业内容	内圈、外圈钢球组装件与保持架的组装			工作地布置位置	内圈、外圈钢球组装件　保持架储存处　装铆钉保持架				
MOD 数	55	时间/s	7.095		工作台				
定员	3				操作者				
单元	左　手			时　间			右　手		
	动作叙述	分析式	次数	MOD 数	次数	分析式	动作叙述		
1	至周转箱取保持架至身前并判断正反面	M3G1M3P2	1	13	1	M3G1M3P2	同左手的动作		
2	至储存处取内、外圈与钢球组装件放于保持架上	M4G1M4P2	1	15	1	M4G1M4P2	同左手的动作		
3	持住组装件	H		5	1	M1P0C4	持铜棒拨动钢球，使其均布于保持架兜孔中		
4	同右	M3G1M3P5	1	19	1	M3G1M3P5	至储存处将装有铆钉的保持架与上单元组装件装配		
5	将该工序组装件放于下工序放置处	M3P0	1	3	1	M3P0	同左手的动作		

注：该工序组装件由装配工手推至下工序放置处。

（3）平衡意见　该工序装配工操作比较熟练，可以双手操作，如果将内、外圈及钢球组装件储存在有斜度的储存箱内，使组装件靠重力滑至装配工身前，则装配工动作为 M3G1，单元 2 的 MOD 分析式为 M3G1M3P2M2P2，MOD 数为 13。则该工序 MOD 数为 53，时间为 6.837s。

7. 第 7 道工序

第 7 道工序为冲压。作业前应准备好压力机和冲压模具。

（1）作业要素说明

1）单元1。冲压工将下模座放于上工序组装件上时，需找正下模座的位置，使下模座与保持架的凹凸面相吻合，所以应采用找正动作 R2。

2）单元2。上、下模座装配，使上模座的导柱插入下模座的导柱孔中，需采用有注意力的复杂放置动作 P5。

（2）动作因素分析　该工序的动作因素分析（双手操作程序）见表5-10。

（3）平衡意见

1）如果第 6 道工序装配件沿有斜度的轨道运至第 7 道工序，则单元 1 中冲压工不必伸直手臂，动作为 M3G3R2M3P0，MOD 数为 11。

2）单元3、4 中冲压工手臂移动动作可采用 M3，则该工序的 MOD 数为 27，时间为 3.483s。

表 5-10　第 7 道工序动作因素分析

作业内容	冲压			工作地布置位置	组装件储存处　　开式可倾压力机 　　　　　　　　操作者				
MOD 数	31	时间/s	3.999						
定员	1								
单元	左　　手		时　　间			右　　手				
	动作叙述	分析式	次数	MOD 数	次数	分析式	动作叙述			
1	将下模座放于组装件上，找正位置并移至身前	M4G3R2M4P0	1	13		H	持住上模座			
2	持住下模座	H		8	1	M3P5	将上模座与下模座装配			
3	将模具移至压力机处	M4P2		6			持住模具			
4	离开冲压处将轴承滚入下工序	M4P0	1	4	1	M4P0	离开冲压处移开上模座			

5.3.3　改善效果

以上应用 MOD 法确定了各工序的工作量，并按动作经济原则设计操作动作，改善后该轴承装配线的均衡情况见表5-11。

表 5-11 轴承装配线的均衡情况

工序号	作业内容	定员	平衡前 MOD 数	平衡前 时间/s	平衡后 MOD 数	平衡后 时间/s
1	检测外圈外径误差	2	33	2.129	27	1.742
2	检测内圈内径误差	2	33	2.129	27	1.742
3	内圈、外圈及钢球的组装	1	22	2.838	19	2.451
4	检测径向游隙	1	23	2.967	17	2.193
5	保持架装铆钉	8	120	1.935	120	1.935
6	内圈、外圈及钢球组装件与保持架的组装	3	55	2.365	53	2.279
7	冲压	1	31	3.999	27	3.483

该轴承装配线从第 1 道工序至第 7 道工序，平均节拍时间为 2.62s。平衡后，该轴承装配线平均节拍时间为 2.26s，提高了装配线的生产效率，同时使各工序的操作时间趋于平衡。

5.4 MTM 法在上海 DZ 公司中的应用

5.4.1 案例背景

上海 DZ 汽车有限公司自合资以来，引进和应用了德国 DZ 公司先进的科学管理技术——工作研究技术。其中在时间研究方面，在学习运用预定动作时间标准系统中的 MTM-UAS（Universal Analysing System）的基础上，根据企业的生产特点，进行了大量的数据调查，创造性地制定了上海 DZ 时间标准。经过几年来在生产实践中的应用，该时间标准对企业合理组织生产、调动职工积极性、提高劳动生产率起到了较大的作用，使企业获得了很好的经济效益。

本案例将介绍上海 DZ 汽车有限公司是如何应用该分析系统制定时间标准的。

5.4.2 MTM-UAS 系统概述

1. MTM-UAS 简介

MTM-UAS 与 MOD 法一样，均属于预定时间标准系统。它是近年来 MTM 分析系统中的一个重要分支，目前该系统是德国生产领域（机械加工、纺织、电器、汽车等）内广泛应用的时间研究方法。

MTM-UAS 是通过组合 MTM-1 基本方法中的动作单元发展起来的。不同的分析系统在数据层次、动作分类等方面各不相同，从图 5-2 中可以看出，等级 1~等级 3 分别为各种不同生产批量的分析系统；等级 4~等级 6 是行业或企业内部用于专用目的的时间标准系统，它们可以通过不同的生产批量选用的分析系统进行组合。

第 5 章 预定动作时间标准法

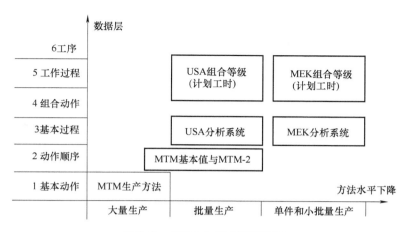

图 5-2 MTM 分析系统等级图

MTM-UAS 属于 MTM-3 等级，与 MTM-1 相比，它只含有很少的动作单元，略去了不太重要的影响值，减少了数据量，使数据卡片简洁明了。例如，在 MTM-1（基本方法）中，仅伸手和移动动作的距离范围就分别划分成 25 个等级。过分的细化大大地降低了分析速度，而且这种细化也容易造成分析人员对编码判断的失误，这在很大程度上限制了 MTM-1 的运用和推广。而在 MTM-3（通用分析系统）中，拿取和放置动作的距离范围只分别划分成 3 个等级。

在 MTM-1（基本方法）中，基本动作单元为伸手、抓取、松开、移动和定位。在 MTM-2（基本值）中，采用了合并、简化、平均、替代等方法对基本动作进行组合，把伸手、抓取、松开合并为拿取；移动和定位合并为放置。而在 MTM-UAS（通用分析系统）中进行了更大的数据组合，动作单元为拿取与放置，如图 5-3 所示。

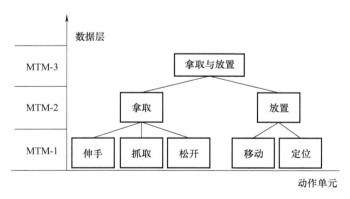

图 5-3 MTM 动作单元划分图

这样既保持了原来的基本动作，又简化了数据，所以在相同的条件下，MTM-3（通用分析系统）不仅实用，而且加快了研究人员的分析速度。此外，由于时间数据的组合使分析系统得到了很大的简化，分析人员在实际应用时因选用编码造成的判断失误也有所减少。

2. MTM-UAS 的动作分类

MTM-UAS 把工人的操作划分为七个基本动作：①拿取与放置；②放置；③辅助工具；④操作；⑤循环动作；⑥身体动作；⑦目控。在该系统中，影响这些基本动作的主要因素是动作长度（分为三个距离范围）和零件质量（分为三个质量等级），见表 5-12。

表 5-12　MTM-UAS 基本动作划分

等　级	动作长度/cm	零件质量/kg
1	≤20	≤1
2	20～50	1～8
3	50～80	8～22

3. MTM-UAS 的应用

"旋入带有一个垫圈的螺栓，旋入 1/2 螺纹"操作的动作要素：双手伸至 40cm 处的螺栓和垫圈，拿起并将垫圈套入螺栓，移向 30cm 处的螺纹孔，插上并吻合，旋入约 1/2 螺纹。应用通用分析系统对该操作进行动作分析，结果见表 5-13。

表 5-13　MTM-UAS 的应用

序　号	操　作	编　码	次　数	时间/min
1	一手拿起螺栓	AD1	1	0.023
2	另一手拿起垫圈并套入螺栓	AE1	1	0.016
3	移向螺纹孔，插上并吻合	PC2	1	0.021
4	旋入 1/2 螺纹	ZB1	2	0.010
合计	—	—	—	0.070

通过对操作"旋入带有一个垫圈的螺栓，旋入 1/2 螺纹"进行 MTM-UAS 分析，可以发现，该操作由四个动作组合而成，其中无一个重复、多余的动作。而且该工作方法在所有螺栓连接的工作范围内均适用。因此，可以将该操作方法确定为标准工作方法，启发工人按此规定方法进行操作，使作业时间减少到所需的最小值。这种方便实用的预定时间系统就是上海 DZ 时间标准。

5.4.3　上海 DZ 时间标准的制定

1. 上海 DZ 时间标准的基础

在大量的现场作业中，如果将不同的作业进行细分就可以发现，它们实际上都是由一些基本操作按一定的顺序组合而成的。例如，车身焊装过程的基本动作大致如图 5-4 所示。

其中含有若干个相同的动作，用的都是相同的作业方法，如准备零件、拿取零件、零件放入料箱等；操作中均可能含有身体运动，如"行走"或"弯腰"，这类动作是不同作业中相同的组成部分。虽然汽车的焊装、喷涂、装配等的制造工艺、加工方法不同，但总可以找

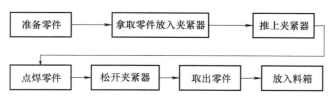

图 5-4　车身焊装过程的基本工作

到加工过程中相同的、经常重复的动作或操作，如弯腰、行走、拿取零件、点焊零件、安装零件、旋入螺栓等。如果研究人员掌握了这套方法，就能够非常容易地查出这些动作或操作的标准时间，而不需要一个个地测时。

如"行走 1m"这一具体的动作要素，在 MTM-USA 数据表中可直接查出其 TMU 单位为 25（1TMU = 0.0006min），即为 0.015min。又如"旋入带有一个垫圈的螺栓，旋入 1/2 螺纹"这一动作，在上海 DZ 时间标准数据表中可查出其标准时间为 0.070min。这样不但节省了时间，而且保证了时间数据在各个生产制造部门或各个工序中都是相同的时间标准。

由于汽车生产的特点是零件种类多、数量大且零件大小（质量）变化大，因此，应用 MTM-UAS 制定零件或工序的标准时间虽然能获得很好的使用效果，但是仍存在费时的问题。为了适应多品种、大批量汽车生产的需要，还需要开发一种应用更简便、分析速度更快的企业时间标准系统。

2. 上海 DZ 时间标准的制定

汽车制造的复杂性决定了时间标准的内容和形式也是复杂多样的。为了使标准时间系统结构简单、通用性强、适用范围广，需要对作业过程进行剖析。尽管零件种类、几何形状与质量存在较大的差别，但是根据它们的加工特点，仍然可以将其归纳为以下三种操作要素。

（1）常量（不变）要素　在各个零件或各道工序过程中相同的操作要素。如车身焊装中的"移动平衡器""旋转电极臂"，装配中的"更换套筒"，身体运动中的"坐下""蹲下"等。

（2）变量（可变）要素　在作业过程中动作内容、形式不变，但随着影响因素（零件质量、尺寸、困难程度等）的变化，操作时间有所不同。如"零件安装""螺栓的旋入和固紧"等。

（3）工艺要素　在作业过程中加工工艺确定的要素，如"零件烘干""自动切削""焊接"等。

为了保证标准的协调、统一，把工序中有共性的操作加以提取归纳。对于常量要素，如"更换套筒"，应用通用分析系统进行分析，确定时间值为 0.068min。而对于变量要素，则根据不同影响因素确定其时间值。上海 DZ 时间标准中的部分时间标准见表 5-14。

由此可知，上海 DZ 时间标准以操作为对象，其时间标准包含下列 10 项内容：①螺栓的旋入和固紧；②零件安装；③身体动作；④准备工作；⑤标准件安装；⑥夹紧件安装；⑦橡胶、塑料件安装；⑧零件粘贴；⑨电线铺设和连接；⑩使用夹具和涂刷介质。

表 5-14 零件安装时间标准

零件安装			编码	时间单位：0.001min		
拿起一个零件并安装				距离范围/cm		
				1	2	3
容易安装	质量≤1kg	大约	M-AEOUK 200	10	21	29
		松散	M-AEOLK 201	16	26	34
		精确	M-AEOEK 202	21	31	39
压入安装位置	质量≤1kg	大约	M-AEDUK 203	21	31	39
		松散	M-AEDLK 204	26	37	44
		精确	M-AEDEK 205	31	42	50
拿起两个零件分别安装						
容易安装	质量≤1kg	大约	M-AZOUK 206	21	31	39
		松散	M-AZOLK 207	31	42	50
		精确	M-AZOEK 208	42	52	60
压入安装位置	质量≤1kg	大约	M-AZDUK 209	42	52	60
		松散	M-AZDLK 210	52	63	70
		精确	M-AZDEK 211	63	73	81
拿起一个零件两次安装						
拿起一个零件两次安装	质量≤1kg	大约	M-AEPUK 212	16	23	31
		松散	M-AEPLK 213	26	34	42
		精确	M-AEPEK 214	37	44	52
	1kg<质量≤8kg	大约	M-AEPUM 215	18	29	34
		松散	M-AEPLM 216	31	44	50
		精确	M-AEPEM 217	42	55	60
	8kg<质量≤22kg	大约	M-AEPUG 218	47	60	65
		松散	M-AEPLG 219	60	73	78
		精确	M-AEPEG 220	78	91	99
拿起一个零件困难地两次安装						
拿起一个零件困难地两次安装	质量≤1kg	大约	M-AESUK 221	34	42	50
		松散	M-AESLK 222	44	52	60
		精确	M-AESEK 223	55	63	70
	1kg<质量≤8kg	大约	M-AESUM 224	39	50	55
		松散	M-AESLM 225	55	68	73
		精确	M-AESEM 226	65	78	83
	8kg<质量≤22kg	大约	M-AESUG 227	97	110	115
		松散	M-AESLG 228	112	125	130
		精确	M-AESEG 229	138	151	159

5.4.4 上海 DZ 时间标准应用实例

某零件装配操作步骤：伸手 40cm 拿取螺栓、垫圈各 4 个，将零件 76 与零件 90 连接，如图 5-5 所示，伸手 50cm 拿取电动旋凿旋紧四个螺栓后放下工具，然后再伸手 45cm 拿取扭力扳手，检查四个螺栓的扭矩，放下工具。应用上海 DZ 时间标准系统对该装配操作进行分析，见表 5-15。

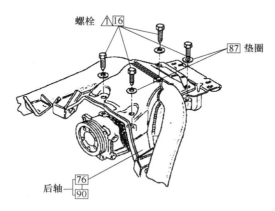

图 5-5 某零件装配示意图

表 5-15 某零件装配操作动作分析

序号	操　作	编　号	时间/min	次　数	总时间/min
1	插上带有一个垫圈的螺栓，旋入 1/2 螺纹	104-2	0.07	4	0.28
2	拿取电动旋凿	430-2	0.021	1	0.021
3	先后旋紧四个螺栓	118-1	0.047	4	0.188
4	拿取扭力扳手	430-2	0.021	1	0.021
5	先后检查四个螺栓的扭矩	125-1	0.034	4	0.136
求和					0.646

上述分析展示了上海 DZ 时间标准在生产过程中的应用，作为 MTM-UAS 的组合等级，该系统在实际应用中更加简单方便，其分析速度远快于 MTM 通用分析系统。

5.5 本章小结

预定动作时间标准的产生与发展，进一步推动了时间研究技术的进步，应用 PTS 法确定标准时间时，可以在不进行作业评定，不使用秒表测时的情况下预先确定作业标准，提高了工作的方便性。因此，预定动作时间标准在生产实际中得到了广泛的应用。

本章通过三个案例着重介绍了应用 MOD 法平衡装配流水线和应用 MTM 分析系统制定符合企业自身特点的时间标准系统的步骤，阐述了预定动作时间标准在分析平衡工时、制定标准时间中的应用过程。通过本章的学习，能够加深对这两种方法的理解和认识并在实际工作中展开应用。

第6章 工作抽样

6.1 概述

工作抽样（Work Sampling）是指对作业者和机器设备的工作状态进行瞬时观测，调查各种作业活动的发生次数与发生率，并由此推断各观测项目的时间构成与变化情况。工作抽样是对作业直接进行观测的时间研究方法，适合对周期长、重复性较低的作业进行测定，尤其适合对工作地布置，机器运转、维修、空闲以及办公室作业等进行观察和测量。

工作抽样可以用于调查设备的开机率或停机率，分析停机的原因，以便采取对策，提高设备的利用率，这是工作抽样早期应用的主要内容。工作抽样也可以用于调查人员的工作状态，找出作业者在工作中存在的问题，针对问题制定改进措施，提出切实可行的改善方案。

1. 作业改善

通过抽样可测定操作者或机器的空闲率及工作率，并在此基础上对其可能的空闲原因进行项目细分，加以观测记录，从而针对问题查找原因，采取相应对策改进作业，提高工作效率。空闲率与工作率的计算公式如下：

$$空闲率 = \frac{空闲次数}{总观测次数} \times 100\% \tag{6-1}$$

$$工作率 = \frac{工作次数}{总观测次数} \times 100\% \tag{6-2}$$

2. 制定标准时间

利用工作抽样可以制定标准时间。同时，也可以通过抽样方法确定宽放时间，即

$$每件产品标准时间 = \frac{观测总时间}{生产总数量} \times 工作率 \times 评定系数 \times (1+宽放率) \tag{6-3}$$

本章将通过三个案例，对工作抽样方法的运用进行阐述。

6.2 工作抽样在管理人员工作效率方面的应用

6.2.1 案例背景

应用工作抽样方法，分析某制药厂运输部门管理人员目前的工作状况，发现影响管理效

率的因素，提出改善方案，以提高管理人员的工作效率。

6.2.2 确定工作抽样对象

工作抽样对象的选择，主要根据被观测单位的主体作业而定，另外还取决于抽样观测的目的。如果是研究改善管理效率的问题，则选择的研究对象应该是管理人员；如果研究的是设备的运转状况，则选择的研究对象应该是机器设备。本案例以该制药厂运输部门的3位管理人员为观测对象，应用工作抽样方法掌握管理人员的工作状况，为提高管理效率提供实际依据。

6.2.3 工作抽样的步骤及方法

1. 调查项目分类

由于各管理人员所在岗位的岗位职责及具体工作内容不同，因此，将调查内容分为"工作"和"休息"两大项目，在此基础上针对每个调查岗位制作了一份调查表格。以运输部门科长岗位为例，经调查得出其工作、休息项目情况见表6-1。

表6-1 运输部门科长岗位工作、休息项目调查情况

工作类子项目		休息类子项目	
W1	书写报告、用款计划等	R1	迟到或早退
W2	外出处理货物、车辆等事务	R2	上网娱乐等休闲
W3	阅读文件材料	R3	吃东西、喝饮品等消遣
W4	处理、核实司机的费用情况	R4	聊天（包括电话聊天）
W5	接受来访	R5	串岗
W6	电话联系工作	R6	看报纸、小说、杂志
W7	参加会议	R7	上洗手间
W8	受理营销部门新的货物票据、安排第二天的工作	R8	不明原因的外出
W9	指导、监督下属工作		
W10	其他		

2. 决定观测路线

根据办公室平面图确定观测位置以及最佳观测路线。

3. 与被观测人员进行充分沟通

在进行抽样之前，最好将抽样的目的、意义与方法向观测对象讲解清楚，让被观测人员充分了解观测人员的意图，以便更好地配合观测人员的工作，保证工作抽样结果的真实性与可靠性。

4. 试观测并确定观测次数

为了保证工作抽样结果的可靠性，必须保证一定的抽样次数，抽样次数可按以下公式计算：

$$n = \frac{4p(1-p)}{E^2} \tag{6-4}$$

式中　p——观测的某事件发生率；

n——观测的总次数（抽样次数）；

E——允许的绝对误差。

这里的事件发生率 p 是一个估计数。估计的方法一是凭经验，二是事先进行 100~200 次的试观测，在此基础上进行推算，如情况有变化，还可以对 p 值进行修正。工作抽样一般取 $\pm 2\sigma$ 偏差范围，即所得资料的可靠度为 95.5%，允许误差小，则观测次数多，调查成本就高，允许误差的大小需要依据所取资料的精度要求而定。

在正式观测前，按调查表格进行一段时间的试抽样调查，得出发生率 p 为 70%，E 值为事先给定的 3%，则抽样次数为

$$n = \frac{4p(1-p)}{E^2} = \frac{4 \times 0.7 \times (1-0.7)}{(0.03)^2} \text{次} = 933 \text{次}$$

共观测 12 天，每天观测 78 次，并用随机方法确定每天观测的具体时刻。

在实际抽样过程中，一般需要增加观测天数，以备在数据整理过程中剔除无效数据而用。另外，在观测中若遇到休假、学习、培训等情况，均不作为有效数据使用，因此，也要相应增加观测天数。

5. 正式观测

观测时要注意以下问题：

1）瞬时点观测。被观测人员的现场作业是不断变化的，因此，必须预先规定抽样时刻，要把一瞬间的状况作为记录的依据。

2）将观测情况准确地记录在观测表格的有关栏内。

3）观测时如发现人员离开岗位，应问清原因，如原因不明，则记入离开岗位一栏。

6. 整理数据

正式观测后需要汇总统计观测结果，得出工作抽样结果汇总，见表 6-2。

表 6-2　运输部门工作抽样结果汇总

序号	岗位名称	观测总次数	工作次数	休息次数	作业率（%）
1	科长	1335	1181	154	88.46
2	车辆调度员	1333	1165	168	87.40
3	办事员	1334	934	400	70.01

其中，运输部门科长的观测结果见表 6-3，每天观测 111 或 112 次。

表 6-3　运输部门科长观测结果

观测天数	每天观测次数	工作次数	休息次数	作业率（%）
1	111	103	8	92.79
2	111	105	6	94.59
3	112	85	27	75.89
4	111	104	7	93.69
5	111	103	8	92.79

(续)

观测天数	每天观测次数	工作次数	休息次数	作业率 (%)
6	112	88	24	78.57
7	111	100	11	90.09
8	111	103	8	92.79
9	111	106	5	95.50
10	111	104	7	93.69
11	112	87	25	77.68
12	111	93	18	83.78

（1）剔除异常值　根据运输部门科长每天的平均作业率结果，确定管理控制界限，然后将超过管理控制界限的异常值剔除掉。

$$\text{管理控制界限} = \bar{p} \pm 3\sigma \tag{6-5}$$

$$\sigma = \sqrt{\frac{\bar{p}(1-\bar{p})}{\bar{n}}} \tag{6-6}$$

式中　$\bar{p}$——平均作业率，根据表6-3计算观测12天的平均负荷 $\bar{p} = 88.49\%$；

σ——二项分布标准偏差；

$\bar{n}$——抽查次数的平均值，$\bar{n} = 112$。

则管理控制上限 UCL = 0.8849 + 0.09057 = 0.97547

管理控制下限 LCL = 0.8849 − 0.09057 = 0.79433

由表6-3可知，有三天（3、6、11）的数据超出了管理控制界限的范围，因此剔除这三天的数据。剔除异常值后，运输部门科长每天的平均作业率 $\bar{p} = 92.19\% \geq 70\%$。

减去超出管理控制界限的三天所剩的抽样次数 $n = 1335 - 3 \times 112 = 999 > 933$，仍满足抽样次数的要求。

（2）置信度检验　观测总次数 $n = 999$，允许的绝对误差为 ±3%，则

$$E = 2\sqrt{\frac{p(1-p)}{n}} = 2 \times \sqrt{\frac{0.9219(1-0.9219)}{999}} = 0.017 < 0.03$$

即利用新的 p 值计算得到的允许绝对误差 $E(1.7\%)$ 小于事先设定的允许绝对误差（±3%），从而可以得出结论：运输部门科长的作业率 $p = 92.19\%$ 的观测结果是有效的，且可靠度达到了95%。

6.3　工作抽样在某家具厂生产管理中的应用

6.3.1　案例背景

A公司是成立于2006年底的中外合资家具企业，公司现有员工150人，固定资产3800万元，经过近几年的发展，年产值达到了5亿元，并且年销售额正以30%的幅度增加。

A公司的生产以订单为主，兼来样加工。由于公司产品品种和规格较为复杂，订单不确

定，机器设备工作时间也不确定，工人的休息时间比较随意，积极性不高。为此，对工人作业情况和设备作业情况进行抽样调查，提出解决方案和措施，目的是使工人和设备的效率得到最大限度的发挥。

6.3.2 对工人作业情况的抽样调查

1. 抽查对象和时间

在对工人作业情况的抽查中，抽查对象为生产任务的主操作工和辅助工人，不包括车间管理人员、电工和修理工。抽查时间一般选择工作任务比较正常或工作量稍多的工作日。

2. 抽查样本和结果统计

以每次抽查的原始数据为依据，计算出每次各种抽查项目的次数占同次抽查总数的比率，抽样调查结果见表6-4。

表6-4 工人作业情况抽样调查结果

序号	项 目	生产性次数比例（%）					非生产性次数比例（%）					抽查次数
		作业	装卸	搬运	调机	合计	等待	离开	谈话	其他	合计	
1	开机6台，作业人数10人	45.0	20.7	16.2	2.7	84.6	10.1	1.0	3.5	0.8	15.4	487
2	开机9台，作业人数15人	44.3	20.1	5.6	8.1	78.1	11.7	2.9	4.8	2.5	21.9	751
3	开机11台，作业人数24人	43.1	21.6	6.6	5.5	76.8	18.0	1.0	1.4	2.8	23.2	362
4	开机1台，作业人数2人	38.9	20.5	14.1	1.7	75.2	19.6	1.0	0.9	3.3	24.8	347
5	开机11台，作业人数23人	30.3	22.6	8.4	5.7	67.0	26.8	1.0	3.7	1.5	33.0	489
6	开机1台，作业人数6人	38.9	24.5	7.7	1.7	72.8	23.8	1.5	1.3	0.6	27.2	181
7	开机1台，作业人数3人	10.2	35.4	6.8	10	62.4	15.0	2.5	10	10.1	37.6	59
8	开机2台，作业人数5人	17.4	12.8	12.8	14.2	57.2	24.8	3.9	4.6	9.5	42.8	351
统计	标准偏差*	12.31	5.89	3.74	4.12	8.41	5.77	1.05	2.75	3.53	8.41	195.53
	平均值*	33.51	22.28	9.78	6.20	71.76	18.73	1.85	3.78	3.89	28.24	378.38
	离差系数*	0.37	0.26	0.38	0.66	0.12	0.31	0.56	0.73	0.91	0.30	0.52
	标准偏差	4.99	1.51	3.95	2.38	5.33	5.99	0.70	1.47	1.02	5.33	174.67
	平均值	40.08	21.67	9.77	4.23	75.75	18.33	1.40	2.60	1.92	24.25	436.17
	离差系数	0.12	0.07	0.40	0.56	0.07	0.33	0.50	0.56	0.53	0.22	0.40
	加权平均	36.33	22.01	9.75	5.36	73.47	18.56	1.66	3.27	3.04	26.53	403.14

注：表中带*的为8次的计算结果，不带*的为前6次的计算结果；加权平均以作业人数为权重进行计算。

3. 抽查结果分析

（1）找出异常值　从表6-4中可看出，在"非生产性次数比例"一栏中，7、8两次抽查中"其他"一项最高达到了10.1%和9.5%，"谈话"一项也较高，达到了10%与4.6%，大大超过了正常的比例（一般在4%左右），导致"其他"和"谈话"两项的离差系数很大，达到了0.91和0.73。由于计算结果偏离正常平均值的幅度过大，且通过对观测数据进行离差分析，也证实了7、8两组数据的确是导致观测项目离差系数偏大的主要原因。因此，7、8两组数据不能作为确定宽效率的依据，应予以剔除。剔除以后，可看出整个观测项目的离差系数都明显下降，"其他"和"谈话"两项的离差系数从0.91和0.73下降到0.53和0.56。

（2）剔除异常值　剔除7、8两组数据后各观测项目的加权平均值见表6-4。由表6-4可知，A公司工人在工作时间里，生产性次数平均比例为76.30%，非生产性比例平均为23.70%，生产效率偏低。

4. 原因分析

1）从表6-4中可看出，在生产性次数比例中，装卸工件的比例高达22.01%，几乎是工人作业率的一半。一方面说明生产任务比较多，另一方面则反映出A公司在装卸中存在不少问题，不仅缺乏行之有效的装卸工具，更缺乏良好的简化装卸的意识和方法，造成作业时间、操作动作、设备空转和闲置等浪费。搬运工件占生产性次数的9.77%，而从一些资料上得知，对于同类家具企业，不论生产效率高低，搬运工件次数在整个调查项目中也只占4%左右，进一步说明该公司在搬运中也存在很多问题。调查发现，由于生产管理水平较低，造成了搬运距离、搬运线路、寻找工件、整理工件、测量尺寸等方面的时间浪费，且这一问题十分严重。

2）在非生产性次数比例中，等待一项高达18.56%。通过观察，尤其以找工件、暂时闲置以及看图样等情况较多。暂时闲置次数多，说明人员安排不合理，浪费严重。根据现场时间测定，热压机只需3人，2台后成形机同时开动只需4人就能顺利完成正常生产，而实际工作中热压机配置了4~5人，后成形机配置了5人，造成了等待与人员的大量闲置。看图样耗时多，其原因一方面是图样标注不清楚或缺少明确的说明，另一方面是工人的识图水平不高，尤其是在新产品或较为复杂产品图样的识别上这一问题尤为突出。

5. 分析改进

1）引进合理的装卸工具，减少工人及设备的不必要浪费。
2）合理布置生产现场，使工序能有效地衔接，减少等待时间。
3）合理安排人员及生产任务，避免不必要的空闲等待。
4）图样统一标准化，并对新员工进行培训。

6.3.3　对设备作业情况的抽样调查

1. 实地抽查数据

A公司每天开机率较高的设备只有8~9台，负荷最满的是全自动开料锯，每天平均工作时间达7h，除此以外，其余设备都处于间歇式生产状态。通过对A公司某车间14台设备总计8天、2258次的工作抽样调查，得出生产性次数比例为68.6%，非生产性次数比例为

31.4%，其抽查结果统计见表6-5。

表6-5 设备作业情况抽样调查结果

样本序号	生产性次数比例（%）			非生产性次数比例（%）							观测次数
	作业	装卸	小计	搬运	等待	停机	谈话	调整机器	其他	小计	
1	40.8	17.6	58.4	14.5	14	7.3	1.9	3.7	0.2	41.6	642
2	51.8	25.3	77.1	2.9	11.1	4.4	1.3	2.2	1	22.9	550
3	47.3	19.2	66.5	3.9	12.1	3.7	1.4	11.3	1.1	33.5	355
4	64.6	21.4	86.0	8.3	5.2	0	0	0.4	0.1	14.0	229
5	45	23.1	68.1	3.1	12.7	1.3	0	13.5	1.3	31.9	229
6	63.3	14.3	77.6	6.1	8.2	0	1.1	6.1	0.9	22.4	49
7	29.7	20.0	49.7	5.1	16	5.7	0	16.6	6.9	50.3	175
8	44.8	20.7	65.5	6.9	10.4	0	0	17.2	0	34.5	29
平均值	48.4	20.2	68.6	6.4	11.2	2.8	0.7	8.9	1.4	31.4	282.3

2. 抽查结果分析

1）从表6-5中可见，在抽样调查的8天中，设备生产性次数比例最高为86.0%，最低为49.7%，变化幅度较大，说明设备的生产能力尚未得到稳定的发挥。其中"装卸"平均值高达20.2%，而"作业"平均值只有48.4%。

2）非生产性次数比例中最高为50.3%，最低为14.0%，平均值为31.4%。其中"等待"平均值为11.2%，"调整机器"平均值为8.9%，有进一步改善的必要。

3. 非生产性次数比例高的原因分析

1）"等待"比例高的原因主要是没有均衡的生产计划，造成工序间生产不连续、生产线设备忙闲不均。另外，寻找、选择工件和测量工件耗用的时间太长，看图样、编写程序的时间过长、次数过多，造成了设备的闲置和空转。

2）"调整机器"比例高的原因主要是工件缺乏标注以及工人的计算和编程能力较差，造成准备工作时间太长。

4. 分析改进

1）运用成组技术组织和指导生产。为了最大限度地发挥设备的生产能力，减少装卸、测量、搬运等辅助工作的时间，避免重复性劳动，迫切需要运用成组技术来组织和指导生产，要求技术部门从设计资料、文件与图样入手，将繁多的零件归类编码，为生产车间运用成组技术提供技术保障和技术服务。

2）提高管理水平和管理技术。应该在管理上加大投入，包括管理机构的调整、管理人才的培养和更新以及管理观念、管理技术、管理方法的创新和提高等。

6.3.4 观测结果精度校核与宽放率的确定

1. 剔除异常值

由表6-4可见，工人生产性次数比例平均值 $\bar{p}$ 为0.7176，平均抽样次数 $\bar{n}$ 为378.38，则

$$\sigma = \sqrt{\frac{\overline{p}(1-\overline{p})}{\overline{n}}} = \sqrt{\frac{0.7176 \times (1-0.7176)}{378.38}} = 0.023$$

经计算得，控制上限（UCL）为 0.7858，控制下限（LCL）为 0.6478。

由表 6-4 中的数据看出，第 1 天的生产性次数比例为 0.846，大于 0.7858；第 7 天与第 8 天的生产性次数比例分别为 0.624 和 0.572，都小于 0.6478，从而判定第 1、7、8 天的观测结果为异常值，应予以剔除。剔除异常值后的样本作业总抽样次数 $n = 3027 - 487 - 59 - 351 = 2130$；其中生产性活动抽样次数（剩下 5 天）$m = 751 \times 78.1\% + 362 \times 76.8\% + 347 \times 75.2\% + 489 \times 67\% + 181 \times 72.8\% = 1585$。

故样本作业率为

$$p = \frac{m}{n} = 1585/2130 = 0.744(74.4\%)$$

样本标准偏差为

$$s_x = \sqrt{p(1-p)/n} = \sqrt{0.744(1-0.744)/2130} = 0.00945(0.945\%)$$

2. 推断总体作业率

（1）用样本的平均值、标准偏差对总体（全体工人）状态进行点估计和区间估计

1）点估计。已知样本作业率（即平均值）$p = 0.744$，即可作为全体工人作业率的点估计值。

2）区间估计。根据估计值与总体真值之间的差距，需再进行区间估计。工时利用调查一般给定可靠度为 0.955，用字母 R 表示；参数 $\lambda = 2$，已知标准差 $\sigma = 0.0095$，则置信区间为 $0.744 \pm 2 \times 0.0095$，即 $0.725 \sim 0.763$。

（2）推断结论　A 公司工人工时的利用率约为 74.4%，有 95.5% 的把握在 72.5% ~ 76.3% 范围内变动，为计算方便，A 公司的宽放率取 25%。

3. 检查观测结果的有效性

（1）样本容量验证　已知 $p = 0.744$，预先给定相对精度 $s = 0.05$，则观测次数为

$$n = \frac{4(1-p)}{s^2 p} = \left(\frac{2}{s}\right)^2 \frac{1-p}{p} = \left(\frac{2}{0.05}\right)^2 \times \frac{1-0.744}{0.744} \text{次} = 550.4 \text{次} \approx 551 \text{次}$$

即观测次数不得少于 551 次，实际观测了 3027 次，剔除了 897 次后，还剩 2130 次，则观测样本数量足够。

（2）精确度的验证　已知 $\lambda = 2$，$p = 0.744$，$n = 2130$，则

$$s = \frac{E}{p} = \frac{2\sigma}{p} = 2\sqrt{(1-p)/(np)} = 2\sqrt{(1-0.744)/(2130 \times 0.744)} = 0.0254(2.54\%)$$

得到的相对精度 0.0254 小于给定值 0.05，故观测有效。

6.4　某服装缝制车间作业时间研究

6.4.1　案例背景

广东某制衣厂是一家具有先进设备和管理水平的制衣企业。近些年来，该企业虽然规

模扩展很快（现有车工 1600 人左右），但一直受生产效率低、交货延期、不合格品增加等问题的困扰。经过调查分析，初步认定该企业劳动生产率偏低的原因是服装缝制生产中组织过程不合理，各生产单位之间的传输配合不当，造成生产时间损失过多、生产连续性不高。

6.4.2 抽样调查

随机选择一组员工进行抽样调查，该组共有员工 68 人，其中车工 53 人，主要生产男式 Polo 衫，实行流水线生产，采用捆扎式传输方式，日产量为 1000 件 Polo 衫，直接工作人员平均日产量为 20 件 Polo 衫。而在日本的同类企业中，平均日产量为 36.0~41.1 件同款式 Polo 衫。为此，采用抽样调查方法，分析造成该制衣厂劳动生产率偏低的主要原因。

1. 确定抽查样本数量

结合缝制车间的作业特点和工作量大小，利用工作抽样方法，在正态分布假定下，随机抽取样本，在保证置信度达到 95% 的情况下估计总体平均值和标准偏差。

确定需要观测的样本数量，即

$$n = \frac{4p(1-p)}{E^2} = \frac{4(1-p)}{s^2 p} \tag{6-7}$$

式中　p——宽放率；
　　　E——绝对误差；
　　　s——相对误差，取 0.05；
　　　n——需要观测的样本数量。

2. 确定宽放率

制衣作业时间由正常时间和宽放时间组成。正常时间包括主要作业时间和附带作业时间。宽放时间是由各种原因引起的延迟补偿时间，有私事宽放、疲劳宽放、延迟宽放和政策宽放四种，其中延迟宽放又包括操作宽放、机器干扰宽放和偶发宽放三种。宽放是不定期动作，在作业管理上虽属必要，但不能产生附加值，所以要尽量缩短这部分时间。宽放率的计算公式为

$$宽放率 = \frac{宽放时间}{正常时间} \times 100\% \tag{6-8}$$

在生产线上随机抽取 15 名工人，在每天工作时间内抽取 20 个时间点，按时间顺序对所选工人进行瞬间观测，并记录其作业状态。

根据第一天采集的数据得，工作时间点 202 个，宽放时间点 98 个，样本总数 300 个。故宽放率 $p = 98/300 = 0.327$。把 $p = 0.327$，$s = 0.05$ 代入式（6-7），得 $n = 3293$，则观测样本大于 3293 即可。

在第 12 天共观测了 3600 个样本，共有宽放时间点 1291 个，得到宽放率 $p = 1291/3600 = 0.359$。将 $p = 0.359$，$n = 3600$ 代入式（6-7），得 $s = 0.0445$，与假设的 $s = \pm5\%$ 接近，故可推断观测样本数足够，观测结果是可信的，统计抽样调查数据见表 6-6。

由表 6-6 可见，该制衣厂抽样调查的宽放率为 36.0%，而同类制衣企业的平均宽放率仅为 25%~30%，因此，该制衣厂生产流程有改善的必要。

表6-6 生产一组作业状态与制衣厂一般标准对比

工作及宽放		内　容	作业或者状态占作业时间的比例（%）	
			生产一组	一般标准
工作	主要作业	缝制、熨烫	22.7	27~30
	附带作业	衣片的拿、放、换、切线等	41.4	44~49
	工作时间合计		64.1	70~75
延迟宽放（操作和机器干扰宽放）	装备条件	确认数量、整理桌面、确认温度	2.5	1.9~2.9
	整理制品	准备材料、确认数量	6.3	4.6~6.3
	换线	换面线、底线等	2.5	0.9~2.5
	记录	记录事项	1.9	0.1~0.5
	判断	判断质量	1.2	0.3~2.3
	修改	拆线、重建、重烫	2.9	1.7~2.6
	故障	断线、断针引起的穿线、换针等故障	4.3	0.6~2.2
延迟宽放（偶发宽放）	商量工作	指示、报告、教育、商量	2.1	2.2~2.5
	搬运	材料、成品、器具的搬运及工作地的移动	4.9	1.1~3.2
	等待	衔接不上而等待	1.4	0.2
私事宽放和疲劳宽放	疲劳间歇	休息时间外的休息，如上厕所、喝水、擦汗等	4.1	1.3~1.7
	其他	讲与工作无关的话、开小差等	1.9	0~1.5
	宽放率合计		36.0	25~30

6.4.3 影响制衣效率的原因分析

调查发现，造成该制衣企业生产效率过低、宽放率过高的主要原因如下：

1）制衣流水线布局存在较大的缺陷。制衣工序、工位排列不合理，造成搬运距离长、搬运工作量大、等待时间长。

2）工序质量管理存在一定的欠缺。客户对成衣产品质量要求非常高，虽然各工位旁都悬挂有作业指导书，明确了各项工序质量标准，然而并没有引起操作者的足够重视，没有严格按照工序质量标准进行自检和互检，产品不能完全满足客户的要求，从而造成了不必要的返工、修改。另外，该企业采用的是计件工资制度，做的多得的多，造成工人只重视数量而轻视质量，且大多数工人存在侥幸心理，认为如果质检员查不出来就无须返工，造成成品交付后甚至还需返工、返修的现象。

6.4.4 改善方案

1. 优化车间布局与物流设计

服装缝制车间布置主要受制衣厂生产系统的影响。生产系统是由工艺、设备、辅助环节、人员、物料、非生产设施、厂房及工厂所处的生产、生活环境等组成的。车间布局与物流设计要在系统化前提下，做到搬运量最小，尽量减少物料的迂回流动与倒流。搬运是生产过程中必不可少的环节，但它只能增加成本，而不能增加价值，所以应在工艺和安全允许的条件下，使生产系统的搬运距离与搬运工作量最小。由于服装的尺寸、颜色、样式多种多样，采用捆扎传输方式使每个产品的管理非常繁琐，不方便各工序之间的衔接。因此，需要采用一种能一次集中运送多件产品、花费时间较少的吊挂式运输系统来完成工序间的物流运输。

2. 建立完善的质量管理体系

目前，我国制衣企业已经具有一定的质量意识，然而，制衣质量管理和制衣工具应用仍处于较低水平。虽然该制衣企业使用了工序作业指导书来明确制衣工序质量要求，然而，并没有引起操作者的足够重视。因此，应建立健全完善的质量管理体系，加强对操作者质量意识、质量控制方法等的教育培训，建立企业整体质量文化，营造高质量、高效益、全周期的企业质量文化氛围。

3. 提高组长的管理意识

组长在生产中至关重要，流水线安排、岗位设置与配合、组员积极性的调动等工作都由组长负责，因此，组长应该是一个综合型人才。然而，目前大部分组长都是从组里选拔出来的技术水平最好的工人，注重技术指导，但缺乏管理意识，因此，有必要通过有计划的管理培训来提高他们的综合素质。服装缝制分工进行流水作业时，最重要的一点是，组长为操作者分配均等时间的工作量。如果所有的工序所需时间是相同的，流水操作就不会停滞，就能顺畅地进行下去，从而可以确保稳定的生产量。相反，如果中途流水线停滞，各个工序的产量就会出现不平衡。

4. 减少加班时间，保证员工的休息

在制衣厂，特别是一些小型制衣厂内，员工超时工作的现象很严重。超时工作使工人的间歇疲劳时间增加，两次疲劳期间得不到休息，不仅降低了工人单位时间内的劳动生产率，而且严重损害了工人的身心健康。

6.4.5 改善效果

1）研发吊挂式运输系统，降低工人的劳动强度，减少流水线半成品数量，避免了以前在整个车间找货的情况。多人同工序采用计数器计数，省去了记录时间的工作。实施该措施3个月后的生产数据显示，Polo衫生产周期由原来的3h降至现在的2.5h，生产效率提高了15%。

2）提高了产品质量。经过对生产一组员工的培训，每位员工都能阅读作业指导书，明确所做工序的质量要求，产品质量一次通过率提高到85%~91%。

3）加强了"5S"现场管理。要求每位员工"从日常小事做起，养成做事认真讲究的习惯"，改善了缝制车间脏、乱、忙的现象，提高了企业员工的整体素质。

4）超时加班现象明显减少，员工积极性得到了很大的提高。

6.5 本章小结

通过工作抽样辅助质量管理、生产管理可靠性较高、适用性强,能确保观测结果的精度要求。工作抽样可以在许多天或几星期内进行观测,可以在任何时间中断,也可在任何时间再继续,而不影响其结果。对于作业较分散的观测,因来回距离较长,应预先制定合理的观测路线。在针对人员进行的工作抽样中,要取得各方面人员的支持和配合,对沟通和理解需要引起高度重视。工作抽样是一种简单、适用、有效的方法,可以用于任何调查研究中,且调查精度较高,调查结果可信,调查成本较低。

第7章 学习曲线

7.1 概述

学习曲线是由美国学者怀特（T. P. Wright）等人于20世纪30年代提出来的。在第二次世界大战中，飞机损坏严重，消耗较大，飞机生产供不应求，怀特等人发现，每生产一架飞机所需要的直接劳动时间随着飞机累积数量的增加有规律地减少。进一步调查发现，各主要飞机制造厂无论生产第一架飞机所用的时间是多少，当生产到第8架飞机时，所需的时间是生产第4架飞机的80%，生产第12架飞机所用的时间是生产第6架飞机的80%。也就是说，当生产量增加一倍时，所需要的生产时间就会减少20%。根据这样的结果绘制的一系列曲线就是学习曲线，与此相应也产生了"学习率"的概念，即用于评价学习成果的一个百分比。当生产量倍增时，新生产产品的成本（工时、费用或其他评价指标）按一定的百分比递减，这一百分比即为学习率（Learning Rate），本书中统一用 r 表示。学习曲线的发现及其数学模型的建立为企业的计划管理、人事管理等提供了非常有效的量化工具。

1. 学习曲线的通常形式

$$y = ax^{-b} \tag{7-1}$$

式中 x——产品累计产量；

y——累计生产 x 件产品的平均工时（平均成本）；

a——生产第一件产品的工时（成本）；

b——学习常数，$b = -\ln r/\ln 2$（也可取其他对数）；

r——学习率（$0 \leq r \leq 1$），通常取 $0.65 \sim 0.95$，r 越小说明经验积累效果越好。

学习曲线也可以表示单位产品平均成本与累计产量的关系，如图7-1所示。

2. 学习曲线的第二种表达方式

$$L = yx = ax^{1-b} \tag{7-2}$$

式中 L——累计生产 x 件产品的总工时（总成本），其余字母的含义同式（7-1）。

3. 学习曲线的第三种表达方式

通过对总直接人工工时函数进行求导，求出边际直接人工工时（MDLH）：

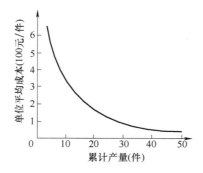

图 7-1　单位产品平均成本与累计产量的关系

$$\text{MDLH}(x) = \frac{\text{d}}{\text{d}x}L(x) = a(1-b)x^{-b} \tag{7-3}$$

边际人工工时函数与平均人工工时函数具有相同的指数，因此，学习曲线表明平均人工工时和边际人工工时都按学习率递减。下面通过几个案例来了解学习曲线的应用和作用。

7.2　学习曲线在某企业成本预测中的应用

7.2.1　案例背景

某企业准备生产一种新产品甲，预计每件产品的材料费用为 1000 元、变动管理费用为 200 元，生产工时为 500h，单位工时成本为 2.00 元，全年固定成本为 5 万元，寿命周期内总产量为 300 件，本年计划投产 100 件。该企业通过研究其他类似产品的生产情况，认为 90% 的学习率适用于原材料分析，80% 的学习率适用于生产工人工资分析，85% 的学习率适用于变动管理费用分析，根据这些情况预测生产 100 件产品甲的总成本和单位成本，以及生产第 300 件产品甲的变动成本（保留两位小数）。假设产品甲的售价为 1500 元/件，试计算当年生产产品甲的保本销售量以及全年预计损益值。

7.2.2　计算步骤

1. 计算学习常数

求出原材料、生产工人工资和变动管理费用的学习常数：

$$b_{材} = -\frac{\ln 90\%}{\ln 2} = 0.152$$

$$b_{工} = -\frac{\ln 80\%}{\ln 2} = 0.322$$

$$b_{管} = -\frac{\ln 85\%}{\ln 2} = 0.235$$

2. 计算生产 100 件产品甲的总成本

由式（7-2）求出生产 100 件产品甲所需的原材料成本、生产工人工资、变动管理成本和固定成本。

原材料成本 $= a_材 x_材^{(1-b)} = 1000 \times 100^{(1-0.152)}$ 元 $= 49659.23$ 元

生产工人工资 $= a_工 x_工^{(1-b)} = 500 \times 2 \times 100^{(1-0.322)}$ 元 $= 22698.65$ 元

变动管理成本 $= a_管 x_管^{(1-b)} = 200 \times 100^{(1-0.235)}$ 元 $= 6776.88$ 元

固定成本 $= 50000$ 元

生产 100 件产品甲的总成本 $= 49659.23$ 元 $+ 22698.65$ 元 $+ 6776.88$ 元 $+ 50000 = 129134.76$ 元

3. 计算生产 100 件产品甲的单位成本

生产 100 件产品甲的平均单位成本 $= 129134.76$ 元 $/100 = 1291.35$ 元

4. 计算生产第 300 件产品甲的变动成本

由式（7-3）计算生产第 300 件产品甲所需的原材料成本、生产工人工资、变动管理成本。

原材料成本 $= a_材(1-b_材)x_材^{-b} = 1000 \times (1-0.152) \times 300^{-0.152}$ 元 $= 356.35$ 元

生产工人工资 $= a_工(1-b_工)x_工^{-b} = 500 \times 2 \times (1-0.322) \times 300^{-0.322}$ 元 $= 108.04$ 元

变动管理成本 $= a_管(1-b_管)x_管^{-b} = 200 \times (1-0.235) \times 300^{-0.235}$ 元 $= 40.05$ 元

则生产第 300 件产品甲的变动成本 $= 356.35$ 元 $+ 108.04$ 元 $+ 40.05$ 元 $= 504.44$ 元

5. 计算保本销售量

根据上面的已经条件和计算结果，构造利润函数式为

$\pi = 1500x - 1000x^{(1-0.152)} - 500 \times 2x^{(1-0.322)} - 200x^{(1-0.235)} - 50000$，令 $\pi = 0$，可解出 $x = 76$，则当年的保本销售量为 76 件。

6. 计算全年预计收入

将当年预计销售量 $x = 100$ 代入利润函数式，可求出当年预计利润 $\pi = 1500 \times 100$ 元 $- 100 \times 1291.35$ 元 $= 20865$ 元，即当年预计损益值为 20865 元。

7.3 学习曲线在服装生产企业中的应用

7.3.1 案例背景

通过对几家机织服装生产企业进行实地调研，发现所有服装企业都有一个共同的规律：刚开始生产时，其单位台时产量较低，随着每台缝纫机累计生产总量的增加，其单位台时产量逐渐增加，台时定额逐渐降低，即生产每件服装所用平均工时逐渐减少，当持续生产一定时间后，单位台时定额会逐渐趋于稳定，即生产每件服装所用的平均工时基本相同。同时还发现，不同款式服装的台时定额趋于稳定所用的时间均不相同，这种现象符合学习曲线的规律。针对服装生产的特点，在进行实地研究的基础上，将学习曲线应用到服装生产管理中，为服装生产企业准确地制订生产计划提供参考和依据。

7.3.2 数据采集

某服装企业在某计划期内主要生产某品牌的下装，生产周期为 13 天，生产总量为 12000

条下装，生产设备是 80 台电动缝纫机，每天有效生产时间为 10h，各天的计划累计生产量见表 7-1。

表 7-1 各天计划累计生产量

时间	第1天	第2天	第3天	第4天	第5天	第6天	第7天
累计产量（件）	140	900	1720	2610	3572	4542	5583
时间	第8天	第9天	第10天	第11天	第12天	第13天	
累计产量（件）	6662	7762	8872	9987	11092	12000	

7.3.3 数据整理分析

从表 7-1 中可以看出，第 1 天的数据与正常情况差异较大，故在分析过程中剔除第 1 天的数据，将第 2 天的数据作为起始数据进行计算。这样，第 1 天的累计产量为 (900 - 140) 件，即 760 件，依此类推，第 11 天的累计产量为 (11092 - 140) 件 = 10952 件，第 12 天的累计产量为 11860 件。每台缝纫机的平均累计产量 = 累计产量/机器台数（80 台）；每件平均生产时间 = 每天生产时间/每天每台平均产量 = 生产累计时间/累计产量。据此得到的相关有效数据见表 7-2。

表 7-2 拟合学习曲线所需要的相关数据

时间	累计产量（件）	每台缝纫机平均累计产量（件）	每件平均生产时间/min
第1天	760	9.500	63.158
第2天	1580	19.750	60.759
第3天	2470	30.875	58.300
第4天	3432	42.900	55.944
第5天	4402	55.025	54.521
第6天	5442	68.025	52.922
第7天	6522	81.525	51.518
第8天	7622	95.275	50.380
第9天	8732	109.150	49.473
第10天	9847	123.088	48.746
第11天	10952	136.900	48.210
第12天	11860	148.250	48.567

由表 7-2 可知，在整个生产过程中，缝纫机每天的累计产量和加工单位产品所用工时的变化有较明显的规律。在开始生产的前 8 天，加工一件下装所用工时变化较大，其规律是随着加工产品数量的增加，所需台时定额逐渐减少，而在第 9 天之后，加工一件下装所需工时变化很小，基本趋于稳定。

将整理后的数据进行粗略的描点，得到的图形如图 7-2 中的虚线所示。

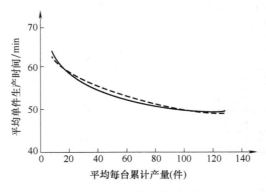

图 7-2　学习曲线和描点拟合图

7.3.4　学习曲线分析

采用 SPSS 软件对表 7-2 中的数据进行学习曲线函数的拟合，当显著水平为 1% 时，拟合得到的学习曲线如图 7-2 中的实线所示。

由图 7-2 可知，拟合后的学习曲线与按实际数据描点得到的学习曲线非常接近。再以 X 为自变量，Y 为因变量，采用乘幂曲线建立拟合方程，拟合方程的复相关系数为 0.98762，决定系数 $R^2 = 0.97540$（接近于 1），进一步做拟合优度检验，得到 $F = 356.77972$，$P = 0.0000$，说明拟合度很好，拟合方程有效。

由此得到的拟合曲线方程为

$$Y = 82.974 X^{-0.1083} \tag{7-4}$$

式中　X——每台缝纫机累计生产产品数量；
　　　Y——加工单位产品所需平均工时。

7.3.5　效果分析

针对以上拟合所得的学习曲线函数，为了比较相同款式在不同加工厂的适用性，选择了 5 款相似的产品，分别在原厂及新建厂进行试验，试验结果表明，当显著水平为 1% 时，在原厂的拟合效果较为理想，拟合方程有效，而在新建厂尽管生产条件基本相同，但由于管理水平和工人技术水平不同，导致加工单位产品的平均工时与趋于稳定的累计时间稍长些，这也是符合常情的。

7.4　学习曲线在经济订购量模型中的应用

7.4.1　案例背景

公司或企业为了正常地进行生产或经营，需要存储一定数量的原材料或零部件，这就涉及确定物资（原材料或零部件等）订购量的决策问题。运筹学的一个分支——存储论已为这类问题提出了基本的经济订购量模型,在经济订购量模型中,总存储成本(Total Inventory Cost,TIC)为存储成本和订购成本之和,即

$$TIC = (Q/2)C_2N + (DN/Q)C_1 \tag{7-5}$$

式中 Q——一次订购量;

C_2——单位物资存储一年的费用;

N——年数;

D——物资年需要量;

C_1——每次订购费用。

根据式(7-5)可得最低存货成本的订购量,即经济订购量 Q_0 为

$$Q_0 = [(2DC_1)/C_2]^{1/2} \tag{7-6}$$

在该模型中,通常把存储费用 C_2 和订购费用 C_1 当作常数,这对于制定企业短期库存决策是合适的。但事实上,批量决策一般不是短期决策行为,它是企业经营战略决策的重要组成部分,应该用战略的观点来分析批量决策问题。从长期经营的角度来看,每次订购费用不是常数,而是随着订购次数的增加而下降,所以模型中的经济订购量也应该是下降的,则总存储成本也会随着订购量的下降而下降。由此,应首先分析订购费用下降的原因,然后再建立新的订购量模型。

7.4.2 订购费用下降的原因

每次订购费用会随着订购次数的增加而下降,可以用学习曲线来解释这一现象。因为在长期订购活动中,人们反复实践该项工作,摸索到了一些规律,积累起了一些经验,提高了工作熟练程度和工作效率,所以订购成本随着订购次数的增加按一定的比率下降。而学习曲线的基本思想就是制造下一个单位产品所需的时间(成本)要比制造前一个单位产品所需的时间少(成本低)。因此,订购费用符合学习曲线规律,会随着实践经验的增加而下降。

7.4.3 新模型的建立

学习曲线的概念适用于物资订购过程,订购成本符合学习曲线规律。式(7-1)变形后,结合式(7-5)可以表示为

$$S_n = S_1(DN/Q)^b \tag{7-7}$$

式中 S_1——首次订购成本;

S_n——第 n 次订购的平均订购成本;

b——学习常数;

其他符号的含义同式(7-5)。结合式(7-5)和式(7-7),可得到修正后的总存储成本,用 TIC′ 表示为

$$TIC' = (Q/2)C_2N + (DN/Q)[S_1(DN/Q)^b]$$

$$或\ TIC' = (Q/2)C_2N + S_1(DN/Q)^{1+b} \tag{7-8}$$

要使总存储成本最低,必须满足 $dTIC'/dQ = 0$。

则可得经济订购量为

$$Q_0 = [2S_1(1+b)(DN)^{1+b}/(C_2N)]^{1/(2+b)} \tag{7-9}$$

式（7-9）就是考虑了订购成本的学习曲线效应的新的经济订购量模型。

7.4.4 经济订购量模型的应用

假设某公司对某物资的年需要量为 10000 单位，单位物资的年存储费用为 20 元，首次订购成本为 240 元。若将订购成本看成常数，则由式（7-6）得最优经济订购量为

$$Q_0 = [(2 \times 10000 \times 240)/20]^{1/2} \text{单位} = 490 \text{单位}$$

由式（7-5）可得相应的年总存储成本为

$$TIC = (490/2) \times 20 \times 1 \text{元} + (10000 \times 1/490) \times 240 \text{元} = 9798 \text{元}$$

如果该公司在订购过程中积累的学习率 $r = 0.85$，即 $b = -0.2345$，则实际的总存储成本会因为订购成本的下降而下降。由式（7-8）可得到对应于订购量为 490 单位时的总存储成本为

$$TIC' = (490/2) \times 20 \times 1 \text{元} + 240 \times (10000 \times 1/490)^{0.7655} \text{元} = 7315 \text{元}$$

若将学习曲线对订购成本的影响用到式（7-9），则可得到修正后的经济订购量为

$$Q_0' = [2 \times 240 \times 0.7655 \times (10000 \times 1)^{0.7655}/(20 \times 1)]^{0.5664} \text{单位} = 282 \text{单位}$$

该订购量所对应的年总存储成本为

$$TIC_2' = (282/2) \times 20 \times 1 \text{元} + 240 \times (10000 \times 1/282)^{0.7655} \text{元} = 6506 \text{元}$$

即按新的经济订购量模型进行订购，在一年的订购时间内，年总存储成本下降了 11%。

7.4.5 模型的使用效果

如果该公司要制定 3 年的订货决策，由式（7-9）可得经济订购量为

$$Q_0' = [2 \times 240 \times 0.7655 \times (10000 \times 3)^{0.7655}/(20 \times 3)]^{0.5664} \text{单位} = 244 \text{单位}$$

其对应的年平均总存储成本为

$$TIC'/3 = [(244/2) \times 20 \times 3 + 240 \times (10000 \times 3/244)^{0.7655}] \text{元}/3 = 5623 \text{元}$$

而采用传统的经济订购量的年总存储成本为 6766 元，即新的经济订购量模型可使年存储成本下降 16.9%。可见公司的经营时间越长，利用新的经济订购量进行物资订购，节约存储费用的效果就越显著。

7.5 学习曲线在建筑施工工期预测中的应用

7.5.1 案例背景

我国建筑业是一个劳动密集型行业，在建筑施工企业中，学习曲线效应也是比较明显的。运用学习曲线模型可以估算人工工时，进而确定人工费；还可以制定企业劳动定额，进行项目成本核算，从而提高企业管理水平和竞争能力。现以某建筑企业为例，拟投标某住宅小区工程的 C 栋住宅楼，应用学习曲线来预测人工工时。

7.5.2 工序作业时间实测

根据该企业的历史统计资料，A栋住宅楼与C栋住宅楼具有相同的建筑和结构设计，只是建筑面积和工程量有所不同。A栋住宅楼砌筑量与工时消耗的前10周实测值（班组平均值）见表7-3，A栋住宅楼的总砌筑量为4765m^3，施工所用人工总工时为1260工日，则单位砌筑量花费工日数为0.264工日/m^3。

表7-3 砌筑量与工时消耗实测值（班组平均值）

周 次	砌筑量/m^3	工时消耗（天）
1	7.270	5
2	9.118	6
3	12.048	7
4	15.083	5
5	11.290	6
6	14.067	7
7	14.013	5
8	16.895	5
9	12.382	7
10	17.726	7

7.5.3 工序作业时间回归分析

1) 以表7-3为基础，采用回归分析法求出学习常数b，并由此建立砌筑量标准学习曲线。学习曲线为$y=ax^{-b}$；学习率$c=e^{-b\ln 2}$（$0 \leqslant c \leqslant 1$）。

对式$y=ax^{-b}$两边取对数，得$\lg y = \lg a - b\lg x$。令$Y=\lg y$，$X=\lg x$，并设$A=\lg a$，可得

$$Y = A + bX \tag{7-10}$$

式（7-10）即为学习曲线的一元线性方程，可由此进行回归求解。

2) 以表7-3为依据，折算出累计工时、累计产量x和累计平均工时y，并进行相应变量的代换后制成计算表，见表7-4。

表7-4 基于表7-3的计算表

周 次	累计产量x /m^3	累计工时（工日）	累计平均工时y（工日/m^3）	$X=\lg x$	$Y=\lg y$
1	7.270	5	0.69	0.86	-0.16
2	16.388	11	0.67	1.21	-0.17
3	28.436	18	0.63	1.45	-0.20
4	43.519	23	0.53	1.64	-0.28
5	54.809	29	0.53	1.74	-0.28
6	68.876	36	0.52	1.84	-0.28

(续)

周次	累计产量 x /m³	累计工时 (工日)	累计平均工时 y (工日/m³)	$X = \lg x$	$Y = \lg y$
7	82.889	41	0.49	1.92	-0.31
8	99.784	46	0.46	2.00	-0.34
9	112.166	53	0.47	2.05	-0.33
10	129.892	60	0.46	2.11	-0.34

3）根据数理统计原理检验 X 与 Y 的线性相关性。

$$\text{相关系数 } R = \frac{\sum_{i=1}^{10}(Y_i - \overline{Y})(X_i - \overline{X})}{\sqrt{\sum_{i=1}^{10}(Y_i - \overline{Y})^2}\sqrt{\sum_{i=1}^{10}(X_i - \overline{X})^2}} = 0.964$$

其中，$\overline{X} = \frac{1}{10}\sum_{i=1}^{10} X_i, \overline{Y} = \frac{1}{10}\sum_{i=1}^{10} Y_i$。这说明 Y 与 X 之间的线性相关关系十分密切。

再利用 r 检验法进行线性相关关系的显著性检验，取 $\alpha = 0.01$，则有

$$r_\alpha(n-2) = 0.765, |R| = 0.964 > 0.765$$

故可认为 Y 与 X 的线性相关关系高度显著。

7.5.4 砌筑量作业时间学习曲线分析

由数理统计一元线性回归方程可以求出：

$$b = -\frac{\sum_{i=1}^{10}(X_i - \overline{X})(Y_i - \overline{Y})}{\sum_{i=1}^{10}(X_i - \overline{X})^2} = -0.149$$

$$A = \frac{\sum_{i=1}^{10} Y_i + b\sum_{i=1}^{10} X_i}{10} = -0.0319$$

由 $b = -\ln c/\ln 2$，已知学习率 $c = e^{-b\ln 2} = 90.3\%$，$a = 10^A$ 工日/m³ $= 0.921$ 工日/m³。则砌筑量的标准学习曲线为 $y = ax^{-b} = 0.921 x^{\ln 0.903/\ln 2}$。

7.5.5 效果分析

C 栋住宅楼的总砌筑量为 4500m³，根据以上学习曲线模型，预测每立方米人工工日为 $y = 0.921 \times 4500^{\ln 0.903/\ln 2} = 0.270$ 工日，则完成 C 栋住宅楼总砌筑量需要 0.270×4500 工日 $= 1215$ 工日。

根据某省建安定额，其砌筑工序产量定额为 0.3268 工日/m³，则 C 栋住宅楼的砌筑工序总人工工日为 0.3268×4500 工日 $= 1470.6$ 工日。

利用学习曲线，施工企业可以节约（1470.6 - 1215）工日 $= 255.6$ 工日，生产工人人工费可降低 17.3%，总造价可降低 3% ~ 5%。

7.6 本章小结

在学习曲线的实际应用中，由于环境的复杂性以及学习曲线参数估计的不准确性，加之学习本身就是一个复杂的动态过程，很难用简单的函数将其准确地表达出来，况且人的学习行为并不一定完全按照某种规律进行，诸多原因使得学习曲线在理论上和实际运用中产生了巨大的差距。因此，研究学习曲线新理论及其新的应用方法，成为很多企业的当务之急。

第 8 章 生产线平衡

8.1 概述

生产线平衡是指尽可能采取一切措施,在不违反工艺前后顺序的情况下,使生产线组合工作地数量最少,时间损失最小,各工序负荷最平衡,生产效率最高。生产线平衡是进行生产流程设计与作业标准化重要的方法之一,也是消除瓶颈工序、合理利用操作人员与机器设备、减少生产线库存、增强员工之间的互助性、提高生产线产能的有效途径之一。

8.1.1 生产线平衡的方法

在进行生产线平衡时,可以采用 "5W1H" 提问技术和 "ECRS" 分析原则,具体改善时可采取以下方法:

1) 首先对瓶颈工序进行作业改善。
2) 将瓶颈工序的作业内容分担给其他工序。
3) 适当增加作业人员。
4) 合并相关工序,重新排布生产工序。
5) 分解作业时间较长的工序。
6) 提高作业人员效率或机能。

8.1.2 生产线平衡的作用

通过平衡生产线,可以达到以下目的:

1) 提高作业人员及设备工装的工作效率。
2) 减少单件产品的工时消耗,降低成本(等同于提高人均产量)。
3) 减少工序在制品,真正实现"一个流"。
4) 合理利用人员,平均分配工作量,使生产线发挥更大的效能。
5) 在生产线平衡的基础上实现单元生产,提高生产应变能力。
6) 通过平衡生产线,可以综合应用程序分析、动作分析、布置分析、时间分析等工业工程方法,提高全员综合素质。

第8章 生产线平衡

8.2 玩具小车生产线平衡

8.2.1 案例背景

某公司即将投入 J 型玩具小车的大批量生产，根据生产计划，每天需要生产 500 辆 J 型玩具小车以满足市场需求。该公司每天制度工作时间为 8h，有效工作时间为 7h，J 型玩具小车的生产主要为手工装配。本案例通过对 J 型玩具小车装配线平衡性的研究，达到使装配线组合工作地数量最少、时间损失最小的目的。

8.2.2 现状及问题分析

J 型玩具小车的装配有 11 道工序，实地测量得出各装配工序所需要的时间见表 8-1。

表 8-1　J 型玩具小车装配工序与装配时间

作　业	时间/s	描　　述	紧前作业
A	45	安装后轴支架，拧紧 4 个螺母	—
B	11	插入后轴	A
C	9	拧紧后轴支架螺栓	B
D	50	安装前轴，用手拧紧 4 个螺母	—
E	15	拧紧前轴螺栓	D
F	12	安装 1#后车轮，拧紧轮轴盖	C
G	12	安装 2#后车轮，拧紧轮轴盖	C
H	12	安装 1#前车轮，拧紧轮轴盖	E
I	12	安装 2#前车轮，拧紧轮轴盖	E
J	8	安装前轴上的车把手，拧紧螺栓和螺钉	F、G、H、I
K	9	拧紧全部螺栓和螺钉	J
合计	195		

根据表 8-1 绘制 J 型玩具小车装配流程网络图，以表示各装配工序的先后依存关系，如图 8-1 所示。

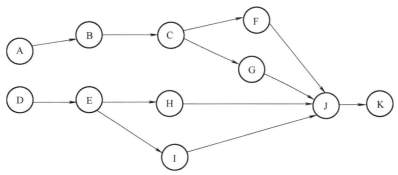

图 8-1　J 型玩具小车装配流程网络图

8.2.3 改善方案

生产线平衡的原则是在不违反工序先后顺序的情况下，使装配线组合工作地数量最少，时间损失最小。生产线平衡的依据是节拍，组合后各工序时间最好是节拍的整数倍。为此，应根据生产量与劳动时间计算节拍。

1. 生产线的节拍

$$r = \frac{F_e}{N} = \frac{60 \times 420}{500} \text{s/辆} = 50.4 \text{s/辆}$$

式中　F_e——有效工作时间（s/天）；

　　　N——客户需求（件/天）。

2. 最小工作地数量

$$S_{\min} = \frac{T}{r} = \frac{195}{50.4} = 3.87 \text{（取为 4）}$$

3. 装配线平衡方法

在进行生产线（或装配线）平衡时，以节拍为依据，以最小工作地数量为目标，在不违反工序先后顺序的情况下进行工序组合，工序组合可以遵循如下原则。

（1）规则一：后续作业最多的优先安排　首先安排后续作业最多的工序，因为只有先完成该工序，才能实施后续作业，即它会限制装配生产线后续作业的实现。

按规则一来平衡装配生产线，各项作业的后续作业数量见表8-2。

表8-2　各项作业的后续作业数量

作业	后续作业数量	作业	后续作业数量
A	6	F、G、H 或 I	2
B 或 D	5	J	1
C 或 E	4	K	0

采用规则一时，J型玩具小车装配线平衡情况见表8-3。

表8-3　按规则一平衡装配生产线

工作地	作业	作业时间/s	剩余时间/s	可安排的紧后作业	紧后作业最多的作业	时间最长的作业
1	A	45	5.4 空闲	无		
2	D	50	0.4 空闲	无		
3	B	11	39.4	C、E	C、E	E
	E	15	24.4	C、H、I	C	H、I
	C	9	15.4	F、G、H、I	F、G、H、I	F、G、H、I
	F	12	3.4 空闲	无		
4	G	12	38.4	H、I	H、I	H、I
	H	12	26.4	I	I	I
	I	12	14.4	J	J	J
	J	8	6.4 空闲	无		
5	K	9	41.4 空闲	无		

该流水线的负荷率为

$$\eta = \frac{T}{S_{\min}r} \times 100\% = \frac{195}{5 \times 50.4} \times 100\% = 77.38\%$$

77.38%的流水线负荷率意味着该装配线不平衡或空闲时间达22.62%（有57s空闲）。据此计算出5个工作地的负荷率，结果见表8-4。

表8-4 采用规则一时各工作地负荷率

工 作 地	工作地作业	工作地作业时间/s	工作地负荷率（%）
1	A	45	89.29
2	D	50	99.21
3	B、E、C、F	47	93.25
4	G、H、I、J	44	87.30
5	K	9	17.86

由表8-4中的数据可以看出，工作地5的负荷率仅为17.86%，空闲时间太多，时间损失较大。

（2）规则二：按照阶位值的大小优先安排　作业元素的阶位值就是该项作业时间与后续作业时间的总和。阶位值大表示后续工序多，故应优先安排阶位值大的作业。各作业的阶位值见表8-5。

表8-5 J型玩具小车装配作业阶位值

作　业	A	D	B	E	C	F	G	H	I	J	K	总计
作业时间/s	45	50	11	15	9	12	12	12	12	8	9	195
阶位值	106	106	61	56	50	29	29	29	29	17	9	
紧前工序	—	—	A	D	B	C	C	E	E	F、G、H、I	J	

以节拍等于50.4s为标准，根据作业的阶位值以及工序的先后顺序依次安排，阶位值较大、剩余时间不够，不能在当前工作地安排的，依次放到后一个组合工作地中优先安排，直至所有作业都安排完毕。按照规则二进行装配生产线平衡的过程见表8-6，表中剩余时间为生产节拍与累计作业时间的差值。

表8-6 按规则二分配作业过程

工作地	作　业	阶位值	紧前作业	作业时间/s	累计作业时间/s	剩余时间/s
1	A	106	—	45	45	5.4
2	D	106	—	50	50	0.4
3	B	61	A	11	11	39.4
3	E	56	D	15	26	24.4
3	C	50	B	9	35	15.4
3	F	29	C	12	47	3.4

（续）

工作地	作　业	阶位值	紧前作业	作业时间/s	累计作业时间/s	剩余时间/s
4	G	29	C	12	12	38.4
	H	29	E	12	24	26.4
	I	29	E	12	36	14.4
	J	17	F、G、H、I	8	44	6.4
5	K	9	J	9	9	41.4

按规则二得到的工作地数量为5个，流水线负荷率仍为77.38%。根据前面的计算得知，组合工作地数量最少为4个，因此，采用规则二得到的装配线平衡仍不够理想，为了得到更好的平衡方案，下面给出第三种平衡方法。

(3) 规则三：作业时间最长的优先安排　按作业时间长短排列的顺序见表8-7。在不违反工艺先后顺序的基础上，先安排作业时间最长的工序，当剩余时间不够安排紧后工序时，继续安排紧后工序的后续工序，直至节拍时间用完或者剩余的时间无法再安排其他工序为止。而在该工序本应该安排却因时间不够没有安排的紧后工序，在下一个组合工序中必须首先安排，否则，将影响后续其他工序的加工。

表8-7　按作业时间长短排序

作　业	作业时间/s	作　业	作业时间/s
D	50	B	11
A	45	C、K	9
E	15	J	8
H、I、F 或 G	12		

按规则三平衡装配线的情况见表8-8，装配线负荷率为

$$\eta = \frac{T}{Sr} \times 100\% = \frac{195}{4 \times 50.4} \times 100\% = 96.73\%$$

各工作地负荷率见表8-9，工作地1、3、4的负荷率均为99.21%，工作地2的负荷率为89.3%，装配线各组合工序的负荷率较高，时间损失较小，平衡性较好，最终公司选择了此方案作为装配线平衡方案。通过装配线的时间平衡，平稳了装配线，提高了装配效率。

表8-8　按规则三平衡装配线

工作地	作业	作业时间/s	剩余时间/s	可安排的紧后作业	时间最长的作业	紧后作业最多的作业
1	D	50	0.4 空闲	无		
2	A	45	5.4 空闲	无		
3	E	15	35.4	B、C、H、I	H、I	B、C
	H	12	23.4	I、B	I	B
	I	12	11.4	J、B	B	B
	B	11	0.4 空闲	无		

（续）

工作地	作业	作业时间/s	剩余时间/s	可安排的紧后作业	时间最长的作业	紧后作业最多的作业
4	C	9	41.4	F、G	F、G	F、G
	F	12	29.4	G、J	G	G
	G	12	17.4	J		
	J	8	9.4 空闲	K		
	K	9	0.4 空闲	无		

表 8-9　采用规则三时各工作地的负荷率

工　作　地	工作地作业	工作地作业时间/s	工作地负荷率（%）
1	D	50	99.21
2	A	45	89.29
3	E、H、I、B	50	99.21
4	C、F、G、J、K	50	99.21

8.3　车身装配生产线平衡

8.3.1　案例背景

某公司 C 车型自从推出后，就得到了市场的广泛关注和认可，人们对 C 车型的需求量越来越大。市场需求的压力与生产线产能是一对天然的矛盾，市场需求的扩大，要求企业提高生产线产能以适应市场的变化。车身装配是汽车生产环节中一个重要的组成部分，在车身装配生产过程中，瓶颈工位制约了生产线产能，也造成了其他工位资源的浪费。本案例将对车身装配过程的瓶颈工位进行调整与改善，以达到提高生产线产能的目的。

8.3.2　现状及问题分析

1. 各工序时间测量

C 车型的车身部件经过主线生产完毕送达装配线后，采用秒表测时法，经多次测量测得车身装配各工序取平均值后的工序流程时间以及工作与空闲时间，见表 8-10。

表 8-10　C 车型车身装配时间及人员统计

装配时间统计						
工序	工序流程时间/s	工作时间/s	工作时间比率（%）	空闲时间/s	空闲比率（%）	人数
PL1	180	152	84	28	16	2
PL2	70	50	71	20	29	2
PL3	200	174	87	26	13	2
PL4	200	180	90	20	10	2

(续)

		装配时间统计				
工序	工序流程时间/s	工作时间/s	工作时间比率（%）	空闲时间/s	空闲比率（%）	人数
PL5	140	119	85	21	15	4
PL6	270	162	60	108	40	4
PL7	480	105.6	22	374.4	78	4
PL8	480	105.6	22	374.4	78	4
PL9	210	138.6	66	71.4	34	1
PL10	180	142.2	79	37.8	21	2
PL11	420	147	35	273	65	2
PL12	260	156	60	104	40	2
PL13	300	180	60	120	40	2
PL14	240	144	60	96	40	2
PL15	240	144	60	96	40	1
PL16	120	72	60	48	40	1
总计	3990	2172	54	1818	46	37

根据表8-10中的数据绘出工作时间与空闲时间对比图，如图8-2所示。

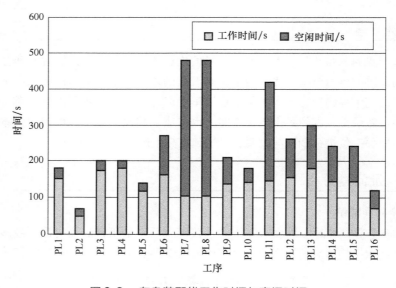

图8-2 车身装配线工作时间与空闲时间

由图8-2可知，最长工序时间为PL8、PL7，长达480s，是车身装配的瓶颈工序。目前，装配线整体节拍为7.5辆/h，每天工作8h，日产量为60辆。

2. 瓶颈工序分析

（1）工序平均流程时间（Basic Pitch Time 1，BPT1）

$$BPT1 = 总流程时间/工序数 = (PL1 + PL2 + \cdots + PL16)/16 = 3990s/16 = 249.375s$$

（2）人均作业时间

$$BPT2 = 总流程时间/作业人员人数 = 3990s/37 = 107.9s$$

依据以上计算数据，绘制平均作业时间图，如图8-3所示。

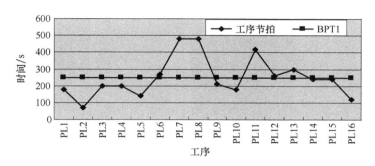

图8-3　平均作业时间图

（3）瓶颈工序影响指数　由图8-3可看出，C车型车身装配有16道工序，目前的瓶颈工序为PL7、PL8和PL11。对PL7、PL8、PL11三道工序进行影响指数分析，即

$$PL7（PL8）影响指数 = 480 \times 16/3990 = 1.9248$$
$$L11 影响指数 = 420 \times 16/3990 = 1.6842$$

3. 计算编成效率及管理控制界限

（1）编成效率的计算　编成效率是指工序平均流程时间与瓶颈工序流程时间的百分比。比值越大，表示工序平均流程时间与瓶颈工序流程时间越接近，瓶颈越不明显，生产线的编成状态就越好。

$$编成效率 = \frac{BPT1}{瓶颈工序流程时间} \times 100\% = \frac{249.375}{480} \times 100\% = 51.95\%$$

（2）计算管理控制界限　管理者要计算出生产线上管理控制界限的上限值及下限值，通常考虑管理控制界限在85%以上。本次改善将管理控制限界定为95%，则

$$上限值 = BPT1/编成效率目标 = 249.375s/0.95 = 262.5s$$
$$下限值 = 2 \times BPT1 - 上限值 = (2 \times 249.375 - 262.5)s = 236.25s$$

8.3.3　改善方案

通过以上分析，对C车型车身装配流水线进行改善，重点需要对超过管理上限值的工序，即PL6、PL7、PL8、PL11、PL13进行改善。

1. PL6——车门铰链安装工序

车门铰链安装工序对PL7、PL8车门安装及调整工序节拍具有决定性影响，因此，对PL6工序提出如下改善方案：

1）加强定置管理。

2）通过工作构成表（Job Element Sheet, JES）分析，制定标准作业书（SOP），细化加工流程及操作方法，规定标准路径（如用路线标示从零件架到白车身的最短路径），制定标准方法（如左手握紧风扳机，右手食指与拇指将螺栓由铰链胎里侧送入螺栓孔打紧）等。

3) 改进车门铰链胎，增加防误措施，减少其安装、拆卸及铰链定位紧固过程的时间。具体改善过程如下：

① 目前使用的 PL6 车门铰链胎结构如图 8-4 所示。改进其定位装置，使铰链胎能更方便地安装及拆卸，如图 8-5 所示。

图 8-4　车门铰链胎

图 8-5　改进定位装置

② 增加铰链定位装置，提高铰链在车身上的定位精度，减少后续工序调整时间，如图 8-6 所示。

③ 增加防误措施，减少返工对线速的影响，如图 8-7 所示。

图 8-6　增加铰链定位装置

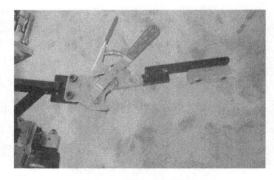

图 8-7　增加防误措施

2. PL7 和 PL8——车门安装及调整工序

通过对 PL6 工序中铰链胎的改进，车门安装与调整工序时间已经大幅度缩短。对 PL7 和 PL8 工序采取的改善方案是将调整车门后的检查工序后移到 PL15 及 PL16 工序上去完成，从而达到减少 PL7 和 PL8 工序时间的目的。

3. PL11——机盖工序

通过调整分装车门工序的机器人及定位胎，提高机盖的稳定性和随形度，达到减少 PL11 工序时间的目的。

4. PL13——检查 1 工序

在不影响生产质量的情况下，将该 PL13 工序的一部分检查工作后移至后续检查工序上去完成，以达到减少 PL13 工序时间的目的。

8.3.4 改善效果

1)消除了瓶颈工序,提高了产量。改善后的工作时间与空闲时间如图8-8所示。

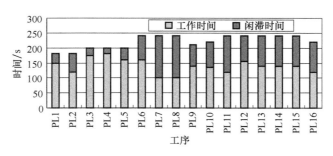

图8-8 改善后的工作时间与空闲时间

由图8-8可知,改善后的最长工序时间为240s,装配线整体节拍为15辆/h,每天工作8h,日产量达到120辆。

2)缩短了装配时间,提高了装配效率。改善后的总流程时间为3530s,工序平均流程时间 $BPT1 = 3530s/16 = 220.625s$,编成效率 $= (220.625/240) \times 100\% = 92\%$。

经过为期两个月的改善,车身装配生产线编成效率由51.95%提高至92%,最长工序时间由480s降至240s,单车总装配时间由3990s减少至3530s,在设备正常工作的情况下,单班8h产量达到120辆,提高了车身装配线的产能。

8.4 SMT生产线平衡

8.4.1 案例背景

随着计算机应用范围的扩大,大量世界级IT制造商将其全球制造基地转移至上海、苏州、杭州、深圳等地。主板(Main Board,MB)是计算机里非常重要的部件,其制造皆采用流水线生产方式。该案例以计算机主板生产线的SMT段为研究对象,结合作业测定,针对主板生产线的具体问题,提出可行的改善方案,达到提高产能的目的。

8.4.2 现状及问题分析

1. 主板制造流程

主板制造流程如图8-9所示,主要分为SMT和DIP两段。其中DEK表示锡膏印刷机,在置件位置处刷上锡膏;CP表示高速置件机,它将体积较小的卷带零件置于PCB板的相应位置;QP表示泛用置件机,它将较大体积的零件置于PCB板的相应位置;REFLOW表示回焊炉,用于对置件完毕的PCB板进行加热,令锡膏融化后再凝固;AOI表示自动光学检测仪,用于检查SMT段置件位置的准确性及锡膏印刷质量;ICT表示在线测试,分别对PCB板上的某个零件或某段电路进行带电测试。

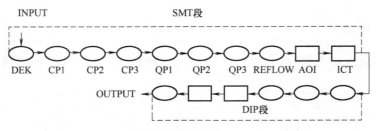

图 8-9　主板制造流程

由于 SMT 段的产能决定了整条生产线的产能，而 SMT 段的产能又是由其瓶颈工位的节拍时间（Cycle Time，CT）决定的。因此，设法降低 SMT 段瓶颈工位的 CT，提高 SMT 段的平衡率，对整条生产线产能的提升具有重大意义。

2. SMT 段作业测定

由于 SMT 段的重要性，要提高整条生产线的产能，必须首先提高 SMT 段的产能。为此，对 SMT 段进行多次时间测定，取各工序实际作业时间的平均值，见表 8-11。

表 8-11　改善前 SMT 段各工序实际作业时间测定

工序	DEK	CP1	CP2	CP3	QP1	QP2	QP3	AOI	ICT
个数（个）	—	250	280	216	13	12	7	—	—
CT/s	19.68	29.39	27.25	30.96	21.15	21.17	23.17	27.03	16.85

由表 8-11 绘制作业负荷分布图，如图 8-10 所示。

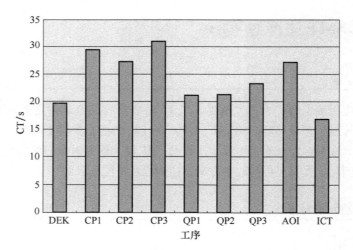

图 8-10　改善前 SMT 段的作业负荷分布图

3. SMT 段生产线平衡率计算

$$\text{平衡率} = \frac{\text{各工序作业时间合计}}{\text{最长作业时间} \times \text{总工序数}} \times 100\% = \frac{216.65}{30.96 \times 9} \times 100\% = 77.8\%$$

生产线时间损失率 = 1 − 平衡率 = 1 − 77.8% = 22.2%

由于生产不平衡造成的损失时间为 61.99s，因此，该生产线存在较大的改善空间，改善重点首先是 CT 最长的 CP3 工序，即瓶颈工序。

8.4.3 改善方案

1. 第一次改善

SMT 段的瓶颈工序是 CP3 工序，其时间为 30.96s，而 QP 工序的时间普遍偏短，负荷得不到保证。为此，考虑减少 CP3 工序上的作业，将 CP3 工序中的一个大排阻和三个大电容分别调整到 QP1 和 QP2 工序中去做，经过这样的改善，测定的各工序作业时间见表 8-12。

表 8-12 第一次改善后作业时间测定值

工序	DEK	CP1	CP2	CP3	QP1	QP2	QP3	AOI	ICT
个数（个）	—	250	280	212	14	15	7	—	—
CT/s	19.68	28.45	27.3	28.82	25.34	25.44	23.14	26.44	16.85

由表 8-12 绘制作业负荷分布图，如图 8-11 所示。

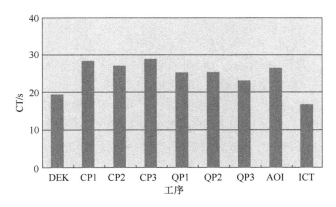

图 8-11 第一次改善后的作业负荷分布图

由此可知，通过第一次改善，平衡率达到了 85.4%，生产线时间损失率下降为 14.6%。

2. 第二次改善

经过第一次改善，虽然平衡率有所提高，但是瓶颈工位依然落在 CP3 工序上，其工序时间为 28.82s，仍为最大值。为此，对部分工序再次做出调整，将 CP1 工序中的三个电阻移至 CP3 工序中去完成，再将 CP3 工序中的一个 IC 移至 QP1 工序中去完成。通过第二次改善，测定的各工序作业时间见表 8-13。

表 8-13 第二次改善后作业时间测定值

工序	DEK	CP1	CP2	CP3	QP1	QP2	QP3	AOI	ICT
个数（个）	—	247	280	214	15	15	7	—	—
CT/s	19.68	28.00	27.30	27.27	27.54	25.44	23.14	26.44	16.85

由表 8-13 绘制作业负荷分布图，如图 8-12 所示。

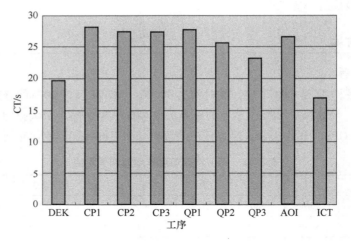

图 8-12　第二次改善后的作业负荷分布图

通过第二次改善后，平衡率为 88%，生产线时间损失率下降为 12%。

3. 第三次改善

通过前两次改善，CP3 已经不再是瓶颈工位，瓶颈工位转移至 CP1。由于 QP 机是单 TABLE（工作台）生产，需要停机换料，而 CP 机是双 TABLE 生产，无须停机换料，为防止 QP 换料时前面 CP 停机问题的发生，需要在 CP3 与 QP1 之间设置一个 BUFFER（暂存区）以进行缓冲。通过前两次改善，QP1 的 CT 已经达到 27.54s，与新瓶颈工序 CP1 的时间 28.00s 几乎相等。如果 QP 停机换料时，在 BUFFER 中暂存的板子无法在随后正常生产时被 QP 消耗，将导致 BUFFER 空间无法释放，失去缓冲作用，最终将导致 QP1 在某些时刻成为实际生产中的真正瓶颈工序。经过对生产线的分析，发现导致 QP1 在某些时刻成为真正瓶颈的原因是 BUFFER 的进板方式设计不合理，为此，需要对 BUFFER 的进板方式进行改善。

将 BUFFER 的进板方式修改为：BUFFER 出板后，等待进板，进板后马上调整高度至下一片出板处，若等待 13s 还未有进板，则自动调整高度至下一片出板处，等待 QP1 结束后再出板。经过第三次改善后再测定各工序作业时间，见表 8-14。

表 8-14　第三次改善后作业时间测定值

工序	DEK	CP1	CP2	CP3	BUFFER	QP1	QP2	QP3	AOI	ICT
个数（个）	—	247	280	214	—	15	15	7	—	—
CT/s	19.68	28.00	27.30	27.27	13	25.19	25.44	23.14	26.44	16.85

由表 8-14 绘制作业负荷分布图，如图 8-13 所示。

第三次改善后的生产线平衡率为 92.2%，生产线时间损失率为 7.8%。

8.4.4　改善效果

1）消除了瓶颈工序，缩短了加工时间。经过三次改善后，SMT 段的加工时间、平衡率及产能有了很大的变化，如图 8-14 及图 8-15 所示。

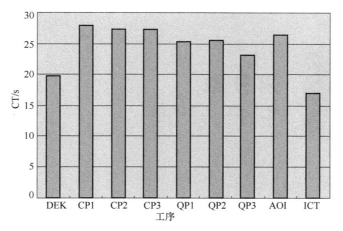

图 8-13　第三次改善后的作业负荷分布图

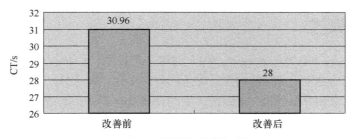

图 8-14　改善前后 CT 对比

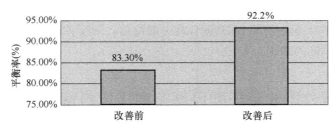

图 8-15　改善前后平衡率对比

2）提高了产能。按节拍计算每天 8h 不间断作业时间内，每天 SMT 段可增产：（8×60×60/28）件 −（8×60×60/30.96）件 = 98 件。

本案例通过对生产线进行系统分析与改善，平衡了生产线，消除了生产线中的瓶颈工序，提高了生产线的产能。从改善前后平衡率对比图可以看出，第三次改善后的平衡率最高，时间损失率最小。

8.5　本章小结

本章节通过三个案例，对如何进行生产线的平衡做了详细的分析和阐述。分别运用不同的改善方法，最终均达到了生产线的平衡，提高了生产线的效率和产量。通过本章的学习，能够更好地掌握生产线平衡的方法，以便在实际工作中对其展开应用。

第9章 生产管理

9.1 概述

生产管理（Production Management，PM）又称生产控制，是对企业生产系统的设置和运行的各项管理工作的总称。其内容包括：①生产组织工作，即选择厂址、布置工厂、组织生产线、实行劳动定额和劳动组织、规划设计生产管理系统等；②生产计划工作，即编制生产计划、生产技术准备计划和生产作业计划等；③生产控制工作，即控制生产进度、生产库存、生产质量和生产成本等。

常用的生产管理方法有精益生产管理、看板管理、JIT生产、5S管理等。在实际应用中，这些方法往往并不是单独运用的，而是融合在一起使用。下面将通过几个案例就生产管理在实际中的应用进行具体的阐述。

9.2 某公司油箱车间设施布局优化方案

9.2.1 案例背景

某变压器有限公司是一家中外合资企业。该公司大型变压器制造部油箱车间主要负责变压器箱体及其他焊接成形件的制造，是大型变压器制造部中面积最大、人员最多、生产环境最艰苦、产品制造周期最长的一个车间，车间设有下料工段、焊接工段和表面处理工段三个工段以及一个独立的清洁转运组，共有员工160人。

本案例以该油箱车间为研究对象，针对其设施布局中存在的问题进行优化分析并提出优化方案。

9.2.2 现状及问题分析

根据车间布局图和产品生产工艺过程，绘制车间主要产品的物流路线图，如图9-1所示。车间生产的主要产品是箱体，车间设施根据箱体加工流程进行布置，呈"U"形，如图9-2

所示。下面对各产品的物流路线进行具体分析。

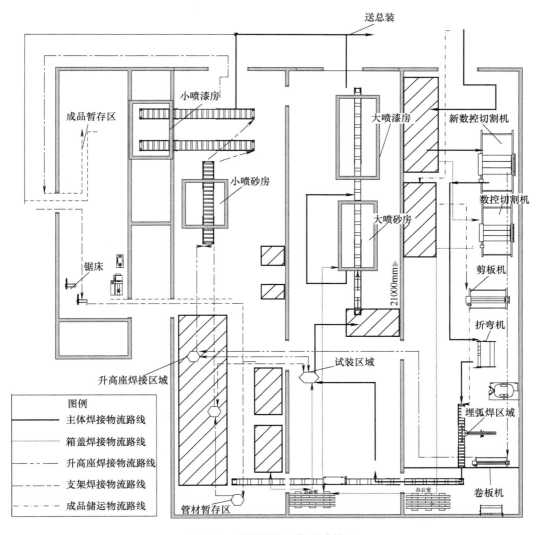

图 9-1 改善前车间物流路线图

1. 升高座物流路线分析

绘制改善前升高座物流路线图，如图 9-3 所示。从图中可以看出，升高座板材首先要吊运至位于埋弧焊区域里端的卷板机处，进行卷板，然后吊运出埋弧焊区域，再转运至升高座焊接区域。物流路线迂回，且埋弧焊区域内没有设置叉车通道，需要通过行车吊运，既增加了转运成本，又严重影响了埋弧焊区域内的工作。为此，需要对其进行改善，建议将卷板机转移至第一跨中间处，以缩短物流路线，降低转运难度。根据改善建议绘制出改善后升高座物流路线图，如图 9-4 所示，由此可见，物流交叉减少了，物流路线也缩短了。

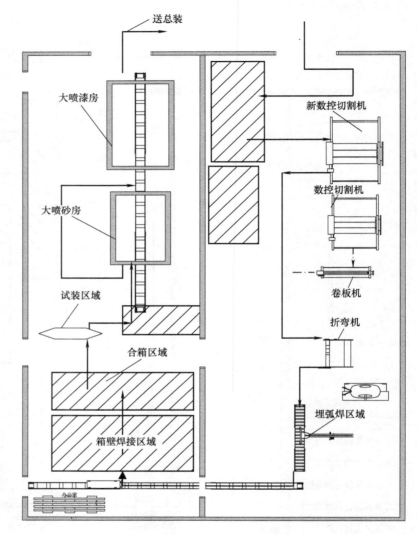

图 9-2 "U"形主要产品物流路线图

2. 冷却器支架物流路线分析

通过实地调查，绘制出冷却器支架物流路线图，如图 9-5 所示。从图中可以看出，冷却器支架物流路线的最大问题在于，管材首先要转运至车间最里端暂存，然后再转运至冷却器支架焊接区域，存在迂回倒流现象，且管材的暂存占用了车间内的生产空间。为此，提出改善建议，考虑将管材暂存区设置在车间第三跨右边一块闲置的区域，这样既可以避免物流倒流，又合理利用了有限区域。改善后冷却器支架物流路线图如图 9-6 所示。

3. 箱盖物流路线分析

根据调查，绘制出箱盖物流路线图，如图 9-7 所示。从图中可以明显看出，箱盖首先通过路线①转运至板材存储架，再经路线②转运至喷砂房进行初次喷砂，最终经路线③转运回板材存储架。该物流路线存在迂回倒流现象，且需要三次从箱壁焊接区域和合箱区域经过，

第 9 章 生产管理

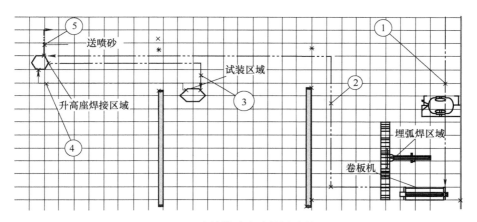

图 9-3 改善前升高座物流路线图

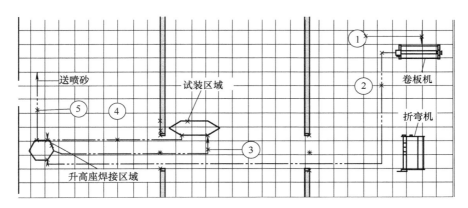

图 9-4 改善后升高座物流路线图

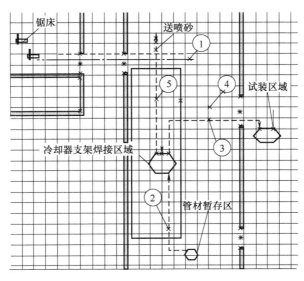

图 9-5 改善前冷却器支架物流路线图

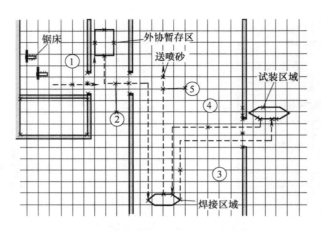

图 9-6 改善后冷却器支架物流路线图

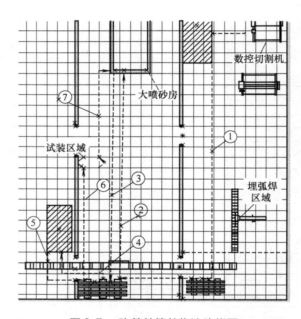

图 9-7 改善前箱盖物流路线图

严重影响了该区域内的工作。为此，考虑通过车间中部的通道，利用气动平车将箱盖直接转运到喷砂房，以缩短物流路线，减少箱盖吊运对箱壁焊接区域和合箱区域的影响。改善后箱盖物流路线图如图 9-8 所示。

4. 部分成品物流路线分析

绘制部分成品物流路线图，如图 9-9 所示。车间成品需要先转运至第四跨的成品暂存区暂存，待总装需要时再转运至总装车间，存在迂回和无效存储活动。造成这种现象的原因，是该车间生产计划与总装车间需求计划不同步，为此，需要改变车间生产计划，以确保成品完成后不需要暂存而直接转运至总装车间。

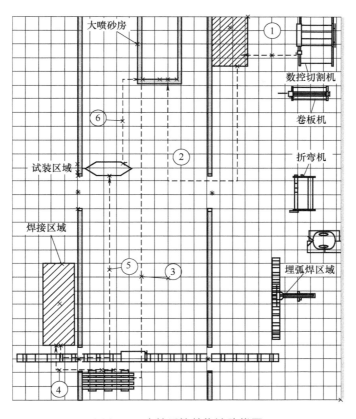

图 9-8　改善后箱盖物流路线图

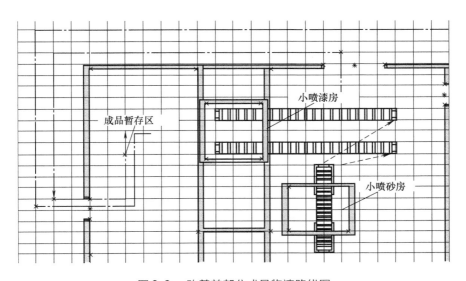

图 9-9　改善前部分成品物流路线图

9.2.3 油箱车间设施布局优化

油箱车间有喷丸机、清洗机、大型折弯机、数控切割机、轨道平车等设备,由于它们的配套设施(轨道、通风、供电)较多,安置方法特殊(地坑),且体积庞大,挪动这些设备不具备可能性。因此,车间设施布局优化只能在现有设施布局基础上进行小幅改进,以保证改善方案的经济性和可行性。综合以上优化分析与改善建议,得出了以下优化方案:

1)在生产模式上,采用"一个流"生产模式,以解决生产线上在制品积压的问题;同供应商建立准时制供货模式,以解决外协件在车间内积压的问题。

2)去掉剪板机,腾出作业空间,将小型折弯机、小型卷板机、钻床、校直机的机床都安排在原剪板机占用的空间内,解决升高座和部分小型零件运输中出现的迂回问题,避免影响埋弧焊区域的工作。

3)扩大埋弧焊区域面积,将原钻床、校直机和大型卷板机的作业空间划归埋弧焊区域,以解决埋弧焊区域场地紧张的问题。

4)扩大侧壁焊接区域面积,因为采用"一个流"生产模式,在制品数量将减少,去除第一跨的板材架,将安置板材架的区域以及原小型折弯机区域改造成侧壁焊接区域,以解决侧壁焊接区域场地紧张的问题。

5)在第三跨的空闲区域设置一个外协件配送区域,设置一排托盘货架,外协件在第四跨进行检验并按订单分类装入托盘,将托盘存入货架,待车间需要时由转运小组负责转运至各焊接区域,以解决零件积压问题。

6)在埋弧焊焊接区域、侧壁焊接区域和箱盖焊接区域之间设置一条宽1m的人行通道,以供紧急疏散和参观使用。在大喷漆房和小喷漆房之间设置一台轨道平车,以满足转运作业需求。

7)原来考虑调整箱盖焊接区域位置,但由于车间第二跨空间紧张,没有合适的位置,因此本次优化暂不调整。但是,可以考虑将箱盖焊接区域同侧壁焊接区域进行局部置换。改善后的车间物流路线图如图9-10所示。

9.2.4 改善效果

从改善后车间物流路线图可以看出,取得了表9-1中所列的改善效果。

表9-1 车间设施布局改善效果

序号	改善效果
1	采用"一个流"生产模式后,在制品数量减少,板料架减少了一个,撤销了一个成品暂存区,增大了作业面积
2	淘汰了一台剪板机,增加可用面积150m^2,为卷板机以及其他设备提供了空间
3	通过调整卷板机位置,缩短了运输距离32m,同时减少了对埋弧焊接区域内行车的占用,减少了吊运板材对埋弧焊焊接区域作业的影响
4	减少了零部件占用的车间生产面积,有效利用了闲置区域
5	通过设置人行通道,既满足了安全需要,又方便了客户参观考察现场的需要;另外,通过设置轨道平车,满足了物料转运需求
6	取消了第四跨原来的半成品暂存区域,改为待用区域,以备增加产能之用

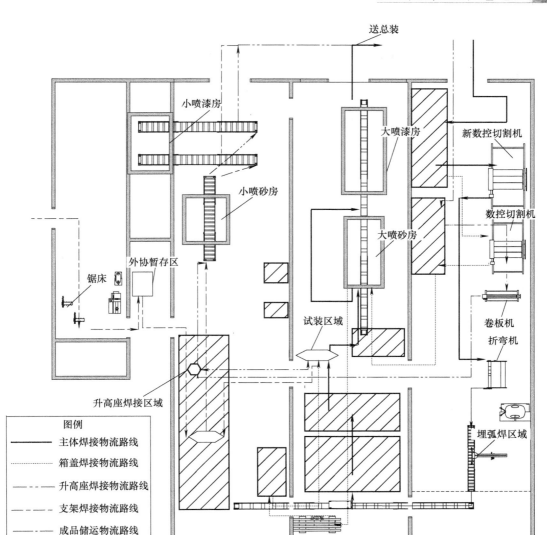

图 9-10 改善后车间物流路线图

改善后的油箱车间,以"一个流"为基础,优化了物流路线,降低了物流成本,提高了空间利用率,解决了局部作业区域生产面积不足的问题,为以后进行精益生产管理和生产线平衡奠定了良好的基础。

9.3 某订书机公司生产运营解决方案

9.3.1 案例背景

某订书机生产公司,近段时间市场份额下降了 10%~15%,客户满意度也在下降,为此,公司准备找出原因并提出解决方案和措施。

9.3.2 现状及问题分析

经过调查，该公司当年每月在不同市场的销售数据见表9-2，发现该产品的需求存在淡旺季。就全国范围而言，基本上前六个月处于销售淡季，7月份需求开始逐渐回升，并出现销售旺季。旺季需求量大，然而工厂的生产能力不足，不能满足市场旺季的需求；而淡季市场需求量较小，易造成生产能力过剩。公司应针对淡旺季需求不平衡的情况来提高销售，增大市场份额。

表9-2 当年每月销售数据 （单位：万件）

月份	1	2	3	4	5	6	7	8	9	10	11	12
上海	11	8.53	6.05	3.58	6.05	8.53	11	13.5	16	18.4	16	13.5
广州	10	7.75	5.5	3.25	5.5	7.75	10	12.3	14.5	16.8	14.5	12.3
北京	9	6.98	4.95	2.93	4.95	6.98	9	11	13.1	15.1	13.1	11
重庆	4	3.56	2.56	1.42	2.38	3.56	6	6.58	7.16	7.69	7.78	6.39
西安	6	4.20	2.94	1.84	3.12	4.2	4	5.68	7.34	9.07	6.72	5.87
合计	40	31	22	13	22	31	40	49	58	67	58	49

9.3.3 改善方案

针对因为市场不均衡导致的生产不平稳现象，提出通过调节库存水平、改变生产方式与生产产量来解决淡旺季需求不一、生产不均的问题。

1. 科学确定安全库存量

要确定安全库存量，首先要确定各分公司所需的安全库存量，根据各分公司的日平均需求和不同的订货提前期，由以往的数据获得需求标准差，从而得出各分公司所需的安全库存量，其计算公式为

$$S = dl + sz \tag{9-1}$$

式中 S——安全库存量；
        d——日需求量；
        l——订货提前期；
        s——不同订货提前期的需求标准差；
        z——标准差系数（这里z取1.64，相当于服务水平达到95%）。

计算结果见表9-3。

通过以上计算可以看出，各地的安全库存量占平均需求量的百分比比较接近，因此，以该月份需求量的20%作为安全库存量。这里之所以取最大值20%作为设定安全库存量的比例，主要是考虑到缺货成本较高，尽量以安全库存量来防止缺货。此外，因为各地的安全库存量都设定为各自需求量的20%，因此，总的安全库存量也应为总需求量的20%。

表 9-3 安全库存量及其所占百分比

项　目	上海	广州	北京	重庆	西安
月平均需求量（万件）	11	10	9	5	5
日平均需求量（万件）	0.37	0.33	0.30	0.17	0.17
订货提前期（天）	0	4	4	3	3
相应订货提前期内的需求标准差		0.4	0.3	0.1	0.2
所需的安全库存量（万件）	0	1.98	1.69	0.67	0.84
所需安全库存量占平均需求量的百分比	0	19.8%	18.8%	13.4%	16.8%

2. 生产方式的确定

由于一年当中不同月份对订书机的需求量具有明显的差异，如果完全采用平稳生产的方式，将导致库存量较高，库存成本居高不下。为此，可以考虑多种方案，然后通过比较选择最优方案。

方案一：平稳生产。即根据全年的总需求量，每个月等量生产，完全以库存调节各个月份多余的和不足的产量。

方案二：劳力不变，工作时间改变（加班）。即采用现有的工人，根据不同月份需求量的不同，通过延长或缩短工作时间的方式进行生产，在一定程度上缓解库存的压力。采用这种方案，库存费用和存货量都会下降，但需要支付员工因需求不足的休产以及因需求增加的加班费用。

方案三：增加劳力，原有工人的工作时间也改变（加班）。即根据方案二所提供的产品产量若还不能满足市场需求，则通过在旺季时请临时工增加生产量来满足旺季的需求。

方案四：增加劳力，原有工人的工作时间也改变（加班），同时添置新的设备。在第三种方案的基础上，通过使用临时工加大生产力度，除此以外，还可以购入新的设备，使生产能力达到生产任务的要求。

3. 计划产量的确定

依据表 9-3 给出的 12 个月的需求量，以及 20% 的安全库存比例，可以计算出每个月份需要达到的安全库存量，进而可以得出每个月份的计划生产量为

$$P_t = D_t + S_t - S_{t-1} \tag{9-2}$$

式中　P_t——某个月的计划生产量；

　　　D_t——某个月的需求量；

　　　S_t——某个月的安全库存量；

　　　S_{t-1}——上个月的安全库存量。

计算得出每月计划生产量见表 9-4。

表 9-4 每月计划生产量　　　　　　　　　　（单位：万件）

月　份	1	2	3	4	5	6	7	8	9	10	11	12
需求量	40	31	22	13	22	31	40	49	58	67	58	49
安全库存量	8	6.2	4.4	2.6	4.4	6.2	8	9.8	11.6	13.4	11.6	9.8
计划生产量	38.2	29.2	20.2	11.2	23.8	32.8	41.8	50.8	59.8	68.8	56.2	47.2

注：1 月份的上一期安全库存量数据，为上一年 12 月份的安全库存量，即 9.8 万件。

4. 计算各方案的成本和费用

与库存相关的各种费用见表9-5，则采用不同方案时的成本及费用见表9-6～表9-9。

表9-5 库存及生产相关数据

项　目	费用数据	备　注
库存费用 [万元/(月·万件)]	0.08	
存货占用的财务费用（元/万件）	217.5	设每件产品的成本为5元，短期月贷款利率为0.435%
工人加班的额外成本（万元/万件）	0.3	包括工人加班的工资、机器额外的折旧费等
休产导致的额外成本（万元/万件）	0.1	主要指虽然减产但仍需付给工人的工资
临时工的额外成本（万元/万件）	0.7	主要是招募临时工的费用、培训费用以及支付的工资
添置新设备每年所需要的成本/万元	20	购入新设备需要100万元，五年报销，根据直线折旧法，每年设备的折旧费为20万元

表9-6　方案一的生产成本及费用　　　　　　　　　　（单位：万元）

月　份	1	2	3	4	5	6	7	8	9	10	11	12	总计
计划生产量	38.2	29.2	20.2	11.2	23.8	32.8	41.8	50.8	59.8	68.8	56.2	47.2	480
平稳生产量	40	40	40	40	40	40	40	40	40	40	40	40	480
平稳生产量与计划生产量之差	1.8	10.8	19.8	28.8	16.2	7.2	-1.8	-10.8	-19.8	-28.8	-16.2	-7.2	—
安全库存量以外的库存量	1.8	12.6	32.4	61.2	77.4	84.6	82.8	72	52.2	23.4	7.2	0	—
库存费用	0.14	1.01	2.59	4.90	6.19	6.77	6.62	5.76	4.18	1.87	0.58	0	40.61
存货占用财务费用	0.04	0.27	0.7	1.33	1.68	1.84	1.8	1.57	1.14	0.51	0.16	0	11.04
增加的成本合计	0.18	1.28	3.29	6.23	7.87	8.61	8.42	7.33	5.32	2.38	0.74	0	51.65

表9-7　方案二的生产成本及费用　　　　　　　　　　（单位：万元）

月　份	1	2	3	4	5	6	7	8	9	10	11	12	总计
计划生产量	38.2	29.2	20.2	11.2	23.8	32.8	41.8	50.8	59.8	68.8	56.2	47.2	480
工人加班提供的生产量	0	0	0	0	0	0	1.8	5	5	5	5	5	26.8
工人的总生产量	38.2	35	35	35	35	35	41.8	45	45	45	45	45	480
安全库存量以外的库存量	0	5.8	20.6	44.4	55.6	57.8	57.8	52	37.2	13.4	2.2	0	—
库存费用	0	0.46	1.65	3.55	4.45	4.62	4.62	4.16	2.98	1.07	0.18	0	27.74
存货占用财务费用	0	0.13	0.45	0.97	1.21	1.26	1.26	1.13	0.81	0.29	0.05	0	7.56
实际生产量与计划生产量之差	0	5.8	14.8	23.8	11.2	2.2	0	-5.8	-14.8	-23.8	-11.2	-2.2	0
加班额外增加的成本	0	0	0	0	0	0	0.54	1.5	1.5	1.5	1.5	1.5	8.04

(续)

月份	1	2	3	4	5	6	7	8	9	10	11	12	总计
休产所减少的生产量	1.8	5	5	5	5	5	0	0	0	0	0	0	26.8
休产所增加的额外成本	0.18	0.5	0.5	0.5	0.5	0.5	0	0	0	0	0	0	2.68
增加的成本合计	0.18	1.09	2.6	5.02	6.16	6.38	6.42	6.79	5.29	2.86	1.73	1.5	46.02

注：1. 在第二种方案下，工人在正常工作时间内提供的生产量为40万件，在淡季时（1月~6月）每月提供的生产量为35万件，旺季时（7月~12月）每月提供的产量为45万件。
2. 由于加班时间以及设备等方面的限制，每月加班工人所提供的额外产量不能超过5万件。

表9-8　方案三的生产成本及费用　　　　　　　　　（单位：万元）

月份	1	2	3	4	5	6	7	8	9	10	11	12	总计
计划生产量	38.2	29.2	20.2	11.2	23.8	32.8	41.8	50.8	59.8	68.8	56.2	47.2	480
原有工人加班的生产量	0	0	0	0	0	1.8	5	5	5	5	5	5	26.8
原有工人的生产量	38.2	29.2	25	25	25	32.8	41.8	45	45	45	45	45	442
雇用临时工的生产量	0	0	0	0	0	0	0	5.8	10	10	10	2.2	38
原有工人加临时工的总生产量	38.2	29.2	25	25	25	32.8	41.8	50.8	55	55	55	47.2	480
实际生产量与计划生产量之差	0	0	4.8	13.8	1.2	0	0	0	-4.8	-13.8	-1.2	0	0
原有工人加班额外增加的成本	0	0	0	0	0	0.54	1.5	1.5	1.5	1.5	1.5	1.5	8.04
临时工额外增加的成本	0	0	0	0	0	0	0	4.06	7	7	7	1.54	26.6
休产所减少的生产量	1.8	10.8	15	15	15	7.2	0	0	0	0	0	0	64.8
休产所增加的额外成本	0.18	1.08	1.5	1.5	1.5	0.72	0	0	0	0	0	0	6.48
安全库存量以外的库存量	0	0	4.8	18.6	19.8	19.8	19.8	19.8	15	1.2	0	0	—
库存费用	0	0	0.38	1.49	1.58	1.58	1.58	1.58	1.2	0.1	0	0	9.49
存货占用财务费用	0	0	0.1	0.4	0.43	0.43	0.43	0.43	0.33	0.03	0	0	2.58
增加的成本合计	0.18	1.08	1.98	3.39	3.51	2.73	2.55	7.57	10.03	8.63	8.5	3.04	53.19

注：1. 由于设备等方面的限制，每月临时工所能提供的额外生产量不超过10万件。
2. 在方案三的条件下，工人在正常工作时间内提供的生产量为40万件，由于旺季时需要雇用临时工，因此，淡季的生产量为25万件，以减少库存带来的成本。

表9-9 方案四的生产成本及费用　　　　　　　　　　　　（单位：万元）

月份	1	2	3	4	5	6	7	8	9	10	11	12	总计
计划生产量	38.2	29.2	20.2	11.2	23.8	32.8	41.8	50.8	59.8	68.8	56.2	47.2	480
原有工人加班的生产量	0	0	0	0	0	0	1.8	5	5	5	5	5	26.8
原有工人的生产量	38.2	29.2	20.2	11.2	23.8	32.8	41.8	45	45	45	45	45	442
雇用临时工的生产量	0	0	0	0	0	0	0	5.8	14.8	23.8	11.2	2.2	57.8
原有工人加临时工的总生产量	38.2	29.2	20.2	11.2	23.8	32.8	41.8	50.8	59.8	68.8	56.2	47.2	480
实际生产量与计划生产量之差	0	0	0	0	0	0	0	0	0	0	0	0	0
原有工人加班额外增加的成本	0	0	0	0	0	0	0.54	1.5	1.5	1.5	1.5	1.5	8.04
临时工额外增加的成本	0	0	0	0	0	0	0	4.06	10.4	16.7	7.84	1.54	40.5
新设备成本													20
休产所减少的产量	1.8	10.8	19.8	28.8	16.2	7.2	0	0	0	0	0	0	84.6
休产所增加的额外成本	0.18	1.08	1.98	2.88	1.62	0.72	0	0	0	0	0	0	8.46
安全库存量以外的库存量	0	0	0	0	0	0	0	0	0	0	0	0	0
库存费用	0	0	0	0	0	0	0	0	0	0	0	0	0
存货占用财务费用	0	0	0	0	0	0	0	0	0	0	0	0	0
增加的成本合计	0.18	1.08	1.98	2.88	1.62	0.72	0.54	5.56	11.9	18.2	9.34	3.04	77

5. 最佳方案的选取

比较四种方案计算出的总成本可以得出，第二种方案是最优方案。因此，采用第二种方案作为公司淡旺季安排生产的方式，即在不增加工人数量的情况下，根据市场需求，适当增加或减少工人工作时间。

综上所述，建议该公司采取旺季原有工人加班，淡季小量减产的生产措施，来解决需求旺季与需求淡季的生产计划问题。

9.4 某烟厂生产计划组织管理方案

9.4.1 案例背景

企业的生产计划，是关于生产系统总体方面的计划。它所反映的是企业在计划期内应达到的产品品种、质量、产量和产值等生产方面的指标,是指导企业计划期生产活动的纲领性文件。生产计划的制订,要求企业不仅要考虑该企业内部,还应从供应链的整体出发,进行全面的优化控制,了解用户及市场需求,并与供应商在生产经营上协调一致,获得柔性、敏捷的市场响应能力。

某烟厂在引入精益生产方式后,紧紧围绕"打造全国一流生产点"的工作目标,确立了以市场为导向、"订单式"的生产模式。本案例将针对该烟厂所引入的精益生产管理理念,探讨与之相符的生产计划的制订以及生产计划组织优化。

9.4.2 现状及问题分析

1. 企业生产计划类型

根据企业的市场预测制订了三种类型的生产计划,各生产计划的内容与作用见表9-10。

表9-10 各生产计划的内容与作用

种 类	内容与作用
长期计划	年度财务预算、固定资产与不动产的投入、预定开发新产品种类以及预定淘汰目前在产产品类别、生产布局规划等
中期计划	评价未来数月内生产能力、供应商以及采购部门能否达到要求,各部门人员是否不足(或富余)
短期计划	对最终产品制定生产指令,确保准时出货且使产品库存最小化。同时,为其他车间、仓库、采购等部门制定生产指令、交货指令的参考依据

显然,长期计划涉及企业的战略发展方向,并不是具体的生产计划,企业真正执行的是即将到来的中期生产计划,而必须要执行的是短期计划。精益生产方式的中期计划和短期计划的制订常常采用滚动式生产计划。滚动式生产计划的制订是以最终用户的需求为起点。

2. 企业滚动式生产计划的制订

下面以三个月的月度生产计划为例,说明企业在精益管理思想指导下的滚动式生产计划的制订过程。

第一步:在第($N-1$)月的月末确定第N月的订单,将其交给生产计划部门,同时将第($N+1$)月与第($N+2$)月的订单也交给生产计划部门。第N月的订单原则不变,第($N+1$)月与第($N+2$)月的计划作为参考。

第二步:生产计划部门根据市场需求的订单确定第N月的最终生产计划。生产部门无条件地按照计划组织生产并按时完成。同时,生产计划部门会同其他部门对第($N+1$)月与第($N+2$)月的生产计划进行评价,判断生产能力等各方面条件能否达到要求,若无法满足要求,则共同提出应对策略。

第三步:生产计划部门会同生产部门制定出第N月各物料生产总量,并制定出供应商首批交货量及交货期,以及提示供应商后几批的交货量与交货期,同时保证供应商首批交货能在第N月的第一天前完成。这个过程需要的时间越短,说明企业的精益化水平越高。

第四步:到了第N月的月末,重复上述步骤,继续制订滚动式生产计划。

该烟厂按照上述步骤制订短期生产计划,从实践上看,由于烟厂的年业务量通常在年初第一季度已基本确定,且各批成品的交货期具有较强的可预期性,因此,短期生产计划得到了高效的执行。

当然,滚动式生产计划有时会因为市场需求的突然改变而发生变化。实践表明,市场需求的变化通常源自两个方面。

一方面是市场需求时间的变化。例如,原定某月10日需要的产品因故推迟到下月才需要,或原定某月月末需要的产品提前到该月月初需要。这种需求时间的变化不会导致生产数量和品种的变化,也不需要企业增加或减少设备等其他成本的投入,因此,企业可以通过调整生产计划来实现,同时也可利用该烟厂的安全库存量来调节。

另一方面是市场需求数量和种类的变化。由于某方面的原因,消费者可能新增,或取消,或改变原来的需求,如果企业不对自己的生产计划进行调整,就将出现缺货或产生多余库存的现象。对此,该烟厂根据精益管理思想,采取了如下对策:

1) 如果在第 $(N-1)$ 月确定第 N 月的生产计划后,顾客要求新的订单在第 N 月交易,那么,该烟厂生产部和物资配送部将根据对安全库存量的把握,明确地告诉顾客可以保证供货或难以保证供货,但在第 $(N+1)$ 月月初一定供货。

2) 市场销售部门在第 $(N-1)$ 月月末大致确定了第 $(N+1)$ 月的需求量,生产计划部门也制订了第 $(N+1)$ 月的大致计划。但到第 N 月月末前发现第 $(N+1)$ 月的市场订单比预期要多。为满足市场需求,生产部门在第 N 月的月末就按原计划增产。但是,到第 $(N+1)$ 月第一周发现,第 $(N+2)$ 月的订单需求量比原计划要少,为避免多余库存的产生,则在第 $(N+1)$ 月的第二周就进行减产。这样,精益生产方式的每月计划在数量上具有可变性。

3. 企业生产计划及控制过程

根据上述精益管理思想,该烟厂制订了生产计划与控制的基本流程,如图9-11所示。

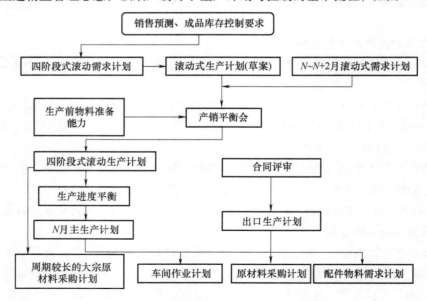

图9-11 某烟厂生产计划与控制流程图

9.4.3 改善方案

通过调查得出的该烟厂2005年生产计划、有效工作时间及生产效率见表9-11，对此进行如下分析研究。

表9-11 某烟厂2005年生产计划、有效工作时间及生产效率分析

牌　号	计划（万箱）	结构比例（%）	总量	比例（%）	设备投入（8台套GD-PT）	生产效率要求[箱/(台套·h)]
计划总量	28					8.1
盖A	6	21	8	28	全年2台GDX2设备满负荷运行、6台GDX1全开（6+2机型模式）	8.1
盖B	2	7				7.9
A	2.5	9	20	72		7.9
C	3.5	13				7.9
B	9	32				7.9
B（红）	5	18				7.9
预增量	4					7.9
外运烟丝	5万箱，192万kg	占制丝计划量的15%			现有制丝线（35天）	

注：1. GDX1、GDX2、KDF均为卷包设备。
2. 6+2机型模式为6台GDX1设备+2台GDX2设备。

1. 卷包设备产能分析

在6+2机型模式下，该烟厂设备的有效作业率，即小时产能：GDX1按7.9箱计算，GDX2按8.1箱计算，KDF按21箱计算，剔除维修保养时间，要完成全年生产计划，盖烟需要4939h，按全年50个生产周251个工作日计算，每天需生产19.7h；软包烟需要4220h，按全年50个生产周251个工作日计算，每天需生产17h。

在6+4机型模式下，要完成软包烟20万箱生产计划，软包烟同样需要4220h，每天需生产17h；而盖烟设备生产4220h，可完成13.6万箱。如果今年第四季度增加软包烟生产计划4万箱，则第四季度软包烟需实际增加生产时间844h（可利用中速机弥补）。

2. 卷包生产计划确定

通过以上卷包设备产能分析，在6+2机型模式下，生产瓶颈主要在盖烟的生产能力上，建议实行"两班制"生产组织模式，工人每班生产10h，平均每周工作时间不超过40h，全年生产时间控制在251个工作日之内，进行轮班和轮休，不固定在周六休息，全厂生产在月初尽量往前赶，月底安排休息，以便进行大的设备检修。维修班设预防保养组，采用8天轮保法，每次4h，轮保尽量放在下班后进行，不占用正常的生产时间。

根据以上分析编制出的该烟厂2005年卷包生产计划见表9-12。

以"两班制""人8机10"生产模式为例，在6+2机型模式下，全年项修产量：

软包烟（6÷2）×15×20×7.9箱=7110箱

盖烟（2÷2）×15×20×8.1箱=2430箱

表 9-12 该烟厂 2005 年卷包生产计划

月份	盖烟开台	软包烟开台	工作日（天）	项修产量	盖烟产量（箱）	软包烟产量（箱）	总产量（箱）	备注
1月	2	6	21		6804	19908	26712	
2月	2	6	16		5184	15168	20352	
3月	2	6	23		7452	21804	29256	
4月	2	6	21		6804	19908	26712	
5月	2	6	19		6156	18012	24168	
6月	2	6	22		7128	20856	27984	
7月	2	6	21		6804	19908	26712	
8月	2	6	23		7452	21804	29256	
9月	2	6	22		7128	20856	27984	
10月	2	6	19		6156	18012	24168	
11月	2	6	22		7128	20856	27984	
12月	2	6	22		7128	20856	27984	
合计			251		81324	237948	319272	
成形	3		251				316260	PM5 一班运作保障

注：项修产量为设备进行项修所减少的产量。

软包烟 GDX1 的项修可安排在正常生产时间进行，盖烟 GDX2 的项修必须安排在月底放长假结合"五一"（或"十一"）假期进行。

在 6+4 机型模式下，全年项修产量软包烟仍为 7110 箱，盖烟为 4860 箱，按现有产量规模将很容易完成。

3. 制丝设备产能测算分析

制丝车间属于流水线作业，其生产能力受工艺条件制约相对较大，特别是 A 烟生产以来，对制丝车间的产能制约尤其突出。制丝设备产能测算分析见表 9-13。

表 9-13 制丝设备产能测算分析

明　　　细	数　　　量
每天工作时间/h	16
工艺时间（设备保养时间）/h	5
实际生产时间/h	11
小时产能/kg	4872
折合混丝质量/kg	53592
每日混丝产量/kg	53592
全年工作（天）	251
年烟丝产能/kg	13451592
单箱耗丝/kg	38
折合年产量（箱）	353989

注：1. 制丝按每周 5 天，每班 8h 制模式组织生产。
2. 工艺时间含换牌、换批、工艺流程时间 3h，以及日设备保养时间 2h。
3. 加料小时产能：按加料标准流量折合叶片标准质量 3636kg 加上平均梗丝掺兑量（按 34% 折算）。

卷包车间每天烟丝需求量见表9-14,由表可知,卷烟年产量为35万箱,因此,制丝日生产能力完全可以满足卷包烟丝日需求总量的需要。另外,薄片线生产能力为180kg/h,如B烟月度计划总量超过16000箱,则薄片线需加班生产。

表9-14 卷包车间每天烟丝需求量

设备数量(台)	小时产量(箱)	工作时间/h	每天产量(箱)	单箱耗用量/kg	烟丝需求总量/kg
8	8.1	20	1296	38	49248
10	8.1	17	1377	38	52326

9.4.4 改善效果

根据精益生产管理思想,结合滚动式生产计划特点,该烟厂充分利用滚动式生产计划的柔性,积极改进生产计划,取得了显著成效。

2006年,该烟厂争取到了5.5万箱的增量计划,使卷烟产量规模在近十年来持续走低的局面下,取得了大幅度的增长,突破了30万箱,全年实现卷烟产量30.5万箱,与2005年的26.8万箱相比,增长了3.7万箱,增幅达13.8%。2006年底,该烟厂又成功把握了其所在省份烟草工业整体合并重组的机遇,使其2007年的生产计划又增加了1.6万箱,达到32.1万箱,同比增长5.2%。

在计划执行方面,该烟厂对各项物资的采购、调拨均严格按审批的计划执行,大部分主辅料的月计划执行率保持在99%~100%之间的良好水平。

9.5 某公司计算机上盖材料利用率提升改善方案

9.5.1 案例背景

某公司是一家专门从事电子产品制造的公司,公司制造的电子产品品种繁多,包括计算机、手机、打印机等。其中,A机种是客户需求量较大的产品,为了降低制造成本,在模具开发阶段,就考虑通过缩小搭边量、减小步距以及大小产品共模生产等方式来提高材料的利用率。

9.5.2 现状及问题分析

该公司O机种上盖由于有一个反折边,其展开后使得左、右两边产生了较多的废料,导致材料利用率降低、废料增多。进一步调研发现,配套零件遮片的外形大小比O机种上盖废料小,如图9-12所示,刚好可以利用O机种上盖废料来制作遮片产品,以提升O机种上盖废料利用率。然而,使用此种遮片的计算机在生产三个月后客户需求量急剧下降,导致与上盖共模生产的遮片产能过剩,多余的遮片只能报废。

目前,O机种上盖的月产量、遮片的月产量、遮片的需求量情况见表9-15。

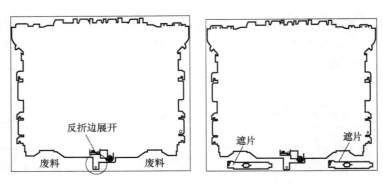

图 9-12　O 机种上盖废料利用示意图

表 9-15　O 机种相关产量与需求量一览表

月份	6	7	8	9	10	11
O 机种上盖月产量（kpcs）	100	160	200	200	200	200
O 机种遮片月产量（kpcs）	200	320	400	400	400	400
O 机种遮片月需求量（kpcs）	200	200	120	30	0	0

根据表 9-15 绘制出相应的折线统计图，如图 9-13 所示。从图中可以很明显地看出，O 机种遮片的需求量在急速下降，并且远远小于其每个月的产量，导致大量的上盖材料只能报废，大大降低了材料的利用率。

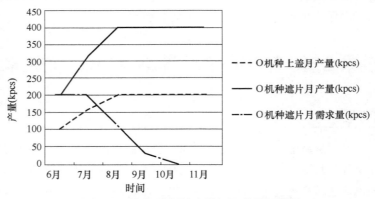

图 9-13　O 机种相关产量与需求量折线图

通过鱼骨图等工具进行分析，得出造成 O 机种上盖材料利用率下降的主要原因是客户需求量变更和共模不具有通用性。而客户需求量的变更是无法进行改善的。因此，本案例着重从共模的通用性这一方面进行改善。

9.5.3　改善方案

通过对比发现，O 机种的遮片与 A 机种遮片的外形基本一致，所不同的主要有以下方面：
1) O 机种遮片料厚为 1.0mm，而 A 机种遮片料厚为 0.9mm。
2) 字模大小、位置不同。

3) O 机种遮片中部有 3 个孔,而 A 机种遮片底部只有 1 个孔。
4) A 机种遮片中部有加强肋,而 O 机种遮片没有。

两个机种的遮片形状分别如图 9-14 和图 9-15 所示。

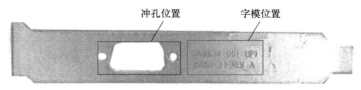

图 9-14　O 机种遮片

图 9-15　A 机种遮片

同时还发现,A 机种的客户需求量一直很稳定,维持在平均每周 40×10^4 台左右,而一台机箱需要的遮片数量为 7 个,因此,A 机种遮片每个月的平均需求量为 1.12×10^6 个。

因此,改善思路是通过改动上盖模具来实现两种遮片的共模生产,在完成客户对 O 机种遮片需求量后,切换到生产需求量大的 A 机种遮片。由于两种遮片有 4 处不同之处,因此,需要一一进行解决。

由于遮片的主要功能是防止泄漏而起到遮蔽作用,因此,料厚的增加不会对其功能产生任何影响,经过与客户沟通,客户同意两种厚度的遮片可以同时存在。

由于当初设计时没有考虑到共模生产两种遮片,目前模具的结构已经定形,因此,只能寻找合适的工步来插入所需要的工艺,所需要增加的工艺为增加 1 个底部的冲孔、1 个底部的字符、1 个加强肋。根据模具现有的工艺流程,分别将增加的工序安排在第一工站、第二工站、第三工站中进行,如图 9-16 所示。

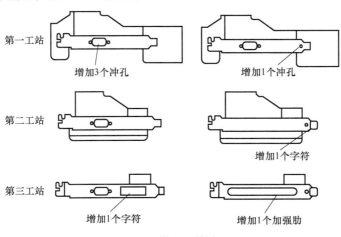

图 9-16　模具工艺流程图

模具改动过程如图 9-17～图 9-19 所示。

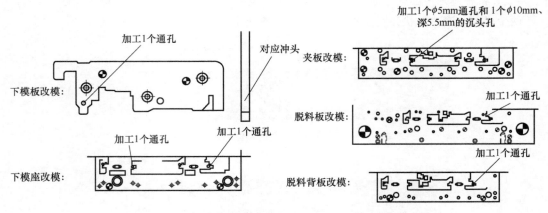

图 9-17　第一工站改模示意图

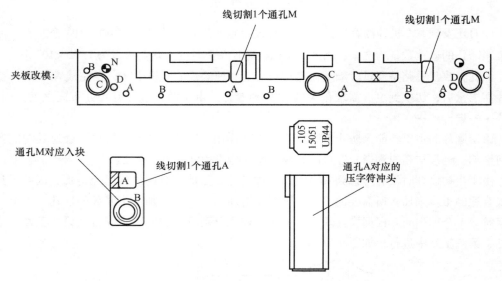

图 9-18　第二工站改模示意图

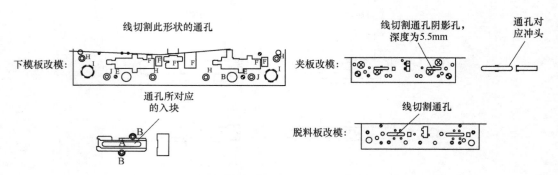

图 9-19　第三工站改模示意图

9.5.4 改善效果

1. 提高了废料利用率

通过上述改善方案的实施,不仅满足了客户对 O 机种遮片的需求,同时也满足了客户对 A 机种遮片的需求,通过改模,大大提高了上盖材料的利用率。改善后的模具具有可以同时生产 O 机种遮片和 A 机种遮片的能力,其功能有大幅度的提升。

2. 降低了成本

每个遮片的材料成本加上加工成本约为 0.15 元,O 机种遮片产能约为 120kpcs/周,则共节约成本 120000×0.15 元/周 = 18000 元/周,一个月可节约成本 18000 元×4 = 72000 元,而改模成本仅为 15000 元,通过改善,每月净节约成本 72000 元 - 15000 元 = 57000 元。

9.6 价值流在装配线生产中的应用

M 公司成立于 2008 年,其产品主要为汽车保险杠总成、门槛边梁总成、汽车柱类装饰件等汽车内外饰产品等,年生产能力为 32 万套。M 公司的母公司主要从事汽车零部件、塑料制品、模具、模塑高科技产品的开发、研制和销售。2010 年,该公司先后通过了北美汽车工业管理体系 QS9000 认证和德国汽车工业联合会质量体系 VDA6.1 认证。

9.6.1 X253 保险杠生产及装配工艺流程

M 公司保险杠生产包括注塑、喷涂和装配三大流程,其生产工艺流程如图 9-20 ~ 图 9-22 所示。

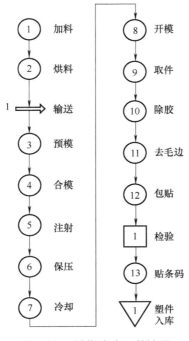

图 9-20 注塑生产工艺流程

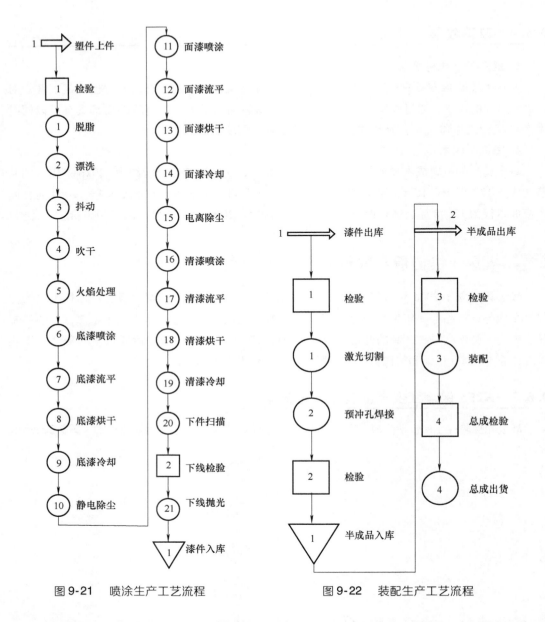

图 9-21　喷涂生产工艺流程　　　　图 9-22　装配生产工艺流程

X253 保险杠装配包括前、后保险杠装配。前保险杠装配包括冲孔焊接、前保险杠下部延伸件组装、左/右侧雾灯盖板组装、前保险杠中间加强件组装、雷达组装、前保险杠左/右加强件组装、左/右侧导风板组装、吸能块组装、上格栅总成组装、牌照板组装等，如图 9-23 所示。

后保险杠装配包括冲孔焊接、后保险杠下部延伸件组装、拖钩盖板分总成组装、左/右侧反射条组装、后保险杠下部延伸装饰件组装、后保险杠中部加强件组装、后保险杠下部左/右侧支架组装、左/右侧排气管盖板支架组装、雷达组装等，如图 9-24 所示。

第9章 生产管理

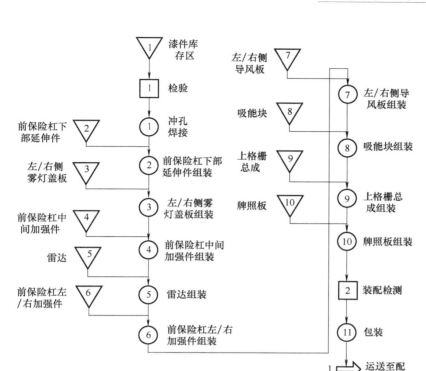

图 9-23　X253 前保险杠装配流程

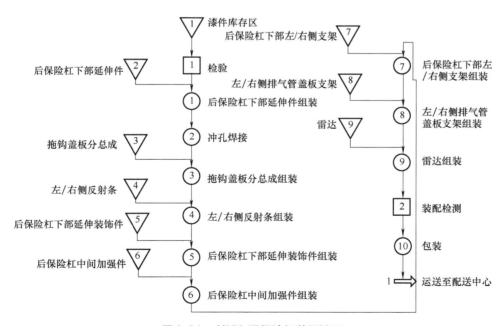

图 9-24　X253 后保险杠装配流程

9.6.2 保险杠装配相关生产信息及价值流图

1. 保险杠装配相关信息

价值流包含增值活动和非增值活动，X253 保险杠当前的相关信息如下：

(1) 顾客需求信息　月平均需求量为 8820 件；运输频率为 0.5 次/h。

(2) 原材料和成品库存信息　零部件库存量为 2 天；成品库存量为 80 件。

(3) 生产计划信息与客户和供应商沟通信息全部采用信息化　收到客户订单频率为 1 次/天；发送采购订单频率为 1 次/周；生产计划发放频率为 1 次/周；运输计划发放频率为 1 次/周。

(4) 供应商信息　零部件平均交货期为 1 次/周。

(5) 员工工作时间信息　工作日为 21 天/月，根据产量不同会有相应的调整；班次为 2 班/天；每班有效工作时间为 8h。

2. X253 保险杠装配工序生产信息

X253 保险杠装配各工序详细生产信息见表 9-16。

表 9-16　各工序详细生产信息

工序名称	漆件出库	检验	激光切割	预冲孔焊接	半成品入库	半成品出库	检验	装配	总成检验	总成出货
人数	1	1	1	1	1	1	1	9	1	1
时间/s	70	40	98	110	70	80	90	115	70	40
合格率（%）	100	99	99	98	98	99	100	99	100	100
班次（班/天）	2	2	2	2	2	2	2	2	2	2

X253 保险杠的整个装配过程主要分为漆件出库、检验、激光切割、预冲孔焊接、半成品入库、半成品出库、检验、装配、总成检验、总成出货等工序。通过调研和分析，得到的各工序标准时间如图 9-25 所示。

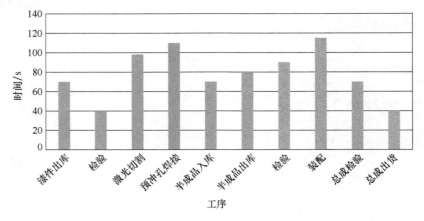

图 9-25　各工序标准时间（改善前）

3. 价值流图符号定义

根据相关标准和规定，价值流图符号定义见表 9-17。

表 9-17 价值流图符号定义

名称	图标符号	名称	图标符号	名称	图标符号
流程		生产控制部门		取料看板	
库存		人工信息		数据箱	C/T=106.7s 1班×7.5h FTT=90%
上推箭头		电子信息		信号看板	
客户或供应商		日程表片段		看板公告	
运输箭头		日程表汇总		超市	
运输卡车		生产看板		安全/缓冲储备	
FIFO 通道	—FIFO→	爆发		物理下拉	

4. 绘制 X253 保险杠当前价值流图

通过大量调研和数据追踪分析，结合价值流图定义的符号及其各个作业的先后顺序，绘制 X253 保险杠当前价值流图，如图 9-26 所示。

如图 9-26 所示，产品的交货期为 0.6 天，加工时间为 1703s，而加工效率仅为 9.85%，在整个生产过程中，包括成品和在制品在内的库存量高达 260 件。因此，需要对整个生产流程进行进一步改善。

9.6.3 基于价值流图的问题分析

通过对 X253 保险杠装配流程以及当前价值流图进行分析，发现存在如下问题：

1. 保险杠装配属于典型的推动式生产模式，导致在制品数量较多

生产控制部门每周都会将周生产计划下发至生产的各工段，各工段根据周生产计划和库存情况确定生产计划，各工段确定生产计划时不会考虑后续工段的情况，造成在制品数量较多。从图 9-26 中可以看出，由于半成品库存的设置，造成 200 件库存量；另外，工序之间存在 60 件在制品，整条装配线的在制品数量多达 260 件，占用了较大的空间。

2. 装配线平衡率较低，需要进一步提升

装配线平衡率可以用来评估装配线各工序生产均衡性，参考表 9-18 可以发现装配线的平衡情况，以便采取相应措施及对策。

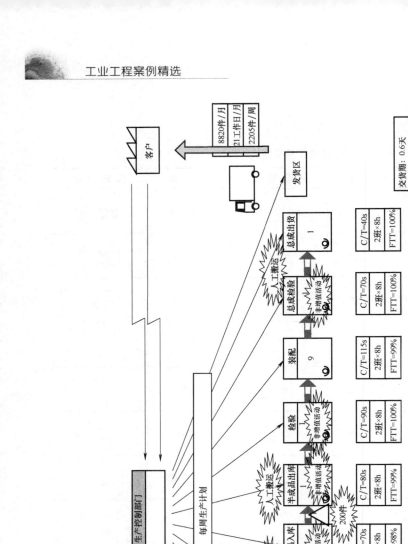

图 9-26　X253 保险杠当前价值流图

表9-18 生产线平衡率范围及效果评价

序号	平衡率范围	效果评价
1	50%~60%	粗放式生产
2	60%~70%	存在深层次问题,尽管通过人为操作达到平衡
3	70%~85%	基本上是科学管理
4	85%以上	生产线基本上实现了"一个流"生产

平均月订单量为8820件,每个月按21个工作日计算,则装配线平均日订单量为8820件/21=420件。若每日有两个班次,制度工作时间是8h/天,计划内停工时间为2h/天,则X253保险杠装配线的生产节拍为$2\times(8\times60\times60-3600)$s/420件=120s/件,保险杠装配线平衡率和平衡损失率分别为

$$\eta = \frac{\sum_{i=1}^{n} CT_i}{n \times \max\{CT_i\}} \times 100\%$$

$$= \frac{70+40+98+110+70+80+90+115\times9+70+40}{18\times115} \times 100\%$$

$$= 82\%$$

$$\varepsilon = 1 - \eta = 18\%$$

由此可知,X253保险杠装配线平衡率为82%,平衡损失率达到18%,结合表9-18,表明装配线目前存在一定的提升空间。

3. 非增值时间比例高

根据表9-19判断各工序是否属于增值活动,计算得到的增值工序时间与非增值工序时间的比例见表9-20。由此可知,非增值工序时间比例为24.66%,比例很大,说明浪费了较多的人力成本。

表9-19 各工序是否为增值活动判断表

序号	作业名称	作业时间/s	是否增值
1	漆件出库	70	否
2	检验	40	否
3	激光切割	98	是
4	预冲孔焊接	110	是
5	半成品入库	70	否
6	半成品出库	80	否
7	检验	90	否
8	装配	115	是
9	总成检验	70	否
10	总成出货	40	是
	总计	1703	

表 9-20　增值工序时间与非增值工序时间比例表

序号	名称	总时间/s	比例（%）
1	增值工序	1283	75.34
2	非增值工序	420	24.66
	总计	1703	100

4. 工序安排不合理，时间损失较大

分析各工序时间，发现漆件出库工序用时 70s，检验工序用时 40s，而装配工序作业长达 115s，相对于其他操作工序，装配工序是时间最长的工序，由于工序时间不平衡，造成时间损失较大。

5. 人工搬运较多，次品问题严重

装配线采用单工位生产模式，各工位的衔接需要两名操作员搬运保险杠，半成品出入库为人工搬运，人工搬运距离长达 45m，并且转运过程中由于道路不平坦，经常将半成品磕碰成次品。

6. 仓储面积较大

车间内部有较大的漆件库存区及半成品库存区，面积高达 1637m^2，占车间总建筑面积的 45.98%。

7. 存在重复检验现象

从漆件库存区取件后，需要进行检验、激光切割和预冲孔焊接作业，而从半成品库存取件后同样需要进行检验，因此，存在重复检验现象。

8. 插单件易出现混乱

由于客户需求的临时变更，或者装配过程中对保险杠造成了损坏，需要从漆件库存区临时取出相应的漆件进行装配。X253 保险杠装配线是楼上配料、楼下装配，二楼的物料会在装配第一个工位时就触发配料信号，然后通过升降机和输送线将需要的物料送到装配工位，配料托盘和保险杠装配顺序要一一对应，如果保险杠损坏，则需要把小件物料托盘从装配线上拿下来，以免影响下一个保险杠的装配。所以插单件流程主要应考虑小件物料托盘与保险杠装配一一对应的问题。另外，X253 保险杠生产线是混流生产线，有些产品不经过激光切割或者预装工位，因此，中途顺序可能会被打乱，但是装配线组装顺序必须与客户主机厂的上线顺序一致，因此需要进行校序调整，一是保证保险杠装配顺序正确，二是保证小件物料配料正确。为此，应针对紧急插单件设计专门的流程。

对上述分析的装配线存在的问题进行统计，统计结果见表 9-21。

表 9-21　装配线存在的问题统计表

序号	问题	详细说明
1	在制品数量较多	在制品达 260 件
2	装配线平衡率较低	整个生产流程的平衡率为 82%
3	非增值工序时间比例高	非增值工序时间比例为 24.66%
4	工序安排不合理	各工序节拍时间不一样

(续)

序号	问题	详细说明
5	人工搬运较多	有两处人工搬运工序,搬运距离较长,达到了45m
6	仓储面积较大	仓储面积达1637m^2,占车间总建筑面积的45.98%
7	半成品库存设置不合理	多次存储,重复检验
8	插单件易出现混乱	紧急插单件,装配件供应不及时或装配顺序混乱

9.6.4 改善方案

1. 改善需求分析

为了解决通过价值流图分析出的问题,解决当前生产线存在的在制品数量较多、生产线平衡率较低、非增值工序时间比例高、工序安排不合理、人工搬运较多、仓储面积较大、半成品库存设置不合理、插单件易出现混乱等问题,需要从平衡各工序的作业负荷,提高工序周期效率;改进瓶颈工序作业,实现"一个流"的生产;去除半成品库存,减少在制品数量,减少重复检验以及优化装配流程和车间布局与流水线方式等多方面进行改善。改善需求见表9-22。

表9-22 改善需求分析

序号	问题	需求	对策
1	在制品数量较多	减少在制品数量	拉式生产,取消半成品库存
2	生产线平衡率较低	提高生产线平衡率	消除瓶颈工序,合并相关工序
3	非增值工序时间比例高	减少非增值活动	非增值活动自动化,减少人员
4	工序安排不合理	对工序进行分析	合并相关工序,装配工序编成重组
5	人工搬运较多	减少人工搬运	流水线自动搬运
6	仓储面积较大	减小仓储面积	取消半成品库存,重新设计布局
7	半成品库存设置不合理	减少半成品库存	取消半成品库存
8	插单件易出现混乱	提高管理水平	设计插单件处理流程

由上述分析可知,需要改善的方向为:采用拉式生产代替原来的推式生产,减少在制品数量,减小仓储区面积;使用流水线布局形式,取消原来单工位需要人工搬运的搬运模式,进行布局调整,重新设计小件存储区及配送物流;对工序进行改善,消除瓶颈工序,合并相关工序,减少非增值活动,设计插单件处理流程,杜绝由于临时插单件导致的装配顺序混乱。

2. 改善方案框架

在上述改善需求分析的基础上,从拉动生产和看板管理、流水装配线设计、工序流程改善、插单件处理流程设计四个方面制订X253保险杠装配线改善方案,如图9-27所示。

3. 改善原则

为实施改善方案,提高未来的绩效水平,首先要按照精益价值流准则来制定改进方向。

准则一:按生产节拍进行生产。按照生产节拍安排生产可以协调生产过程与销售的步调,

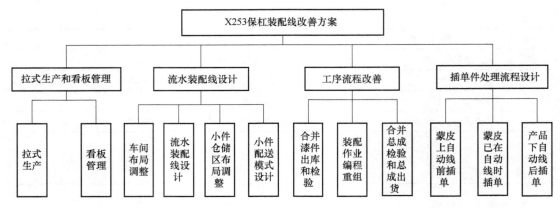

图 9-27　X253 保险杠装配线改善方案框架

使其保持一致性和稳定性。生产节拍以客户要求的生产节奏为基础，反映了客户需求对生产的调节控制作用。

准则二：尽可能地创建连续流。所谓连续流，是指在组织产品生产的过程中，从上游工序到下游工序之间没有等待停顿，是一种效率最高的理想化生产方式。虽然实际生产过程中不一定能够完全实现连续流，但是在确定 X253 保险杠装配线未来状态的改善方向时，应当采用这种生产方式，改变当前生产线各工序不考虑实际需求而只按照生产控制计划和各周期时间独立生产，导致产生大量不受控制的在制品和成品库存的生产状态，消除或减少生产流程中存在的各种浪费，尽最大可能地创建连续流。具体设计时，可以考虑将当前两个及两个以上可能的工序合并或重组，结合拉动式生产和"先进先出"的原则，先在小范围内形成一个个小的连续流，待实施改善后继续优化，逐渐实现全面的连续流。

准则三：在连续流无法向上游扩展处，使用拉动系统来控制生产。在实际生产中，当工序间的物料流动不顺畅，整个生产流程无法实现理想的连续流时，可以借助于超市的拉动系统来控制生产的流动。超市拉动系统的控制方式如图 9-28 所示。超市一般设置在下游工序附近，下游工序根据实际需要到超市获取产品，并向上游供应工序发出生产指令，拉动上游供应工序的生产作业，以补充超市中被取走的产品。

此外，还可以在两个不能实现连续流的生产工序之间，使用"先进先出""顺序拉动"、看板管理等来替换超市，使前后工序保持流畅。

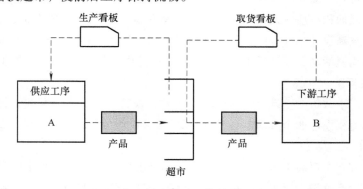

图 9-28　超市拉动系统的控制方式

准则四：通过启用局部的作业来控制生产流程，以实现拉动。

准则五：均衡地安排生产。

准则六：要求上游工序具有每天生产下游工序所需要的各种产品的能力，并持续改善，尽可能地减少在制品库存量。

4. 生产方式的改善

（1）拉式生产方式　为了解决当前推式生产导致的在制品数量较多的问题，应摒弃当前的推式生产方式，改为拉式生产方式。推式生产方式是由生产控制部门将客户主机厂订单输入需求计划系统，由需求计划系统根据物料的属性分别生成采购订单或加工单，加工单同时下发至所有工序，由前道工序将加工后的零部件传送至后道工序，这样一道工序、一道工序地往后传递，对于采购单，则发至物控部门，从整个供应链系统来讲，是一种推式生产方式。而拉式生产方式一切从客户需求出发，根据客户需求来组装产品，借此拉动前面工序的零部件加工。每个生产部门、工序都根据后向部门及工序的需求来完成生产制造，同时向前面部门和工序发出生产指令。在拉式生产方式中，计划部门只制订最终产品计划，其他部门和工序的生产是按照后向部门和工序的生产指令来进行的。根据拉式方式组织生产，可以保证在适当的时间内，按照所需要的数量生产所需要的产品，以保证既能够满足交货要求，又可避免高水平库存的产生。改善前后生产方式对比如图9-29所示。

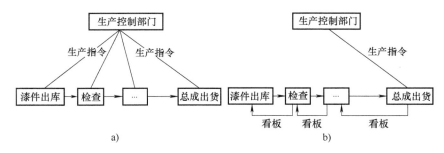

图9-29　改善前后生产方式对比

a）当前的推式生产方式　b）改善后的拉式生产方式

改善后的拉式生产方式是由生产控制部门将生产指令发送到最后一道工序，由最后一道工序通过领料看板至前面工序领料，前面工序根据后道工序的领料情况，以生产看板下达生产指令，这样一层一层地往前传递。这种方式实现了前道工序根据后道工序的需求进行生产，避免过多生产造成在制品库存较多，有效地减少了在制品数量。

（2）看板管理　在拉式生产中，最重要的是看板的应用。看板管理遵循可视化、简单化的原则，目的是使产品在正确的时间内按正确的数量生产。看板管理的过程是将生产和物料转移中的时间、数量和种类等相关信息在生产系统中逐级传递，从而形成一个有机的系统。由后工序到前工序去领取装配生产所需的半成品时，需要把附置在半成品上的看板取下，放入看板盒内（由后工序的操作员负责），并定期由专人回收看板盒内的看板，悬挂在看板管理板或派工板上。将看板管理板上的看板张数作为生产指示，在前工序完成半成品加工后，操作员即在该半成品上放置看板，作为库存。看板运作的基本模式如图9-30所示。

在实际运用中，应尽可能减少看板的数量、容量，力求简捷和高效，尽可能方便随时增减和满足产量需求，尽可能采用两箱系统补充低值易耗品，且生产看板的料箱内不允许有不合格品。

在 X253 保险杠装配线上，主要使用生产状态看板和工序间看板这两种形式。

1）生产状态看板。生产状态看板的作用不是确定生产计划，而是显示那些阻碍满足顾客需求的生产问题，及时通知车间内的支持人员（工程师、领班、线长等）对问题做出反应。需要将每一个规定时间段内出现的问题产品、在制品数量等记录在看板上，一般情况下，生产状态看板内容的更新由生产领班和线长执行完成。当有问题发生时，需要采取必要的措施进行处理，并分析根本原因以防止其再次发生。可以采用"5W1H"方法使问题充分反映在生产状态看板上。

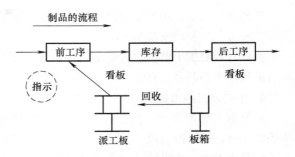

图 9-30　看板运作的基本模式

When：问题在何时被第一次发现？在何时引起了人们的注意？

Where：在哪里（生产线/工位）发现了什么问题？该问题由哪个工位产生？

What：问题是哪一种类型？问题发生在哪些批号上？是什么问题？

Who：谁发现了问题？谁受到该问题的影响？谁是责任人？报告给谁？

Why：问题的原因是什么？是否影响性能？问题发生的过程是否稳定？

How Many/Much：问题的数量是多少？造成了多少损失？

2）工序间看板。工序间看板是指在上、下道工序间设定在制品库存数量和位置，采用不同颜色区分各类产品。统一使用蓝色、绿色、红色和黄色分别表示在制品、合格品、废品和待返修的不合格品，在上、下道工序之间使用蓝色周转箱来放置半成品，每个周转箱按照规定放置一定量的在制品，每个操作台设置红色和黄色箱子来专门存放报废品和待返修的不良品。规范并确定周转箱存放在制品的最大和最小数量，用黄色的警戒线表示最小数量，以提醒工人按规定的数量存放在制品。除此以外，两个相邻工序之间必须相互帮助，如果相邻工序出现拥挤或停滞的状态，后一工序的员工必须协助将周转箱取走。

5. 装配线的改善设计

从流水装配线设计、小件物料仓储区布局改善、小件物料配送模式设计三个方面进行改善。

（1）新增 X253 保险杠装配生产线　改善前，X253 保险杠移动方式采用单工位模式，保险杠的移动需要两名操作员搬运，搬运距离大，而且搬运保险杠的过程可能出现撞伤或划伤的风险，从人因工程的角度来说，搬运工人的劳动强度大。改善后的 X253 保险杠装配线，采用流水线形式，操作人员固定工位，保险杠随流水线输送到下一工位，不需要工人搬运，降低了工人的作业强度，减少了保险杠撞伤或划伤的风险。改善前后保险杠搬运模式对比如图 9-31 所示。

（2）小件物料仓储区布局改善　对小件物料仓储区的布局根据使用频次进行重新调整，调整后区域 A 为 X253 外库小件物料倒运车；区域 B 为 X253 装配线小件物料户外缓存区；区域 C 为小件物料电梯升降入口；区域 D 为小件物料预装区，该区域需要对预装的小件物料进行预装配，预装好的零件先在"原始备料区"某固定货架位缓存。

a)

b)

图 9-31 改善前后保险杠搬运模式对比
a) 改善前　b) 改善后

区域 E 为原始备料缓存区，目前车型及零件种类较少，因此，可根据配送频率及用量对零件进行定置定位，该区域主要用于缓存配送频率较高的零件。区域 F 为原始备料区，目前二、三、四层暂时作为仓储使用，除个别体积较大的零件外，存储的货物至少可满足 4h 的用量需求。

区域 G 为一级备料系统，该区域主要放置配好件的小件物料托盘，其放置方式为按工位分前后保类型放置。配料时也需借助软件系统通过亮灯的方式提醒员工装车的托盘类型，补料时通过颜色看板及物料卡的方式拉动。

区域 H 为二级备料系统，该区域主要存放 PTS 雷达、MMS 雷达、线束等高价值颜色件一个班次所需的量。该区域的东西朝向为配料区，每货架位放置 1~2 箱物料，由于各配置的主要差别在于颜色件，故该区域也需要通过软件来提醒所取零件的类型。该区域的南北朝向为缓存区，用于放置剩余物料，由于该类颜色件每包装箱装载的数量多，故补料频次较少，其补料方式为人工目视拉动。

区域 I 为装车等待区，该区缓存有 4 辆线棒车，其中装满物料的线棒车已排好顺序。调整后的小件物料仓储区布局如图 9-32 所示。

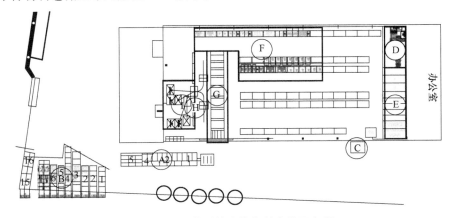

图 9-32 调整后的小件物料仓储区布局

(3) 小件物料配送模式改善

1) 增加小件物料电梯。保留原西北角的小件物料电梯，同时在预冲孔车间东南角安装新电梯，电梯安装方式是外部嵌入式，与现有安装方式相同，具体位置如图 9-33 所示。二楼起重、装卸货用设备为全电动堆高车，其功能要求为：起升高度至少为 5m，载重为 1000kg 以上。

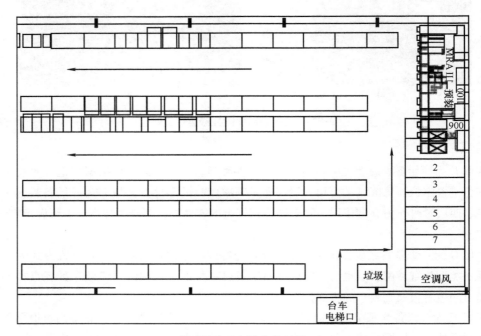

图 9-33 电梯安装位置

2) 新增小件物料预装区。对装配线组装前需要预装的小件物料进行预装配，其所需物料由外部输入，预装好的零件集中放置于"来料仓储区"中的"小件物料预装缓存区"货架上，排气管由一级备料系统人员拿相应工位托盘直接来此区域取料，HFA 总成可先装入塑箱再批量送至二级备料区货架。

3) 来料仓储区的规划设计。来料仓储区的一层主要是小件物料缓存区，用于存放带装配小件物料的缓存，存放形式为原始包装，缓存量要求为 0.5 天，对于尺寸较大的零件（如吸能块、延伸装饰件），只能存放 1~2 个库位，不足部分由外部及时补入。二层主要是小件物料配料区，该区已将一层原始小件物料包装拆包，取出纸箱放在二层货架上，供一级备料人员按工位取料。三层和四层用于放置零件，如图 9-34 所示。

零件从来料仓储区首先运输到一级备料区，然后从一级备料区输送至二级备料区。

① "一级备料区"至"来料仓储区"。

a. 空托盘回收。线棒车配料人员将空线棒车从升降平台推至一级备料区，再把车内的空托盘放在一级备料区内的空托盘回收系统中，每列货架的四个托盘通过两排滑道滑至货架的后方。在放回空托盘的过程中，员工取相应工位的满托盘时，会把托盘内的物料清单放回对应的空托盘中。

b. 一级备料。一级备料人员推着配料专用车在货架后方从西至东依次取携带看板卡片的各

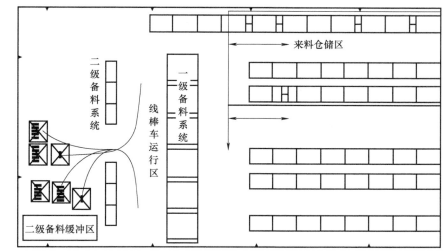

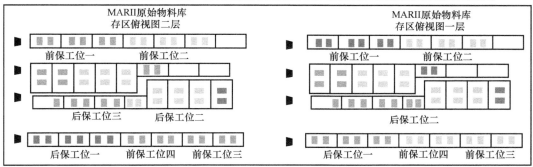

图 9-34 来料仓储区布局设计

工位空托盘各一个,按顺序放置到配料车对应层,再返回至"原始仓储区"备料。按看板卡片取完七个工位的托盘零件后,返回一级备料区,将满托盘及看板卡片放回相应工位的货架上。

②"装车等待区"至"一级备料区"。

a. 空线棒车回收。在升降梯入口处设专人将从一层上来的空线棒车移至缓冲位置,然后把"装车等待区"排好序的装满待装小件物料的线棒车移至升降梯内,按下下降按钮,将待装小件物料送至一层,最后将空线棒车送至一级备料区前。

b. 线棒车备料。由于每辆配料车所配小件物料不一定属于同一个产品,因此不管是在"一级配料"还是"二级配料"时,均需要软件指示系统来提醒所装车小件物料的类型。

在线棒车备料过程中,工人先将空托盘从线棒车取出放置在空托盘回收滑道内,然后取出相应工位层次的满托盘,将其内的物料清单放回空托盘内,依流程顺次取所有工位的托盘。由于二级备料系统放置的是雷达和线束,属三号工位,故在配三号工位时,先从一级配料系统中取出亮灯指示层次的托盘,再取二级备料区软件系统所指示的雷达和线束等。

一级备料系统、二级备料系统和线棒车运行区整体物流示意图如图 9-35 所示(具体物流流向如前所述)。

③ 装车等待区。装车等待区有三个缓存位置,用于配好小件物料的线棒车的排序和缓存。当升降平台上升至二层后,将空线棒车拉至空周转位置,将排序为 1 号的线棒车推进升

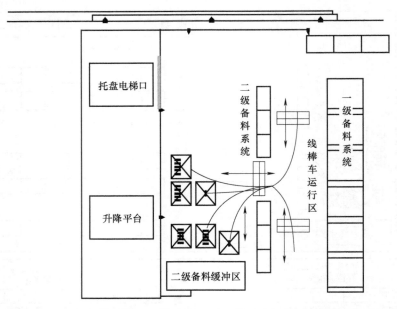

图 9-35　一级备料系统、二级备料系统和线棒车运行区整体物流示意图

降梯，然后将后面排好序的线棒车向前挪移一个位置，再将携带空托盘的线棒车推至一级和二级配料区。装车等待区物流示意图如图 9-36 所示。

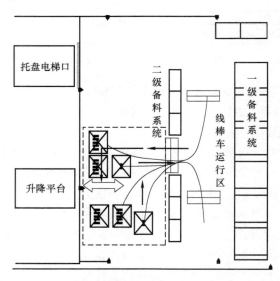

图 9-36　装车等待区物流示意图

6. 工序流程改善

运用"5W1H"方法和"ECRS"原则对 X253 保险杠装配线生产流程进行分析，发现其存在以下改善点：

（1）合并漆件出库和检验工序　漆件出库工序一般都能够保证在 70s 内完成；而检验工序，根据蒙皮的品质情况，完成检验和修补的操作所需要的时间一般不固定，对检验工序进行现场操作时间记录，记录情况见表9-23。

表9-23 检验工序操作时间记录

序号	1	2	3	4	5	6	7	8	9	10	平均值/s
用时/s	33	42	30	43	45	40	46	45	33	43	40

从表9-23中可以看出，当蒙皮品质较好时，可以在30s内完成；而当品质较差需要修补时，则需要较长的时间，最长为46s，统计的平均用时为40s左右。

因此，检验工序后经常有大量的在制品库存，另外，检验工序用时比生产节拍短，存在较大的时间损失。按照"5W1H"方法和"ECRS"原则，将漆件出库和检验两工序合并，操作者从漆件库存区拿取漆件的同时进行品质检验确认，两工序合并后，平均用时为110s左右，在生产节拍的时间内。

（2）装配作业的重组　为了提高装配作业的平衡率，需要对装配作业进行重组。X253前保险杠装配作业见表9-24。

表9-24 X253前保险杠装配作业

设计/过程功能		序号	操作内容或顺序说明	平均用时/s	评价系数	标准时间/s
装配前检验	1人	1	移动8m空器具到存放区	13.3	1.0	91.7
		2	移动8m搬运器具到岗位	3.1		
		3	移动4m搬运至检验台	9.4		
		4	擦拭并检验蒙皮表面	30.7		
		5	去包贴贴号并盖章	35.2		
设备节拍	1人	1	安装雷达支架并搬运到设备	21.4	1.0	81.4
		2	设备运行	60.0		
外装岗位1	2人	1	检验下部延伸件	11.3	1.0	115.5
		2	安装X253前保险杠下部延伸件	25.3		
		3	检验下部延伸装饰件	14.4		
		4	安装前保险杠下部延伸装饰件	43.6		
		5	安装左侧雾灯盖板	7.7		
		6	安装雷达到下部延伸件格栅	7.0		
		7	搬运到下一岗位	6.2		
		1	检验下部延伸件	12.9	1.0	115.7
		2	安装X253前保险杠下部延伸件	26.3		
		3	检验下部延伸装饰件	14.4		
		4	安装前保险杠下部延伸装饰件	41.2		
		5	安装左侧雾灯盖板	7.7		
		6	安装雷达到下部延伸件格栅	7.0		
		7	搬运到下一岗位	6.2		

（续）

设计/过程功能		序号	操作内容或顺序说明	平均用时/s	评价系数	标准时间/s
内装岗位1	2人	1	点检	5.2	1.0	115.1
		2	推钉检验准备	6.4		
		3	安装3个推钉	10.3		
		4	点检	6.0		
		5	检验中部加强件	10.7		
		6	安装中部加强件	14.7		
		7	检验左/右侧导向件	5.0		
		8	安装左/右侧导向件	8.9		
		9	检验拿取工具	12.8		
		10	安装前保险杠左侧加强件并固定	13.5		
		11	点检	16.0		
		12	搬运下一岗位	5.6		
		1	点检	14.1	1.0	114.4
		2	推钉检验准备	7.7		
		3	安装3个推钉	9.2		
		4	点检	6.0		
		5	检验中部加强件	11.7		
		6	安装中部加强件	19.5		
		7	检验左/右侧导向件	4.7		
		8	安装左/右侧导向件	10.6		
		9	检验拿取工具（等待）	12.8		
		10	安装前保险杠左侧加强件并固定	12.5		
		11	搬运下一岗位	5.6		
内装岗位2	1人	1	检验雷达	11.3	1.0	112.6
		2	安装雷达	14.7		
		3	检验线束	15.3		
		4	安装线束	20.7		
		5	检验格栅盖板	9.8		
		6	安装格栅盖板	9.9		
		7	检验缓冲块	8.8		
		8	安装缓冲块	9.4		
		9	点检	6.2		
		10	搬运到下一岗位	6.5		

(续)

设计/过程功能	序号	操作内容或顺序说明	平均用时/s	评价系数	标准时间/s
内装岗位2　1人	1	检验雷达	11.9	1.0	115.4
	2	安装雷达	15.0		
	3	检验线束	14.5		
	4	安装线束	20.7		
	5	检验格栅盖板	9.8		
	6	安装格栅盖板	10.6		
	7	检验缓冲块	8.2		
	8	安装缓冲块	11.6		
	9	点检	6.6		
	10	搬运到下一岗位	6.5		
外装岗位2　1人	1	安装牌照板	25.9	1.0	103.5
	2	安装螺钉	10.3		
	3	检验	55.0		
	4	贴标签	6.0		
	5	搬运到外观检验	6.3		

注：雷达提前预装有助于减少安装难度，电镀条安装时比较困难

从上述 X253 前保险杠装配作业可以看出，前保险杠装配需要 9 人作业，所有作业都能够在节拍时间 120s 内完成，瓶颈工序用时为 115.7s，有待进一步的优化。

X253 后保险杠装配作业见表 9-25，后保险杠装配配备了 10 人，其中瓶颈工序用时 117.3s，因此其编程还需要进行进一步的优化。

表 9-25　X253 后保险杠装配作业

设计/过程功能	人数	序号	操作内容或顺序说明	平均用时/s	评价系数	标准时间/s
装配前检验	1人	1	移动 8m 空器具到存放区	13.34	1	90.70
		2	移动 8m 搬运器具到岗位	2.04		
		3	移动 4m 搬运至检验台	9.44		
		4	擦拭并检验蒙皮表面	30.68		
		5	去包贴号并盖章	35.20		
外装岗位1	1人	1	检验后保险杠下部延伸件	23.71	1	80.29
		2	安装后保险杠下部延伸件	18.55		
		3	检验左侧反射条	9.52		
		4	安装左侧反射条	7.78		
		5	安装脱钩盖板	7.39		
		6	安装雷达支架及 MMS 支架	13.34		

（续）

设计/过程功能	人数	序号	操作内容或顺序说明	平均用时/s	评价系数	标准时间/s
	1人	1	设备焊接	92.00	1	92.00
外装岗位1	1人	1	检验后保险杠下部延伸件	23.45	1	75.43
		2	安装后保险杠下部延伸件	19.33		
		3	检验左侧反射条	10.26		
		4	安装左侧反射条	8.04		
		6	安装雷达支架及MMS支架	14.35		
外装岗位2	1人	1	搬运保险杠到装配线放置	5.59	1	44.04
		2	检验下部延伸电镀件	18.89		
		3	安装下部延伸电镀件	19.55		
		1	搬运保险杠到装配线放置	5.59	1	44.04
		2	检验下部延伸电镀件	18.89		
		3	安装下部延伸电镀件	19.55		
内装岗位1	2人	1	搬运到下一岗位	3.71	1	117.30
		2	点检	14.94		
		3	安装推钉3个	11.61		
		4	检验上部加强件	11.08		
		5	安装上部加强件	12.89		
		6	检验推钉	8.36		
		7	安装推钉2个	12.01		
		8	检验HFA预装件	13.21		
		9	安装HFA预装件	13.56		
		10	点检	15.93		
		1	搬运到下一岗位	4.05	1	112.28
		2	安装推钉3个	13.08		
		3	检验上部加强件	13.64		
		4	安装上部加强件	14.35		
		5	检验推钉	9.93		
		6	安装推钉2个	12.01		
		7	检验HFA预装件	15.02		
		8	安装HFA预装件	13.91		
		9	点检	16.29		

（续）

设计/过程功能	人数	序号	操作内容或顺序说明	平均用时/s	评价系数	标准时间/s
内装岗位2	2人	1	安装排气管	16.50	1	112.88
		2	固定排气管	12.68		
		3	安装雷达3个	14.70		
		4	安装MMS雷达	5.05		
		5	检验线束	15.32		
		6	安装线束	20.13		
		7	安装线卡	9.93		
		8	剪去扎带	7.45		
		9	安装雷达支架扣	8.05		
		10	点检	3.07		
		1	安装排气管	16.50	1	112.88
		2	固定排气管	12.68		
		3	安装雷达3个	14.70		
		4	安装MMS雷达	5.05		
		5	检验线束	15.32		
		6	安装线束	20.13		
		7	安装线卡	9.93		
		8	剪去扎带	7.45		
		9	安装雷达支架扣	8.05		
		10	点检	3.07		
PTS检验	1人	1	连接线束	8.60	1	63.60
		2	PTS检测	55.00		

（3）合并总成检验和总成出货工序 总成检验工序根据保险杠高低配置的不同，检验用时有一定的变化，低配置时可以在60s内完成，而高配置的保险杠需要用时75s左右。总成检验平均用时在70s左右，而总成出货一般都在40s内完成。因此，总成检验和总成出货两工序设置不合理，将两工序进行合并，操作者首先对装配好的保险杠进行检验，然后将合格的总成出货，两工序合并后，平均用时为110s左右，在生产节拍之内。

通过上述改善去除了瓶颈工序，提高了检验和总成出货率，提高了生产线的平衡率。

7. 补插单处理流程设计

为解决临时补插单造成的装配顺序混乱，设计了图9-37所示的专门补插单处理流程。当出现临时补插单时，现场管理人员将装配信息传递给软件系统，软件系统将该保险杠设为优先等级高的次序，并将其他排序单依次向后移。同时，软件系统在打印装配信息时注明该保险杠是紧急插单，人工也需在器具及小件物料配料车上挂上颜色卡以示区分。插单时刻可以分为蒙皮上自动线前、已在自动线上以及下自动线后三种类型。

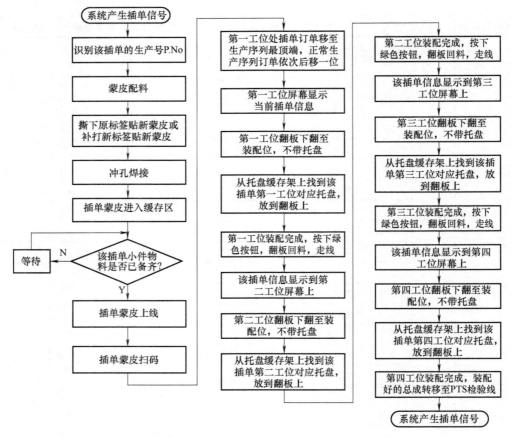

图 9-37　专门补插单处理流程

（1）蒙皮上自动线前的插单　蒙皮上自动线前进行插单，处理的第一步就是从蒙皮库存区取出对应的蒙皮，其插单处理流程如图 9-38 所示。

（2）蒙皮已在自动线上的插单　当蒙皮已经在自动线上时，插单处理流程如图 9-39 所示。

（3）产品下自动线后的插单　此过程出现插单情况时，需要在计算机接口处进行取消单和插单操作。产品在自动线上装配，但是小件物料托盘不走亮灯系统和输送线，而是直接将零件配送至装配线现场。

9.6.5　改善效果

（1）缩短了交货周期　改善前该产品的月需求量为 8820 件，每月工作 21 天，则每天产量为 420 件，在制品及库存数量为 260 件，交货周期为 260 天/420 = 0.6 天。改善后在制品及库存数量为 80 件，平均日产量是 420 件，交货周期为 80 天/420 = 0.2 天。

（2）提高了生产线平衡率　改善前生产线平衡率为 82%，平衡损失率达到 18%；改善后各工序时间见表 9-26，生产线平衡率为

第 9 章 生产管理

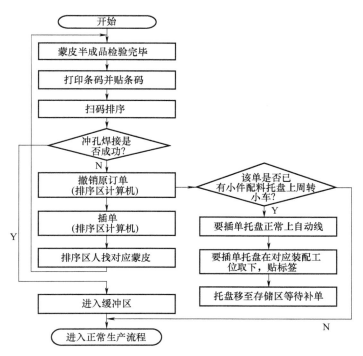

图 9-38 蒙皮上自动线前插单流程

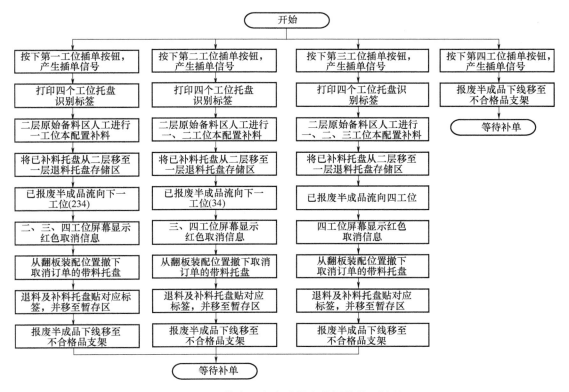

图 9-39 蒙皮已在自动线上的插单处理流程

$$\eta = \frac{\sum_{i=1}^{n} CT_i}{n \max\{CT_i\}} \times 100\%$$

$$= \frac{110 + 98 + 110 + 115 \times 9 + 110}{13 \times 115} \times 100\%$$

$$= 97.8\%$$

表 9-26 改善后各工序时间

工序名称	漆件出库和检验	激光切割	预冲孔焊接	装配	总成检验和总成出货
人数	1	1	1	9	1
时间/s	110	98	110	115	110
合格率（%）	100	99	98	99	100
班次（天）	2	2	2	2	2

（3）提高了增值时间比例 判断改善后各工序是否属于增值活动，计算增值时间比例，见表 9-27，由此可知，改善后增值活动增多，增值时间由原来的 75.34% 提升到 84.96%，改善效果显著。

表 9-27 改善后各工序是否为增值活动判断表

序号	作业名称	作业时间/s	是否增值
1	漆件出库和检验	110	否
2	激光切割	98	是
3	预冲孔焊接	110	是
4	装配	115×9	是
5	总成检验和总成出货	110	否
	总计	1463	

（4）减少了人工数量 通过取消装配过程中的半成品库存，减少了半成品入库和半成品出库人员与检验操作，减少了 3 名操作者；通过合并漆件出库和检验作业，减少了一名操作者；通过合并总成检验和总成出货作业，减少了一名操作者。因此，共减少了 5 名操作者，员工数量由原来的 18 人减少为 13 人，若每人每月工资按 4000 元计算，则每年可减少人工费用 24 万元。

改善前后直接效益对比见表 9-28。

表 9-28 改善前后直接效益对比

序号	名称	改善前	改善后
1	交货周期（天）	0.6	0.2
2	生产线平衡率（%）	82	97.8
3	增值时间比例（%）	75.34	84.96
4	人工数量（人）	18	13

9.7 本章小结

对生产进行管理的目的是高效地生产合格产品，提供令顾客满意的服务。通过生产组织工作，按照企业目标要求，设置技术上可行、经济上合算、物质技术和环境条件允许的生产系统；通过生产计划工作，制订生产系统优化运行方案；通过生产控制工作，及时、有效地调节企业生产过程内外的各种关系，使生产系统的运行符合既定要求，实现预期的品种、质量、产量、出厂期限和生产成本的目标。

本章通过上述五个案例，分别从车间设施布局优化、淡旺季生产与库存的定量解决、生产计划的制订等方面，对生产管理进行了深入的分析和讲解。通过本章的学习，能够加深对生产管理基本思想的领悟，提高将生产管理的具体方法应用到实际生产中的能力。

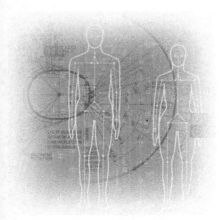

第 10 章 人因工程

10.1 概述

人因工程学（Ergonomics）也称为人类工程学或生物工艺学、人体状态学，其命名充分体现了该学科是"人体科学"与"工程技术"的结合，是人体科学、环境科学不断向工程科学渗透和交叉的产物，是一门使技术人性化的科学，即将人作为产品设计的出发点，使产品性能更好地满足人们的生理和心理需求，进而使人们的生活和工作更安全、更便捷、更舒适、效率更高。

人因工程学作为一门由多种学科交叉形成的工程技术学科，涉及学科众多，如生理学、心理学、解剖学、管理学、工程学、系统科学、劳动科学、安全科学、环境科学等，应用领域十分广阔。该学科在对人—机—环境系统的研究中，以提高人的绩效（Human Performance）为中心，研究人同机器、环境的相互作用及其合理组合，运用系统工程学分析方法，探索在合理、可行的条件下，既能保证人的安全、健康与舒适，又能达到系统总体性能（安全、高效、经济）优化的目标。为此，人因工程学要求在任何人—机—环境系统的设计与实际运行中，都要充分考虑人的因素，即人的特点、能力及其限度，做到机器、作业与环境适合于人，而人又适应于机器、作业与环境，使系统整体协调。

本章通过以下几个案例，探讨人因工程学在社会生产与生活各方面中的运用。

10.2 城市公交车的人因工程设计

10.2.1 案例背景

随着人们生活水平的不断提高，公交车已经不再是简单的代步工具，更人性化、使用更方便、更智能化的车辆将成为新一代公交车发展的方向。作为城市窗口的公交车，其人因工程设计目前还仅局限在车辆座椅的舒适性、操纵部件布置合理等方面，以人为本、智能驾驶、安全驾驶等是未来公交车发展的方向。为此，各大车辆生产厂商都在从人性化的角度对车辆进行改进设计，以满足人们的美好乘车愿望。

10.2.2 现状及问题分析

1. 公交车栏杆、扶手调研

现有公交车的车门扶手、栏杆基本为直杆斜置设计，车厢内扶手及栏杆一直沿用与地板垂直的布置方式，如图10-1所示。这种设计只能满足中等身材乘客的需求，站在中间台阶上手握栏杆时，腕部受力角度符合人体工程学的要求；若站在最低和最高台阶上，则腕关节处手臂与栏杆的夹角不符合人体工程学的要求，若遇公交车紧急制动时，会因用力过大而造成腕部受伤。

这种设计是以车本身而不是以人本身为出发点，是以安装方便而不是以使用方便为考量，不能满足不同身高的人乘坐公交车的安全需要，常常会出现身材较矮的人抓持费力，而身材较高的人虽握持住栏杆但用不上力的情况。从人因工程学的角度来讲，无论是身材较高的人还是身材较矮的人，用手握着完全铅垂或水平的栏杆都容易产生疲劳感，特别是在紧急制动的情况下若用力过大，则很容易造成腕部受伤，不符合人在站立时腕部、手臂舒适性的要求。调查时，乘务人员普遍反映在新车交付使用4~5个月后，公交车栏杆上的防滑橡胶管套与金属栏杆间会出现间隙，防滑橡胶管套在杆件上很容易产生转动、滑动现象，反而起不到防滑的作用。

2. 驾驶员小环境调研

公交车内驾驶员小环境如图10-2所示，目前的布局存在如下问题：后视镜不便于观察，特别是右后视镜。经试验测量，身高170cm的驾驶员需要将身体向前探约20°，才能不受前右立柱的遮挡而看到右后视镜中的物体。

图10-1 公交车车厢内的扶手及栏杆

图10-2 公交车内驾驶员小环境

据调查，很多公交车的前风窗玻璃和驾驶员操控台之间有一个深且狭长的沟槽，此沟槽不易清理且物品容易掉落其中；转向盘直径较大，不可调节俯仰角度，且未与仪表盘整体结合；车辆脚踏板大多采用直动式整体踏板形式，容易造成脚部疲劳；很多公交车的空调系统是在后面加装的，空调的操作面板一般位于驾驶员左侧，容易造成驾驶员的左肘部意外碰触到这些操作开关而产生误操作。另外，现有公交车驾驶员座椅的设计几乎没有考虑人因工程学的应用，长时间连续驾驶时，驾驶员腰部很容易疲劳，多年驾驶公交车的驾驶员很多因腰椎、胸椎得不到有效的支承而患有不同程度的职业病，因此，解决公交车驾驶员腰部受力问题也是现行驾驶员座位设计应该改善的地方。

10.2.3 改善方案

1. 公交车栏杆、扶手的改善方案

建议将车门扶手栏杆分三段设计，分别满足乘客在上、中、下三级台阶不同位置站立时腕部受力的需要（如果车门处有两级台阶，则扶手栏杆相应设计为两段）。同时，应该布置高度分别为 90cm 和 120cm 的上下两种栏杆，以满足不同身高乘客的使用要求，另外，在车门扶手、栏杆之间最好采用平滑设计，且不应出现尖角。对于车厢内扶手及栏杆的设计，根据 95% 的我国人口生理特点，由地板平面到高度为 175cm 之间的这段竖杆仍然为竖直杆，将高度 175cm 以上的竖直杆改为向车顶两侧过渡的渐变圆弧杆，以适应不同身高乘客的需要，而栏杆上的防滑部分最好采用直接在管材上加工出防滑花纹的形式。改善后车厢内的栏杆及扶手如图 10-3 所示。

图 10-3 改善后车厢内的栏杆及扶手

2. 驾驶员小环境的改善方案

驾驶员小环境的改善包括后视镜、前风窗玻璃下沿沟槽、转向盘、脚踏板及仪表按键的改善。由于公交车的右后视镜是驾驶员观察进出站及乘客上下车情况的主要工具，同时公交车的车身普遍比较长，因此，右后视镜应选用变弧度的大面积镜片，且安装位置应根据不同车型驾驶员的座位及驾驶姿态等进行具体设计，以达到观察方便、准确的目的。随着电子产品性价比的不断提高，可在右后视镜的支架上加装一广角摄像头，同时将相应显示屏设置在仪表盘上，以方便驾驶员在高峰时间更好地掌握车外情况。前风窗玻璃采用内弧面形状，应用较先进的模具制造工艺和安装方法制造与前风窗玻璃造型相适应的操控台总成，以消除前风窗玻璃下沿沟槽难以清洁的问题。转向盘表面采用耐用的、略微粗糙的材料增加摩擦系数，以降低驾驶员的操作强度，可以采用手动调节俯仰角度的转向盘，以适应不同身材驾驶员的要求。对于脚踏板的设计，随着车用电气设备的不断发展和普遍应用，城市公交车最好使用线控踏板，线控踏板可采用单曲柄式脚掌踏板，以达到减小操作力度，消除驾驶员脚部疲劳，提高操控灵敏度的目的。为了避免驾驶员的左脚在不操作离合器的时候产生疲劳感，可以在离合器踏板的旁边安装与驾驶员腿部生理结构相适应的搁脚踏板。仪表盘应根据新一代公交车的特点以及各种仪表按键的功能、利用率、优先级别、易操作程度等进行重新规划设计，以减少驾驶员的疲劳感，同时应考虑在白天、夜晚不同光源下阅读仪表的方便性和安全性等问题。改善后驾驶员小环境如图 10-4 所示。

图 10-4 改善后驾驶员小环境

3. 座椅的改善方案

（1）驾驶员座椅　可进行胸椎、腰椎的支承调节，臀部坐垫应依据人体设计渐变弧面及通风槽。另外，驾驶员的坐姿应可以变换调节，从而避免驾驶员的腰背肌肉和椎间盘产生疲劳。

（2）乘客座椅　胸椎、腰椎可得到支承，臀部坐垫应依据人体设计渐变弧面及通风槽，配合座椅设计柔性的储物仓、挂钩等辅助装置，以方便乘客使用。

（3）与内饰相协调　座椅的颜色、造型等应与整体内饰相协调，应与乘客舱内其他部分统一设计，以达到浑然一体的效果。

4. 增设方便轮椅上下车的踏板

在特殊线路运营与特殊用途的公交车上，应采用低地板设计，在比较宽大的车门处加装可以操控伸缩的无障碍踏板，以方便乘坐轮椅的人士或老年人、孕妇等行动不便的人士上下车，如图10-5所示。

图10-5　可伸缩的无障碍踏板

10.3　基于人因工程学的"双通道"出纳台设计

10.3.1　案例背景

随着经济的发展，银行等金融机构的业务量不断增加，在业务大厅经常可以看到多达十几人甚至几十人排队的现象。这是由多方面的原因造成的，出纳台设计不尽合理就是原因之一。对于银行出纳人员而言，出纳台设计不合理一方面会导致其工作效率不高；另一方面，长久的、不合理的上肢操作容易使其患上腕管综合征（CTS）等多种职业病，对他们的身体健康造成了一定程度的威胁。对于顾客而言，长久的等待不仅会造成其身心疲惫，更为严重的是浪费了宝贵的时间。所以，在银行大厅里经常可以听到顾客不满的议论。虽然增加设施和人员可以解决这一问题，但设施和人员的增加需要大量的经济投入，同时解决的过程也需要较长的时间。本案例着眼于这个问题，提出了出纳台设计的改善方案。

10.3.2　现状及问题分析

1. 现有出纳台的结构

我国银行业务多为现金结算，为防止不法分子对银行等金融机构进行攻击，银行出纳员与顾客之间由阻隔玻璃隔开，这些玻璃一般由高强度的防弹材料制成，从而可有效地阻止不法分子的攻击。顾客与出纳员之间的结算业务是通过如图10-6所示的嵌入台面的"凹"字形槽进行的，这种设计最大的优点就是安全，当受到不法分子的攻击时，不法分子不能用枪支直接攻击出纳人员，起到了保障国家财产安全和保护银行工作人员人身安全的作用。因此，这种出纳台一经出现立即就被广泛采用。

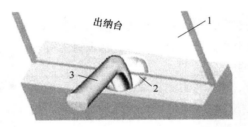

图 10-6　改善前出纳员手臂动作示意图
1—玻璃窗　2—通道　3—弯曲的手臂

2. 现有出纳台设计的不足

（1）容易引起职业病　出纳台设计不当，会引起出纳员上肢动作不当，如腕部过度弯曲。这些不当的动作会导致多种相关职业病，如腱鞘炎、腱炎、骨膜炎、痛性腱鞘和狭窄性腱鞘炎等，一般称为重复性累积损伤病征（Cumulated Trauma Disorder，CTD）。由于出纳台通道设计成"凹"字形，出纳员拿取钱时会引起腕部过度弯曲（弯曲量接近90°）。当手腕处于这一状态时，腕肌腱弯曲，若多次重复工作（出纳员每天要重复数百次这个动作），容易造成腕道内腱鞘发炎、肿大，压迫神经使其受损，导致腕道综合征。因此，出纳台设计应该充分考虑到工作人员的动作要求，使出纳员的手臂处于顺直状态，避免腕部过度弯曲。

（2）钱款和单据出入不便　出纳台设计应该使出纳员作业时动作合理、感觉舒适。好的出纳台应该使出纳员在操作时前臂能够自由放置、移动，同时上臂处于自然悬垂状态。现有出纳台由于受到"凹"字形通道的影响，顾客把钱款或单据交给出纳员时，出纳员在拿取钱款时很不方便，同理，当出纳员把钱款或单据交给顾客时，同样会受到"凹"字形通道的影响，顾客也较难将钱款和单据取出。

（3）影响下一轮业务结算过程　当出纳员将单据和钱款交给顾客时，顾客常常为核对钱款和单据在通道前站立很久，影响下一位顾客上前接受服务，此时，银行出纳员和下一位顾客都处于等待状态，只有当上一位顾客核对完毕，离开出纳台通道口后，下一位顾客才能上前接受服务。因此，在顾客核对钱款和票据时，最好能够引导顾客让开出纳台的通道口，站到出纳台一侧，不至于影响下一位顾客上前接受服务。

10.3.3　改善方案

通过研究，设计了双通道出纳台，此时出纳员手臂动作示意图如图 10-7 所示，其通道结构剖面图如图 10-8 所示。改善后的出纳台具有以下特点：

1）出纳台有两条通道（一条出通道，一条进通道）。出通道设计在出纳台的右侧；进通道设计在出纳台中部偏左的位置。

2）两条通道（见图 10-7 中的 2、4）分别设计成"⌐"形和"⌐"形。通道由顺直（见图 10-8 中的 3）和弯曲（见图 10-8 中的 1）两部分组成，且顺直部分设计出一个微微抬起的斜坡（见图 10-8 中的 4）。弯曲部分使不法分子不能将枪支对准出纳员，顺直部分使出纳员的手臂保持顺直，斜坡使钱款不易滑落。

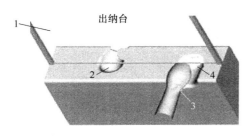

图 10-7　改善后出纳员手臂动作示意图
1—玻璃窗　2—进通道（顺直部分）
3—顺直的手臂　4—出通道（弯曲部分）

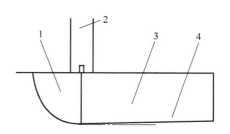

图 10-8　通道结构剖面图
1—通道弯曲部分　2—玻璃窗
3—通道顺直部分　4—斜坡

10.3.4　改善效果

1. 减轻了疲劳，提高了工作舒适度

在新的出纳台设计中，进通道设计成半"凹"字形槽，有一面直通向出纳员，出纳员取单据或钱款时，手腕处于顺直状态，提高了其工作舒适度，减轻了工作疲劳度，降低了患腕部病征的风险。

2. 提高了工作效率

业务结算过程中，顾客从进通道将钱款或单据交给银行出纳员，出纳员从出通道把钱款和单据交给顾客，避免了顾客在拿到单据和钱款后因为需要核对而滞留在通道前，影响下一位顾客上前接受服务的情况。图 10-9a 所示为改善前流程时间示意图，图 10-9b 所示为改善后流程时间示意图，由此可见，改善后缩短了等待时间，从而减少了流程时间，提高了业务办理效率。

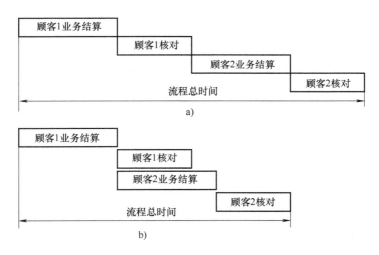

图 10-9　改善前后流程时间对比
a）改善前　b）改善后

10.4 某冲压厂冲压工艺人因工程改善

10.4.1 案例背景

随着生活水平的提高，人们对工作环境和工作质量提出了更高的要求。制造业人员流动较大，人员招募及管理日趋困难，其中最主要的原因之一就是工作环境较差。本案例以某冲压厂的冲压工艺为研究对象进行人因工程改善。该工艺过程涉及撕膜工站、上料冲压除废料工站、检查/包装工站三个工站，进一步可细分为冲孔、撕膜、上料、精冲孔、半检挂耳、全检、包装等工序，其操作过程和移载过程均为手工操作。整个操作过程中的手工取放、手动操作、转身等动作较多，违背了操作经济性原则，需要对其进行改善。

10.4.2 现状及问题分析

1. 撕膜、上料工序的改善

由于待加工铝材外有一层用于表面保护的 PE 膜，加工前需要人工将其剥离，再用双手抓取铝材伸入模腔内实现上料动作。通过实地调查，得出的撕膜、上料工序作业情况见表 10-1。

表 10-1 改善前撕膜、上料工序作业情况

作业工站	人数	作业动作	频率 [次/(天·人)]
撕膜工站	1	手部施力	6900
		一臂以 31cm 的距离前后移动	6900
		腰部旋转 45°前倾	6900
		头部前倾、下垂动作	6900
上料	1	手部握取动作	15120
		两臂腾空弯曲动作	6900
		两臂旋转 90°移动	6900
		弯腰前倾、单边腰部旋转	6900
		头部前倾、旋转 90°动作	6900

由表 10-1 可见，撕膜工站和上料工站作业动作单一，员工工作负荷量大，易产生疲劳，且造成肩颈痛的头部动作平均为 6900 [次(天·人)]，腰部旋转动作平均为 6900 [次(天·人)]。进一步发现，PE 膜的作用是保护铝材表面，运用"5W1H"方法对其进行提问，提出用衬纸代替 PE 膜，因为衬纸有着与 PE 膜相似的保护铝材表面的作用，与供应商协商后，改为用衬纸包装，且可用风枪吹除衬纸后再上料。用风枪吹除衬纸后，由于使用了夹持式手爪，夹产品时会导致产品变形和出现夹痕，因此，改为采用对产品表面无影响的吸盘式真空吸附方式进行上料。为了使片料分离，方便吸取，风枪 1 用于消除片料间的真空，风枪 2 用于使片料分离，进一步试验发现，当风枪口仰角为 5°、气压为 5kg 时效果较为理想。改善后撕膜、上料工序作业情况见表 10-2。

表 10-2 改善后撕膜、上料工序作业情况

作业工站	人数	动作	频率[次/(天·人)]
撕膜工站	0	手部施力	0
		右臂前后移动 31cm	0
		弯腰前倾、单边腰部旋转	0
		头部前倾、下垂动作	0
上料工站	1	手部握取动作	504
		两臂腾空弯曲动作	230
		两臂旋转 90°移动	230
		弯腰前倾、单边腰部旋转	230
		头部前倾、旋转 90°动作	230

2. 手动移载工序的改善

手动移载工序是当员工手动操控压力机时，需要人工取放产品，并移载到下一工站，每完成一次冲压，人手伸入模腔两次，存在极大的安全隐患。通过调查得出，改善前手动移载工序作业情况见表 10-3。由此可见，该工序动作单一，转腰握取频率较大，极易造成工人疲劳。为此，应对该工序进行改善，改善方案是采用机械手代替人手，备选的机械手方案有三个，见表 10-4。

表 10-3 改善前手动移载工序作业情况

作业工站	人数	动作	频率[次/(天·人)]
冲压作业	5	手部握取动作	15120
		两臂腾空弯曲动作	6900
		两臂旋转 90°移动	6900
		弯腰前倾、单边腰部旋转	6900
		头部前倾、旋转 90°动作	6900

表 10-4 三种机械手方案对比

方案名称	开发成本（万元）	配套设备	占用空间/m²	导入周期（月）	人数	UPH (pcs/h)
机器人联机	213.75	6 台 110T-C 型压力机	130	3	1	500
连杆机械手	98.5	6 台 110T-C 型压力机	110	3	1	550
三次元机械手	101.9	1 台 300T 型压力机	12.04	2	1	650

由表 10-4 可知，三次元机械手具有成本较低、配套设备少、占用空间小、导入周期相对较短和每小时产量（UPH）相对较高等优点，因此，综合对比分析后选定的改善方案为用三次元机械手代替人手操作，改善后冲压作业不再需要人工操作，杜绝了安全隐患。

3. 除废料工序的改善

除废料工序是人工冲压完成后，员工弯腰用铁棍捅出模具垫脚下的废料，花费时间大约

为 0.5h。通过实地调查，改善前除废料工序作业情况见表 10-5，由此可知，该工序员工的劳动强度较大，应改为自动除废料。为了实现自动除废料，需要将环形废料斩断，斩断时主刀口负责斩断废料，侧刀口挤住废料以防止跳料，如图 10-10 所示。为了实现废料的自动排出，可采取的方案有两种，见表 10-6。

表 10-5　改善前除废料工序作业情况

作业工站	人数	动作	频率 [次/(天·人)]
除废料	5	手部施力抓握	1320
		手臂前后运动 70cm	1320
		前倾 45°弯腰	1320

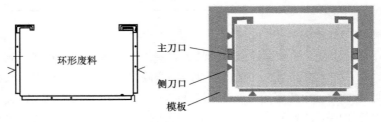

图 10-10　模内斩废料示意图

表 10-6　两种自动排料方案对比

排料方案	传送带方式排出废料	振动方式排出废料
单套成本（元）	每根传送带 2000，每台压力机平均有 8 根传送带，共计 16000	2500
方案简介	用传送带将废料排出	气缸带动连杆来回抖动，废料与连杆固定，废料盘随着连杆抖动，将废料排出料槽
回收周期（月）	6	1
优点	迅速，及时	迅速，及时
不足	成本太高	有轻微的振动噪声

尽管振动方式除废料机构有轻微的振动噪声，但其在成本上有着较大的优势，故选择振动方式自动排出废料。

10.4.3　改善方案

1) 通过改善撕膜、上料工序，降低了工人的劳动强度，保护了工人的身心健康。

2) 通过对手动移载工序的改善，单位小时产能提高了 200，减少了 4 名操作人员和 4 台设备，同时减少了作业疲劳，消除了安全隐患，具体改善效果见表 10-7。

3) 通过采用自动除废料装置，提高了生产效率，消除了安全隐患。

表 10-7　改善效果汇总

项　目	改　善　前	改　善　后
UPH（pcs/h）	300	500
人力（人）	9	5
设备（台）	5	1

10.5　本章小结

　　人因工程是研究人的特性及工作条件如何与机器相匹配的科学。它把人和机器视为一个有机系统，指出机器应该具有什么样的条件，才能使人付出适量的代价就可获得整个系统的最佳效益。人因工程不仅涉及工程技术理论，还涉及人体解剖学、生理学、心理学以及劳动卫生学等。将人因工程运用到实际工作中，可以创造出最佳的工作环境和最适宜的工作条件，实现人机高度协调统一。

第 11 章
现场改善

 11.1 某快餐店供餐水平和就餐环境改善

11.1.1 案例背景

某快餐店规模中等,就餐高峰期经常出现拥堵、等待等现象,为此顾客经常怨声载道,严重影响了该店的信誉和利润。为此,店长决定将 IE 知识运用到该快餐店中,通过改善该快餐店厨房的工作环境和顾客的就餐环境,减少用餐拥堵、等待现象,提升该快餐店的整体运作效率。

11.1.2 现状及问题分析

为了提高该快餐店的整体运作效率,通过实地调查,运用因果图(见图 11-1)对该快餐店进行了要因分析,发现影响就餐运作效率的原因是清洗器具过程耗时较长,影响了上菜、装盘等其他工序的作业效率;员工作业环境照明情况不够理想,视觉疲劳强度过高且生产效率低下。为此,本案例将分别从流程方面和人因方面对相关问题进行分析改善。

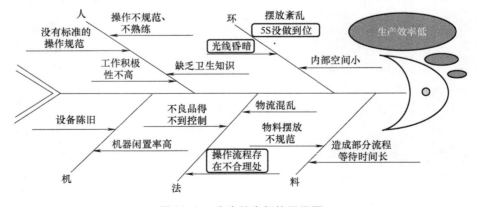

图 11-1 生产效率低的因果图

1. 作业流程现状调查

通过实地调查发现,就餐高峰期员工严重不足,经常出现一个员工同时兼职几份工作的情况,其中,最缺乏厨房清洗餐饮器具的员工。因此,将改善重点放在清洗器具这道工序上,清洗器具的整个流程耗时60s,共需要三个员工,平均每个员工的操作时间为20s,其操作流程如图11-2所示。

除此以外,在清洗器具的过程中,还经常出现厨余堵塞、员工摔倒和滑倒等现象,既严重影响了厨房的工作环境,又对员工的身心健康造成了较大威胁。

2. 照明现状调查

根据人因工程的相关理论,在照明不好的情况下,人很容易产生视觉疲劳,从而导致工作效率低下。照度与相对视觉疲劳的关系见表11-1,照度与相对视觉疲劳和生产效率之间增长的关系如图11-3所示。

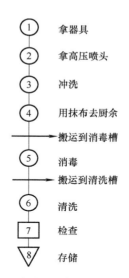

图11-2 清洗器具操作流程(改善前)

表11-1 照度与相对视觉疲劳的关系

照度/lx	10	100	1000
开始及最后5min眨眼次数(次)	35~60	35~46	36~39
最后5min眨眼次数增加百分数(%)	71.5	31.4	8.3

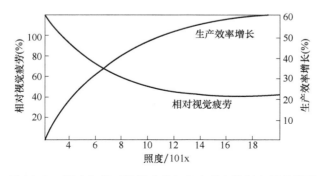

图11-3 照度与相对视觉疲劳和生产效率增长之间的关系

光通量是最基本的光度量,可以定义为单位时间内通过的光量,单位为流明(lm),利用光电管可测量光通量。

照度是被照面单位面积上所接受的光通量,单位为勒克司(lx)。其计算公式为

$$E = \frac{\Phi}{S} \tag{11-1}$$

式中 E——照度(lx);

Φ——光通量(lm);

S——被照物体表面积(m^2)。

当点光源照射到某物体表面时,该表面上的照度用式(11-2)计算:

$$E = \frac{I\sin\theta}{d^2} \tag{11-2}$$

式中 θ——被照物体表面法线与点光源照明方向的夹角(°);
　　d——被照面与点光源之间的距离(m);
　　I——点光源发光强度(cd)。

根据式(11-2)可求出该快餐店的平均照度为64lx,由图11-3可知,在该照度下,员工的视觉疲劳强度约为165%,生产效率约为78%。由于平均照度过低,导致员工的视觉疲劳强度增大,生产效率过低。

11.1.3 改善方案

1. 清洗器具作业流程的改善

对厨房清洗器具作业流程进行分析可知,"用抹布去厨余"这一步骤耗费了大量的时间,需要对这一个环节进行改善。改善措施是去掉该工序,改为高压冲洗,用高压水枪将厨余冲洗到胶筐中,保证地面没有残余的厨余。除此以外,在地面增加过滤地毯,防止胶筐漏出的厨余造成地面湿滑,以防员工不小心滑倒。改善后,厨房清洗器具作业所需员工为三人,平均每个员工的操作时间为13s,其操作流程如图11-4所示。

2. 照明情况的改善

查阅相关资料可知,国家规定的建筑照明设计标准见表11-2,照明功率密度的标准值是15W/m²。该快餐店面积为200m²,目前共有荧光灯16盏,每盏灯有2个灯管,每个灯管的功率为40W。因此,照明功率密度为

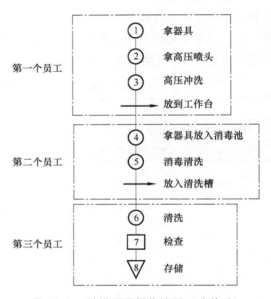

图11-4　清洗器具操作流程(改善后)

$$照明功率密度 = \frac{16 \times 2 \times 40}{200} W/m^2 = 6.4 W/m^2$$

表11-2　建筑照明设计标准(摘自GB 50034—2013)

项目	平均照度值/lx	照明功率密度/(W/m²)
标准值	150	15
最低值	100	10

目前,该快餐店没有达到国家标准规定的照明标准值,应通过增加荧光灯数量来提高照度,以达到国家照明标准规定的最低值。假设增加 a 盏荧光灯可以达到国家照明标准要求,则有

$$\frac{(16+a) \times 2 \times 40}{200} \text{W/m}^2 = 10 \text{W/m}^2$$

解得 $a=9$，故需要增加 9 盏荧光灯才可以满足照明要求。

每盏荧光灯管的光通量为 400lm，根据式（11-1）计算得到快餐店改善后的平均照度值为

$$E = \frac{\varPhi}{S} = \frac{400 \times 25 \times 2}{200} \text{lx} = 100 \text{lx}$$

当照度增加到 100lx 时，根据图 11-3 得出员工的视觉疲劳强度降低为 130%，生产效率可提高到 88%。

11.1.4 改善效果

1. 节约了清洗器具的时间

清洗器具作业流程改善前后效果对比见表 11-3。该快餐店每天需要清洗器具总量为 2425 个，改善后每天节约时间约为 $2425 \times (20-13) \text{s}/3600 \text{s/h} = 4.7 \text{h}$。

表 11-3　清洗器具作业流程改善前后效果对比

	作业人数	完成总时间/s	平均完成单个时间/s
改善前	3	60	20
改善后	3	39	13
改善效果	0	21	7

2. 减少了视觉疲劳，提高了生产效率

照明环境改善前后效果对比见表 11-4，由表可知，通过改善，视觉疲劳强度从 165% 降低为 130%，生产效率从 78% 提高到 88%。

表 11-4　照明环境改善前后效果对比

	平均照度/lx	视觉疲劳强度（%）	生产效率（%）
改善前	64	165	78
改善后	100	130	88
改善效果	36	35	10

11.2　某电子科技公司成形车间流程改善

11.2.1　案例背景

某电子科技公司生产各式电子产品，包括计算机、手机、打印机等。目前，该公司的主要工艺大致有成形、冲压和组装三个部分。其中，成形是整个生产过程中的瓶颈工序，影响了整个公司的产能，因此，本案例着重对成形车间存在的问题进行改善，以提高整个公司的产能。

11.2.2 现状及问题分析

成形车间目前的部分布置简图如图 11-5 所示,物流路线如箭头所示,其中 E 线的产能最低,效率最差,成为整个成形车间的生产瓶颈,为此对 E 线进行重点改善。据调查,E 线出货流程如图 11-6 所示,现有各个工序时间见表 11-5。

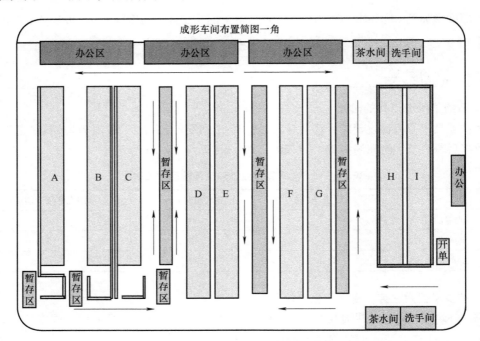

图 11-5　成形车间部分布置简图

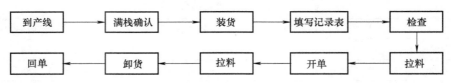

图 11-6　改善前 E 线出货流程

表 11-5　改善前 E 线各工序时间

序　号	工序作业内容	时间/s	比　例
1	到生产线	49	0.076
2	满栈确认	108	0.167
3	装货	14	0.022
4	填写记录单	62	0.096
5	检查	62	0.096
6	拉料	61	0.094
7	开单	197	0.304

(续)

序　　号	工序作业内容	时间/s	比　　例
8	拉料	47	0.072
9	卸货	24	0.037
10	回单	23	0.036
总计		647	1

从表 11-5 中的数据可以看出，开单和满栈确认这两道工序所需要的时间最长，分别占整条生产线生产周期时间的 30.4% 和 16.7%，成为 E 线的瓶颈工序，影响了整条生产线的产能。为此，重点对这两个工序进行改善，达到缩短瓶颈工序的作业时间，增加整条生产线产能的目的。

11.2.3　改善方案

1. 针对开单工序的改善

开单工序流程如图 11-7 所示，运用"5W1H"提问技术对开单流程进行改善。

图 11-7　开单工序流程

问：为什么开单工序花费时间长？
答：因为开单员在 Excel 中查找产品记录费时。
问：为什么查找产品记录费时？
答：因为产品太多，需要开单员高度集中注意力逐条进行查找。
问：为什么需要逐条进行查找？
答：因为每一种产品没有自己的标识，也没有可以快速检索的系统。
问：有无更快捷的方法？
答：有。可以为每一种产品贴上专属的条码标签，建立对应的管理信息系统。

通过"5W1H"提问技术，找到了问题的真正原因，同时也找到了对应的解决方案，即为每一种产品贴上条码标签，并建立相应的产品管理信息系统。产品入库时扫描条码，将信息录入管理信息系统数据库，开单时只需要检索需要的产品，即可快速查询相应产品记录。为此，设计了产品管理信息系统，其结构和功能如图 11-8 所示。

2. 针对满栈确认工序的改善

满栈确认工序所需要的时间也很长，远远超出其他工序的作业时间，因此也需要对这一工序进行改善。同样，对这一工序运用"5W1H"提问技术，找出造成满栈确认作业时间长的原因。

问：为什么满栈确认工序的作业时间长？
答：因为作业员需要一个栈板一个栈板地来回确认，以找出已经满栈的栈板。
问：为什么作业员需要来回寻找满栈的栈板？

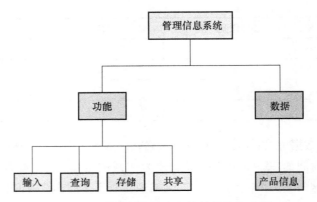

图 11-8　产品管理信息系统的结构和功能

答：因为栈板满栈的概率是随机的、不可预测的，而且没有标识可以马上确认栈板是满栈的。

问：是否有方法可以立即确认栈板处于满栈状态？

答：有。

通过三个回合的问答，找到了满栈确认工序作业时间长的真正原因，即栈板满栈后没有明确、醒目的标识，需要作业员一个一个地来回进行确认。因此，改善目标是为满栈的栈板提供一个醒目的标识，从而减少作业员确认栈板满栈的时间。经过头脑风暴，得出三种解决问题的方案：

1) 用红旗做标识。一旦栈板满栈，负责堆栈的员工就在栈板上插一面红旗，表示此栈板已经处于满栈状态，而满栈确认作业员只需寻找有红旗标识的栈板即可，这样可以节约大量寻找时间。

2) 将填写记录单和标识工序进行合并。这种方案是在上一方案的基础上稍做改善，即生产线员工在栈板满栈时，不仅需要将醒目的红旗标识置于栈板上，还需要同时填写产品记录单并附上，这样，满栈确认之后就不需要再填写记录单了。

3) 引入类似医患联络系统中护士呼叫仪的系统和设备。当栈板处于满栈状态时，生产线员工按一下栈板附带的设备，满栈确认的作业员收到栈板满栈的信息，并根据设备上显示的栈板信息快速找到满栈栈板。

对以上三种改善方案进行分析比较，最终选择方案二作为改善方案。另外，运用"ECRS"原则对 E 线各工序进行分析，发现第五道检查工序属于重复动作，可以取消。通过以上各环节的改善，得到 E 线改善后的出货流程，如图 11-9 所示。

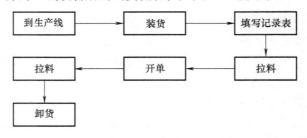

图 11-9　改善后 E 线出货流程

11.2.4 改善效果

E 线改善前后效果对比见表 11-6。

表 11-6 E 线改善前后效果对比

序号	改善前		改善后	
	作业内容	时间/s	作业内容	时间/s
1	到生产线	49	到生产线	49
2	满栈确认	108	装货	14
3	装货	14	填写记录单	50
4	填写记录单	62	拉料（到开单处）	61
5	检查	62	开单	10
6	拉料	61	拉料（到码头或存储区）	47
7	开单	197	卸货	24
8	拉料	47		
9	卸货	24		
10	回单	23		
	总计	647	总计	255

由表 11-6 可知，改善后工序总数由 10 个降至 7 个，减少了 3 个；周期时间大大缩短，由 647s 降至 255s，减少了 392s，生产周期缩短率为 60.6%。通过改善，缩短了 E 线的生产周期，提高了 E 线的产能和生产效率。

11.3 某电子科技公司电路板制造车间效率改善

11.3.1 案例背景

某电子科技公司是全球最大的电子产品专业制造商之一，从事计算机、通信、汽车零部件等产品的生产，公司拥有数十万员工及全球顶尖 IT 客户群，在中国、日本、美洲和欧洲等地拥有上百家子公司和派驻机构。本案例以该公司电路板制造车间为研究对象进行改善，该车间分为三个工段，分别为 SMI 工段、AI 工段与 MI 工段。其中，MI 工段是该车间中自动化程度最低的工段，本次重点针对 MI 工段 CD01 线的某一机种进行改善，其目的是提高工段生产效率。

11.3.2 现状及问题分析

经过实地调查，用秒表测时法对 MI 工段进行工时测定，其结果见表 11-7。MI 工段 CD01 线平衡率为 78.8%，在线总人数为 34 人，每小时产量 UPH（Units Per Hour）为 610，人均小时产量 UPPH（Units Per People Per Hour）为 17.94，生产线线体总长为 45.63m，通过进一步调查研究，发现该生产线有13m均为无效运输即产品形态没有本质上的改变，生产现场标识不清晰，物品杂乱放置，造成在制品数量增多。

表 11-7 MI工段工时测定统计分析表

工段	工序	序号	工序名称	平均测量时间/s	实际测量时间/s	作业时间/s	工站数	人力配置	宽放率	工时/s	连片数	单片需件数	平衡时间/s	各站UPH（件）
MI	DIP	1	扫描分板	3.97	3.97	7.57	1	1	5%	7.95	2	0	3.97	906
		2	投板	5.27	5.27	10.03	1	1	5%	10.53	2	0	5.27	684
		3	插件1	5.36	5.36	20.40	1	1	5%	21.42	4	3	5.36	472
		4	插件2	5.50	11.01	20.97	2	2	5%	22.02	4	4	5.50	654
		5	插件3	4.78	4.78	9.10	1	1	5%	9.56	2	3	4.78	754
		6	插件4	4.81	4.81	9.17	1	1	5%	9.63	2	2	4.81	748
		7	插件5	5.49	5.49	20.93	1	1	5%	21.98	4	1	5.49	455
		8	插件6	4.77	4.77	9.08	1	1	5%	9.53	2	2	4.77	755
		9	插件7	5.00	5.00	9.53	1	1	5%	10.01	2	2	5.00	728
		10	插件8	4.45	4.45	6.47	1	1	5%	8.89	2	2	4.45	818
		11	插件9	4.41	4.41	8.40	1	1	5%	8.82	2	2	4.41	816
		12	插件10	4.45	4.45	8.47	1	1	5%	8.89	2	2	4.45	818
		13	插件11	5.25	5.25	10.00	1	1	5%	10.50	2	1	5.25	686
		14	盲点检查	5.74	5.74	9.03	1	1	5%	9.48	2	0	5.74	759
		15	检查	4.83	9.66	9.20	2	2	5%	9.66	1	0	4.83	745
	W/S	16	W/S	5.90	5.90	11.29	1	0	5%	11.19	2	0	5.90	622
	T/U	17	去载具	3.40	3.40	6.47	1	1	5%	6.79	2	0	3.40	1060
		18	正面检查	3.94	7.88	7.50	1	2	5%	7.88	1	0	3.94	914
		19	反面检查	3.99	7.98	7.60	1	2	5%	7.98	1	0	3.99	902
	TEST	20	ICT测试	5.15	10.29	9.80	1	2	5%	10.29	1	0	5.15	700
		21	AV测试	4.06	8.12	15.46	1	2	5%	16.23	1	0	4.06	610
		22	扫描	5.04	5.04	4.80	1	1	5%	5.04	1	4	5.04	714
		23	终检	5.38	5.28	5.03	1	1	5%	5.28	1	0	5.38	682
		24	包装	3.34	3.34	6.37	1	1	5%	6.69	2	0	3.34	1076
			汇总			242.67	26	29	5%	256.24		28.00		

11.3.3 改善方案

1. 扫描分板、投板、盲点检查、反面检查工序的改善

通过实地观察并结合表11-7中的测量分析数据可知，扫描分板、投板、盲点检查和反面检查这四道工序的操作存在一定问题，有一定的改善空间。为此，用MOD分析表对其进行分析，分析过程见表11-8~表11-13。

表 11-8 改善前扫描分板工序 MOD 值分析

序号	描述Ⅰ	左手	右手	描述Ⅱ	标记	次数	MOD值	时间/s
1	取板	M5G3	M3G0	取扫描仪	M5G3	1	8	1.032
2	将板放到身前	M5P0	M3G0	将扫描仪放到身前	M5P0	1	5	0.645
3	持住	H	M2P5	扫描条形码	M2P5	1	7	0.903
4	持住	H	M3P0	将扫描仪放到工作台上	M3P0	1	3	0.387
5	持住	H	M3P0	拿住主板	M3P0	1	3	0.387
6	送入切板机中	M3P5	M3P5	送入切板机中	M3P5	1	8	1.032
7	踩踏板	F3	F3	踩踏板	F3	1	3	0.387
8	将主板转向	M2G1	M2G1	将主板转向	M2G1	1	3	0.387
9	送入切板机中	M3P5	M3P5	送入切板机中	M3P5	1	8	1.032
10	踩踏板	F3	F3	踩踏板	F3	1	3	0.387
11	将主板放在右边的工作台上	M4P0	M4P0	将主板放在右边的工作台上	M4P0	1	4	0.516
	合计						55	7.095

表 11-9 改善前投板工序 MOD 值分析

序号	描述Ⅰ	左手	右手	描述Ⅱ	标记	次数	MOD值	时间/s
1	无操作	BD	M4G3	取载具	M4G3	1	7	0.903
2	无操作	BD	M4P2	将载具放在流水线上	M4P2	1	6	0.774
3	取主板	M4P2	BD	无操作	M4P2	2	12	1.548
4	放在载具上	M4P5	R2	辅助动作	M4P5	1	18	2.322
5	上紧载具	M2G0	M2G0	上紧载具	M2G0	2	4	0.516
6	无操作	BD	M3G0	将载具送往下个工站	M3G0	1	3	0.387
	合计						50	6.45

表 11-10 改善前盲点检查工序合格品 MOD 值分析

序号	描述Ⅰ	左手	右手	描述Ⅱ	标记	次数	MOD值	时间/s
1	取板	M4G0	H	持住	M4G0	1	4	0.516
2	放到胸前	M4G0	H	持住	M4G0	1	4	0.516
3	目检	E2D3	E2D3	目检	E2D3	2	25	3.225
4	翻转	M2P0	H	持住	M2P0	1	2	0.258
5	放入流水线	M4P2	H	持住	M4P2	1	6	0.774
	合计						41	5.289

运用"ECRS"原则对以上四道工序进行相应合并,合并后的 MOD 值分析见表 11-14~表 11-17。

表 11-11 改善前盲点检查工序不合格品 MOD 值分析

序号	描述Ⅰ	左手	右手	描述Ⅱ	标记	次数	MOD值	时间/s
1	取板	M4G0	H	持住	M4G0	1	4	0.516
2	放到胸前	M4G0	H	持住	M4G0	1	4	0.516
3	目检	E2D3	E2D3	目检	E2D3	5	25	3.225
4	持住	H	M2P2	标记	M2P2	1	4	0.516
5	放入不合格品盒	M5P2	H	持住	M5P2	1	7	0.903
				合计			44	5.676

表 11-12 改善前反面检查工序合格品 MOD 值分析

序号	描述Ⅰ	左手	右手	描述Ⅱ	标记	次数	MOD值	时间/s
1	取板	M4G0	H	持住	M4G0	1	4	0.516
2	放到胸前	M4G0	H	持住	M4G0	1	4	0.516
3	目检	E2D3	E2D3	目检	E2D3	2	25	3.225
4	翻转	M2P0	H	持住	M2P0	1	2	0.258
5	放入流水线	M4P2	H	持住	M4P2	1	6	0.774
				合计			41	5.289

表 11-13 改善前反面检查工序不合格品 MOD 值分析

序号	描述Ⅰ	左手	右手	描述Ⅱ	标记	次数	MOD值	时间/s
1	取板	M4G0	H	持住	M4G0	1	4	0.516
2	放到胸前	M4G0	H	持住	M4G0	1	4	0.516
3	目检	E2D3	E2D3	目检	E2D3	5	25	3.225
4	持住	H	M2P2	标记	M2P2	1	4	0.516
5	放入不合格品盒	M5P2	H	持住	M5P2	1	7	0.903
				合计			44	5.676

表 11-14 改善后扫描分板和投板合并工序 MOD 值分析

序号	描述Ⅰ	左手	右手	描述Ⅱ	标记	次数	MOD值	时间/s
1	取板	M5G3	BD	无操作	M5G3	1	8	1.032
2	将板放到身前	M5P0	M4G0	抓住主板	M5P0	1	5	0.645
3	扫描主板	M3P5	M3P5	扫描主板	M3P5 M2P5	1	15	1.935
4	送入切板机中	M4P5	R2	辅助作业	M4P5	1	9	1.161
5	踩踏板	F3	F3	踩踏板	F3	1	3	0.387
6	取主板	M4G1	M4G1	取主板	M4G1	2	10	1.290
7	放在载具中	M4P5	M4P5	放在载具中	M4P5	2	18	2.322
8	上紧	M2P0	M2P0	上紧	M2P0	2	2	0.258
9	抓载具	M3G1	M3G1	抓载具	M3G1	4	4	0.516
10	放入流水线	M5P2	M5P2	放入流水线	M5P2	1	7	0.903
				合计			81	10.449

表 11-15 改善后盲点检查和反面检查合并合格品工序 MOD 值分析

序号	描述 I	左手	右手	描述 II	标记	次数	MOD 值	时间/s
1	取板	M4G0	H	持住	M4G0	1	4	0.516
2	放到胸前	M4G0	H	持住	M4G0	1	4	0.516
3	目检	E2D3	E2D3	目检	E2D3	5	25	3.225
4	持住	H	M2P2	标记	M2P2	1	4	0.516
5	翻转	M2P0	H	持住	M2P0	1	2	0.258
6	目检	E2D3	E2D3	目检	E2D3	5	25	3.225
7	持住	H	M2P2	标记	M2P2	1	4	0.516
8	放入流水线	M4P2	H	持住	M4P2	1	6	0.774
				合计			74	9.546

表 11-16 改善后盲点检查和反面检查合并不合格品工序 MOD 值分析

序号	描述 I	左手	右手	描述 II	标记	次数	MOD 值	时间/s
1	取板	M4G0	H	持住	M4G0	1	4	0.516
2	放到胸前	M4G0	H	持住	M4G0	1	4	0.516
3	目检	E2D3	E2D3	目检	E2D3	5	25	3.225
4	持住	H	M2P2	标记	M2P2	1	4	0.516
5	翻转	M2P0	H	持住	M2P0	1	2	0.258
6	目检	E2D3	E2D3	目检	E2D3	5	25	3.225
7	持住	H	M2P2	标记	M2P2	1	4	0.516
8	放入不合格品盒 A	M5P2	H	持住	M5P2	1	7	0.903
				合计			75	9.675

表 11-17 改善后反面检查不合格品工序 MOD 值分析

序号	描述 I	左手	右手	描述 II	标记	次数	MOD 值	时间/s
1	取板	M4G0	H	持住	M4G0	1	4	0.516
2	放到胸前	M4G0	H	持住	M4G0	1	4	0.516
3	目检	E2D3	E2D3	目检	E2D3	5	25	3.225
4	持住	H	M2P2	标记	M2P2	1	4	0.516
5	翻转	M2P0	H	持住	M2P0	1	2	0.258
6	目检	E2D3	E2D3	目检	E2D3	5	25	3.225
7	持住	H	M2P5	标记	M2P5	1	7	0.903
8	放入不合格品盒 A	M5P2	H	持住	M5P2	1	7	0.903
				合计			78	10.062

改善前后 MOD 值对比见表 11-18。

表 11-18 改善前后 MOD 值对比

改善前			改善后		改善效果
工序	所需时间/s	小计时间/s	工序	所需时间/s	时间/s
扫描分板	7.095	13.545	扫描分板和投板	10.449	3.096
投板	6.45				
盲点合格品检查	5.289	10.578	盲点检查和反面检查合格品工序	9.546	1.032
反面合格品检查	5.289				
盲点不合格品检查	5.676	11.352	盲点检查和反面检查不合格品工序	9.675	1.677
反面不合格品检查	5.676				
总计		35.475	总计	29.67	5.805

2. 对测试工序中 AV 测试工序的改善

由表 11-7 可知,测试工序中 AV 测试工序的作业时间较长,为 15.46s,对 AV 测试工序进行人机作业分析,绘制出改善前 AV 测试工序人机作业分析图,如图 11-10 所示。由图 11-10 可以明显地看出,人的利用率不足 50%,机器的利用率也只有 54.24%,人和机器的利用率都很低。根据人机作业原则,应尽可能地利用空闲时间来达到一人多机,提高人与机器的利用率。经过分析,发现一人三机也是可行的,改善后 AV 测试工序人机作业分析图如图 11-11 所示。

现行方法				时间/s	所需时间/s	人操作时间/s
操作者		机器一	机器二			
从流水线上取物料B				0.7	0.7	16.2
从操作台上取物料A				1.5	0.8	
扫描物料B				2.5	1	
放物料B到操作台上,起动机器				4.4	1.9	
将物料A放回流水线				5.4	1	
等待				11.8	6.4	
从流水线上取物料C				12.5	0.7	机器工作时间/s
从操作台上取物料B				13.3	0.8	
扫描物料C				14.3	1	
放物料C到操作台上,起动机器				16.2	1.9	12.8
将物料B放回流水线				17.2	1	
等待				23.6	6.4	
从流水线上取物料D				24.3	0.7	
从操作台上取物料C				25.1	0.8	周期时间/s
扫描物料D				26.1	1	
放物料D到操作台上,起动机器				28	1.9	29
将物料C放回流水线				29	1	
利用率(%)	55.86	44.14	44.14			

图 11-10 改善前 AV 测试工序人机作业分析图

从图 11-11 中可以看出,实现一人三机操作后,人的利用率从 45.76% 提高到了 91.88%,机器的利用率从 54.24% 提高到了 75.63%,UPH 由 610pcs/h 提高到 675pcs/h,人和机器的利用率都得到了极大的提高,不仅节约了人力,还提高了效率,增加了产能。

第11章 现场改善

操作者	改善方法 机器一	机器二	机器三	时间/s	所需时间/s	人操作时间/s
从流水线上取物料B				0.7	0.7	14.8
从操作台上取下物料A				1.5	0.8	
扫描物料B				2.5	1	
放物料B到操作台上，起动机器				3.9	1.4	
等待				4.3	0.4	机器操作时间/s
将物料A放回流水线				5.3	1	
从流水线上取物料C				6	0.7	
从操作台上取下物料B				6.8	0.8	
扫描物料C				7.8	1	
放物料C到操作台上，起动机器				9.2	1.4	12.8
等待				9.7	0.4	
将物料B放回流水线				10.7	1	
从流水线上取物料D				11.4	0.7	
从操作台上取下物料C				12.2	0.8	
扫描物料D				13.2	1	周期时间/s
放物料D到操作台上，起动机器				14.6	1.4	
等待				15	0.4	
将物料C放回流水线				16	1	16
利用率(%)	92.5	80.00	80.00	80.00		
UPH/(pcs/h)	675					

图 11-11　改善后 AV 测试工序人机作业分析图

11.3.4　改善效果

通过对扫描分板、投板、盲点检查和反面检查工序 MOD 值的分析改善，以及对 AV 测试工序的人机作业改善，获得了较好的改善效果，见表 11-19。

表 11-19　改善前后效果对比

改善明细	改善前	改善后	改善效果
工站数（个）	26	24	-2
人数（人）	34	30	-4
UPH（pcs/h）	610	675	65
UPPH	17.94	22.5	4.56
线平衡率（%）	78.80	84.10	5.3
人的利用率（%）	55.86	92.50	36.64
机器的利用率（%）	44.14	80.00	35.86

11.4　本章小结

以上三个案例涉及餐饮业、电子行业等多个领域，分别运用了鱼骨图、人机作业分析等多种工业工程分析工具和方法，展示了工业工程方法在现场改善中的应用。当然，现场改善所应用的工业工程方法远不止以上三种，这三个案例只是起到抛砖引玉的作用，希望读者在今后的实际工作中不断丰富完善。

第12章 设施规划

12.1 概述

据相关资料统计分析,产品制造费用的20%~50%被用于物料搬运,而物料搬运工作量直接与工厂布置情况有关,有效的布置大约能减少30%左右的搬运费用。工厂布置的优劣不但直接影响着整个生产系统的运转,而且对物料搬运成本有较大的影响,是决定产品生产成本高低的关键因素之一。因此,在满足生产工艺流程要求的前提下,减少物料搬运工作量是工厂布置设计中较为重要的目标之一。应从原材料接收、零件和产品的制造,到产品包装、发运的全过程,将人员、设备、物料所需的空间做最合适的分配和布局,以获得最大的经济效益。本章通过以下几个案例,探讨设施规划在工厂各方面的实际运用。

12.2 某电子厂物流系统规划的选址问题

12.2.1 案例背景

现代企业经营中,由于人力资源成本的不断攀升,企业的利润空间被逐渐蚕食,这一现状迫使企业必须对成本进行严格管控,其中,仓储和物流方面的成本降低效果尤为突出。重庆某电子产品加工企业在对公司成形厂仓储和物流现状进行调研的基础上,发现在仓储和物流两个环节还有很大的改善空间,其改善的关键是物流设施的选址。

12.2.2 现状及问题分析

通过实地调查,绘出该公司成形厂设施布局,如图12-1所示,图中虚线线路为提供生产物流的线路,实线线路为入库物流的线路。

进一步调查得到L5车间各工段平均每天的产出量,L10车间各工段平均每天的需求量,L5车间、L10车间各工段到仓库的距离,以及D01和D09两个仓库的最大容量等资料,见表12-1~表12-5。

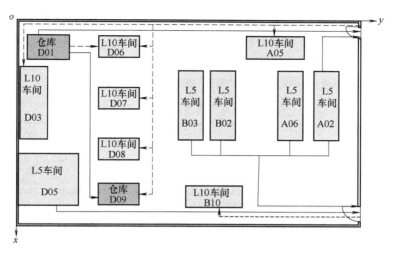

图 12-1 改善前成形厂设施布局

表 12-1 L5 车间各工段平均每天产出量

工　段	A02	A06	B02	B03	D01	D05	D09
平均每天产出量（板）	300	50	200	150	850	550	850

表 12-2 L10 车间各工段平均每天需求量

工　段	A05	B10	D03	D06	D07	D08
平均每天需求量（板）	700	250	300	600	1000	100

表 12-3 L5 车间各工段到仓库的距离

	工　段	A02	A06	B02	B03	D01	D05	D09
仓库	D01/km	1.7377	1.8048	1.1045	0.9788	0	0.3473	0.5006
	D09/km	1.6189	1.383	1.1469	1.0315	0.3473	0.457	0
	综保 B 区/km	5.235	5.383	5.012	5.0315	4.632	4.843	4.235

表 12-4 L10 车间各工段到仓库的距离

	工　段	A05	B10	D03	D06	D07	D08
仓库	D01/km	1.1364	1.0589	0.019	0.0416	0.139	0.279
	D09/km	1.2118	0.7185	0.6167	0.3333	0.2358	0.021
	综保 B 区/km	5.002	4.756	4.342	4.657	4.435	4.542

表 12-5 仓库最大容量

仓　库	最大容量（板）
D01	1100
D09	3800

注：由于 D01、D09 两个仓库的仓储空间不足，所以租用了 B 区的仓库进行存储。

若单位运费为 6 元/(板·km)，计算得出每天的运输费用见表 12-6 和表 12-7，则每天的运输总费用 $TC = 30803.88$ 元 $+ 8405.37$ 元 $= 39209.25$ 元。借助鱼骨图分析了导致物流费用过高的原因：现有仓库库存量不够，不能满足现有 L5 车间、L10 车间各工段产品库存要求，需要到综保 B 区租赁仓库进行存储，从而导致了物流路线长、物流成本高。

表 12-6　仓库到 L10 车间各工段的配送量及其运输费用

工　段		A05	B10	D03	D06	D07	D08
仓库	D01	0	0	300	0	0	0
	D09	0	0	0	600	1000	100
	综保 B 区仓库	700	250	0	0	0	0
运输费用（元）		21008.4	7134	34.2	1199.88	1414.8	12.6
总费用（元）		30803.88					

表 12-7　仓库到 L5 车间各工段的配送量及其运输费用

工　段		A02	A06	B02	B03	D01	D05	D09
仓库	D01	0	0	0	0	800	0	0
	D09	300	50	150	150	50	550	850
	综保 B 区仓库	0	0	50	0	0	0	0
运输费用（元）		2914.02	414.9	2535.81	928.35	104.19	1508.1	0
总费用（元）		8405.37						

12.2.3　改善方案

针对以上问题，改善方案是取消外租仓库，并对已有仓库位置重新进行规划布局设计，达到物流路线最短、物流成本最低的目的。为此，采用重心法来规划仓库位置。重心法主要考虑现有设施之间的距离和需要运输的货物量，由于运输量是影响运输费用的主要因素，因此，重心法首先要在坐标系中标出各个地点的相对位置，然后根据各点在坐标系中的横、纵坐标值求出运输费用最低的位置坐标 x 和 y，求出的重心点坐标值对应的地点就是布置仓库的位置点。本案例的坐标轴构建如图 12-2 所示。

重心的求解公式为

$$C_x = \frac{\sum D_{ix} V_i}{\sum V_i}, \quad C_y = \frac{\sum D_{iy} V_i}{\sum V_i} \tag{12-1}$$

式中　C_x——重心的 x 坐标；

　　　C_y——重心的 y 坐标；

　　　D_{ix}——第 i 个地点的 x 坐标；

　　　D_{iy}——第 i 个地点的 y 坐标；

　　　V_i——运到第 i 个地点或从第 i 个地点运出的货物量。

第12章 设施规划

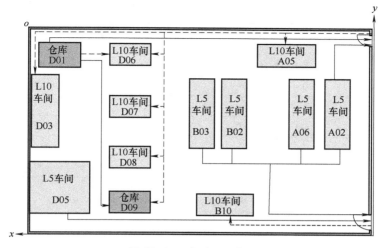

图 12-2 成形厂重心图

注：后续各表格中的 x 和 y 均表示各工段的重心位置或者预期仓库的重心位置。

针对该公司成形厂仓库建立如下目标函数：

$$TC_{\min} = \sum_{i=1}^{2}\sum_{j=1}^{13} fD_{ij}Q_{ij} \tag{12-2}$$

L5 车间→仓库→L10 车间的物流量平衡式为

$$\sum_{i=1}^{2} Q_{ij} = \sum_{j=1}^{13} Q_{ij} \tag{12-3}$$

$$\sum_{i=1}^{2} Q_{ij} = Q_j \tag{12-4}$$

式中　i——仓库编号；

　　　j——L5 车间或 L10 车间编号（$j = 1 \sim 13$）；

　　　D_{ij}——仓库 i 到车间 j 的距离；

　　　Q_{ij}——仓库 i 到车间 j 的运输板数；

　　　f——运输费率 [元/(板·km)]；

　　　Q_j——各车间需要满足的板数。

输出的各值见表 12-8 ~ 表 12-12。

表 12-8　输出的仓库 i 到车间 j 的距离

车间	工段	x	y	产量（板）	至 W1 仓库的距离	至 W2 仓库的距离	运输费率 f [元/(板·km)]
L5	A02	270	1748	300	1305.391076	1276.237673	6
	A06	269	1748	50	1305.451974	1276.093538	6
	B02	269	1311	200	869.6856419	845.9679133	6
	B03	270	1158	150	717.3615275	697.6615254	6
	D01	72	327	850	301.0846808	158.7403853	6
	D05	319	295	550	152.9715173	301.0900202	6
	D09	349	445	850	0.0028375	266.4836911	6

203

(续)

车间	工段	x	y	产量（板）	至W1仓库的距离	至W2仓库的距离	运输费率 f [元/(板·km)]
L10	A05	60	484	700	291.6169994	25.58615662	6
	B10	391	1014	250	570.5467267	610.7088119	6
	D06	65	540	600	299.4650858	58.56717093	6
	D07	155	533	1000	213.0229985	84.32428356	6
	D08	302	542	100	107.7844651	556.7902145	6
	D03	208	289	300	210.2778151	231.2366899	6

表 12-9　结果输出表

工厂—仓库＝仓库—客户	P-W1（板）	2850
	P-W2（板）	6000

表 12-10　输出的仓库选址位置

仓库选址	x	y
W1 仓库	348.9975547	445.0014
W2 仓库	85.55983972	485.1602

表 12-11　输出的决策变量

决策变量	Q_{ij}	决策变量	Q_{ij}
W1-A02	300	W2-A02	0
W1-A06	50	W2-A06	0
W1-B02	200	W2-B02	0
W1-B03	150	W2-B03	0
W1-D01	0	W2-D01	850
W1-D05	550	W2-D05	0
W1-D09	850	W2-D09	0
W1-A05	0	W2-A05	700
W1-B10	250	W2-B10	0
W1-D06	0	W2-D06	600
W1-D07	0	W2-D07	1000
W1-D08	100	W2-D08	0
W1-D03	0	W2-D03	300

表 12-12　输出的最低运输费用

仓　库	最低运输费用（元）
仓库 W1	5855.899
仓库 W2	2050.051
最低总费用（元）	7905.95

采用重心法建模求解得出的仓库坐标位置为 W1（349，445），W2（86，485）；最低物流运输总成本为 7905.95 元。将重心法选出的仓库 W1、仓库 W2 的位置规划在厂区平面图中，如图 12-3 所示。

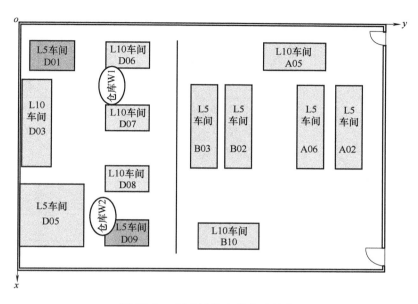

图 12-3　重心法选出的仓库位置

除此以外，还可以将仓库划分区域，用 Excel 求解仓库位置。为此，首先规划仓库的负责区域：仓库 W1 负责 A02、A06、B02、B03、A05、B10；仓库 W2 负责 D01、D05、D09、D03、D06、D07、D08。在厂区平面图上加以表示，如图 12-4 所示。

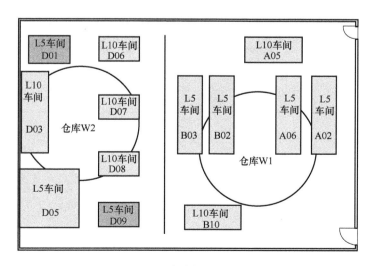

图 12-4　仓库的区域规划图

用 Excel 求解后，输出结果见表 12-13 和表 12-14。

表 12-13 仓库 W1 的选址结果

仓库 W1	x	y	横	纵	距离/m	运量(板)	J×L	运输费率[元/(板·km)]	总运费(元)
A02	269.32	1748.63	43503.6937	70278.2626	337.3158109	300	101194.7433	6	607.1684597
A06	268.77	1525.41	43274.5633	1753.9743	212.1992875	50	10609.96438	6	63.65978625
B02	268.85	1310.98	43307.8538	29773.3381	270.3353323	200	54067.06646	6	324.4023988
B03	269.83	1157.85	43716.7007	106067.152	387.0191893	150	58052.87839	6	348.3172703
A05	60.74	1483.53	2.1243E-05	2.2692E-07	0.004633513	700	3.243459147	6	0.019460755
B10	391.22	1014.34	109213.984	220138.809	573.8926669	250	143473.1667	6	860.8390004
仓库 W1 坐标	60.744609	1483.5295			—				
最低总费用/元									2204.40638

表 12-14 仓库 W2 的选址结果

仓库 W2	x	y	横	纵	距离/m	运量(板)	J×L	运输费率[元/(板·km)]	总运费(元)
D01	72.05	327.74	10711.0308	17098.4486	166.7617444	850	141747.4827	6	850.4848965
D05	319.14	295.24	20619.7796	26654.1659	217.4257242	550	119584.1483	6	717.50489
D09	349.39	445.76	30222.3935	162.334004	174.3121552	850	148165.332	6	888.9919917
D03	207.8	288.5	1040.44244	28900.3523	173.0340855	300	51910.22565	6	311.4613539
D06	64.93	540.22	12235.4813	6677.98904	137.5262534	600	82515.75205	6	495.0945123
D07	154.7	533.22	434.476923	5582.92355	77.57190518	1000	77571.90518	6	465.4314311
D08	302.39	542.31	16089.8798	7023.94641	152.0323065	100	15203.23065	6	91.21938389
仓库 W2 坐标	175.54311	458.50104			—				
最低总费用/元									3820.18846

通过划分区域，用 Excel 求解得到的仓库坐标为 W1（60.7，1483.5），W2（175.5，485.5）。最低物流运输总成本 TC = 2204.40638 元 + 3820.18846 元 ≈ 6024.6 元。仓库选址位置如图 12-5 所示。对比可知，采用此方案运输费用较少，在实际工作中，可以考虑先划分区域，再进行布局优化。

12.2.4 改善效果

改善前租用了 B 区的仓库进行存储，每天的运输费用为 39209.25 元；改善后不需要租用仓库，运输费用约为 6024.6 元，节约了 33184.65 元的运输费。

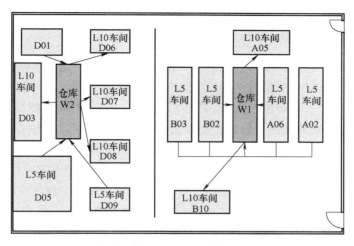

图 12-5　划分区域后用 Excel 求解得到的仓库位置

12.3　N 公司 NP 事业处新产品场地规划

12.3.1　案例背景

N 公司 NP 事业处的产品需求量大，同时计划导入市场看好的新产品 G，但已有的生产线已满负荷工作，因此，需要进行新产品生产场地规划。NP 事业处现阶段主要生产产品 E、F，下半年为需求旺季，同时针对这两种产品的生产场地 A 区 B 栋、C 栋 3F 已基本排满，具体布局如图 12-6 所示。但新产品 G 即将导入，产能规划为 9 月底进行小批量过程验证测试（Process Verification Test，PVT），主要验证新机型各功能的实现状况并进行稳定性及可靠性测试，10 月量产，且客户透露明年订单会大幅增加，因此，及时对场地及生产线进行改善，提高生产效率，变得非常迫切。

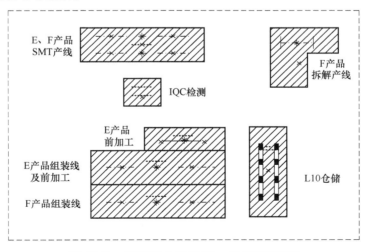

图 12-6　改善前 A 区 B 栋、C 栋 3F 布局

12.3.2 现状及问题分析

为了生产 G 产品，已有方案准备对场地 A 区 B 栋、C 栋 3F 进行重新布置，同时导入 G 产品组装线、G 产品 SMT 生产线各两条，据此产能可达 4.5×10^5/月。同时，可借用 B 栋 2F CMMG 场地（约 500m²）来布置产品 E、产品 G 的前加工、来料质量控制（Incoming Quality Control，IQC，是指对采购来的原材料、部件或产品进行品质确认和核查）、最终品质管制（Final Quality Control，FQC，是指在产品完成所有制程或工序后，对产品本身的品质，进行最后一次全面的检验与测试，目的在于确保产品符合出货规格要求和客户使用要求）等区域。

分析可知，按照上述方案把 E、F、G 三种产品的生产线集中，便于管理。若新产品 G 设置两条生产线，则其产能基本满足订单需求。然而，由于产品 E、产品 G 的前加工、IQC、FQC 等不能设置在同一楼层，将造成物流线路过长、运输工作量大、运输时间长、运输成本较高，不能满足明年客户的订单需求。

12.3.3 改善方案

针对上述产能、布局及运输等问题，进行如下改善：

（1）针对产能不足的改善 考虑增加一条 G 产品生产线，三条生产线每月产能可达 6.75×10^5/月，基本能够满足生产订单的需求。

（2）针对生产场地不足的改善 每条生产线需要场地 200m²，三条生产线共需要 600m²，另外，前加工、IQC、FQC 等需要场地 200m²，L10 仓库也需要场地约 200m²，合计需要 1000m²。因此，需要寻找 1000m² 的空间。

（3）物流运输布局的改善 新产品 G 的 L10 仓库的位置选择会影响物流运输，位于 F6/F8 的 L5 所制造的塑料件（4 大件、2 小件）以及位于 A 区的 L5 所制造的 PCBA 板，按照产能 4.5×10^5/月，月有效工作时间 28 天计算，若 L10 的位置靠近 A 区，则日搬运量见表 12-15；若 L10 的位置靠近 F6/F8，则每日搬运量见表 12-16。

表 12-15 L10 靠近 A 区塑料件的日搬运量

部件	pcs（通箱）	通箱（日）	通箱（栈板）	栈板（日）
4 大件	40	402×4	5×6	14×4
电池盖	600	27		1
转轴盖	2000	8		
合计				57

表 12-16 L10 靠近 F6/F8 PCBA 板的日搬运量

部件	pcs（通箱）	通箱（栈板）	pcs（栈板）	栈板（日）
PCBA	32	16×13	6656	3
合计				3

由表 12-15 和表 12-16 可知，塑料件的日搬运量为 57 栈板，而 PCBA 板的日搬运量为 3 栈板，即塑料件的日搬运量是 PCBA 板搬运量的 19 倍。因此，新规划时应尽量减少塑料件的

搬运工作，即最好将 L10 布置在 F6/F8 附近。实地考察发现，在 F6 的西北角有一块约 1000m² 的场地，满足 L10 对场地面积的需求，为此，进行适当的调整，改善后 A 区 B 栋、C 栋 3F 的布局如图 12-7 所示。

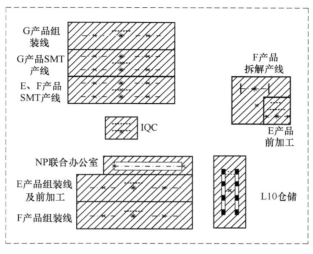

图 12-7 改善后 A 区 B 栋、C 栋 3F 的布局

（4）G 产品设施布局优化　在图 12-7 中的空白区域设置 G 产品线、各种前加工以及新的 L10 仓储区域等。采用系统布置设计（Systematic Layout Planning，SLP）方法对 G 产品设施布局进行优化设计，要求建立相关图，表示各部门间的密切程度，根据建筑的容积合理地安排各个部门，并对方案进行量化，根据密切程度的不同赋予权重，然后试验不同的布置方案，最后选择得分最高的布置方案。据调查，生产线各区域所需要的面积见表 12-17，各单位间物流从至表见表 12-18。

表 12-17　生产线各区域所需要的面积

区域	生产线 ×3	前加工	IQC	LCD 前加工	LCD 暂存区	FQC	维修	L10 仓储
面积/m²	200 ×3	60	40	20	80	20	20	200

表 12-18　各单位间物流从至表　　（单位：每 100 件产品）

从＼至	生产线	前加工	IQC	LCD 前加工	LCD 暂存区	FQC	维修	L10 仓储
生产线	—	0	0	0	0	10	5	0
前加工	100	—	0	0	0	0	5	0
IQC	0	0	—	100	100	0	0	120
LCD 前加工	100	0	0	—	0	0	5	0
LCD 暂存区	100	0	0	0	—	0	5	0
FQC	0	0	0	0	0	—	5	0
维修	5	0	0	0	0	0	—	0
L10 仓储	300	100	120	0	0	0	30	—

定义总物流量与活动间的关系：≥80 绝对重要，等级为 A；79~50 非常重要，等级为 E；49~30 重要，等级为 I；29~10 一般，等级为 O；9~0 不重要，等级为 U；X 为禁止。根据以上数据绘制生产线各区域间活动关系图，如图 12-8 所示。

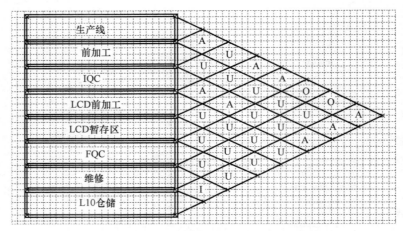

图 12-8　生产线各区域间活动关系图

根据关系图列出生产线各区域间的关系，见表 12-19，由此可确定布置顺序为：1-8-3-4-5-2-7-6。

表 12-19　生产线各区域间活动关系表

区域		生产线 1	前加工 2	IQC3	LCD 前加工 4	LCD 暂存区 5	FQC 6	维修 7	L10 仓储 8
重要性	A	2、4	1、8	4、5、8	1、3	1、3			1、2、3
	E								
	I								7
	O	6、7					1	1	

根据以上顺序及各区域面积，确定各区域空间大致位置，具体位置布局如图 12-9 所示。

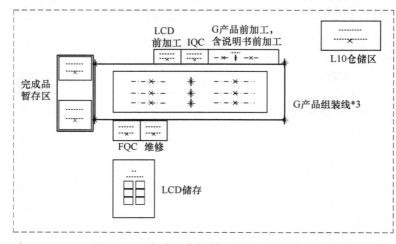

图 12-9　G 生产线组装区域实际位置布局

12.3.4 改善效果

(1) 减少了搬运量　改善前，G产品L10仓库在A区，每天需搬运塑料件57栈板；改善后，G产品L10仓库设置在F6区域，每天只需要搬运PCBA板2栈板。

(2) 降低了物流成本　通过改善，节省物流人员6人，货车1辆，驾驶员1人。若每人每月按3000元的基本工资计算，货车按照每月4000元折旧计算，则每月可节省成本（7×3000+4000）元=25000元，年节省成本300000元。

(3) 增加了产能　通过改善，G产品设定产能由$4.5×10^5$/月提升至$6.75×10^5$/月，基本能够满足客户明年的订单需求，提高了企业的市场竞争力。

(4) 节省了开支　通过改善，取消了原准备在厂房上加盖铁皮房以增加生产空间的计划，原方案装修、网络安装等费用共计65万元，按照建筑十年折旧，平均每年少付出修建成本65000元。

12.4　本章小结

工业工程的改善永无止境、不断持续、不断循环，正是这样一次又一次的改善，使得企业发展得更好，能够挖掘出自身的巨大潜能，所以说"改善无处不在"。通过以上两个案例的介绍，读者对设施规划方面的改善会有更加深入的了解。

第13章 物流及生产布局改善

13.1 某公司物流配送改善

13.1.1 案例背景

B高压开关设备有限公司成立于1995年，是某集团在我国成立较早的一家合资企业，主要生产先进的高、中压开关设备，以满足我国快速发展的输配电网络市场对高品质开关设备的需求。B公司作为高压开关行业内的领先者，为进一步提高运营效率，实现利润最大化，分析本公司实际情况后发现，在产成品优化项目（WP1）、物料配送效率提升项目（WP2）、仓库布局优化项目（WP3）、物料优化项目（WP4）等上还具有较大的改善空间，通过关键链（Critical Chain）管理、精益管理、流程重组（Process Re-Engineering），达到减少浪费、保证交货期、降低库存的目的。

1. 车间布局

公司中压车间生产线主要由内装工位、焊接工位、气密性检验工位、侧板装配工位、总装工位、终检工位等组成。中压车间布局如图13-1所示。

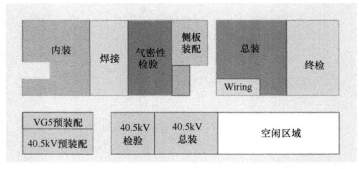

图13-1 中压车间布局

2. 物料配送

当前公司采取的是面向订单（MTO）的生产模式，物料配送方式（见图13-2）如下：

1）当流水线旁某工位的库存量少于最低库存量时，装配人员通过手持数字终端（Personal Digital Assistant，PDA）发出配送请求，需求信息通过无线网传递至仓储管理信息系统——Ihouse 上。

2）仓库数据员登录 Ihouse 系统，根据需求的紧急程度及各配送工人的工作负荷，将配送任务分配至各配送人员的 PDA 上。

3）配送人员通过 PDA 查取所需配送物料信息及其在仓库中所处的位置，到仓库存储区驾驶叉车叉取所需配送的物料，并在 PDA 上完成相应物料的信息处理工作。

4）配送人员将物料配送到需要的工位，并将货拍中的物料搬运至生产线旁对应的料槽中，同时在 PDA 上完成相应物料的信息处理工作。

5）将空货拍或货拍中剩余的材料送回车间仓库。

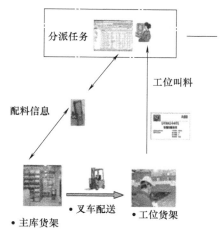

图 13-2　现行物料配送方式

13.1.2　物料配送研究

1. 现行物料配送方式的不足

（1）物料需求产生时间随机且不均衡　目前，中压车间有 35 个 PDA，50 个工位节点都有在产物料需求，在高峰期，即上午 9:00 到下午 14:00，物料配送需求量是其他时段的 2~3 倍。对于装配人员而言，何时叫料，叫多少料，没有统一的标准，叫每一种物料都需要思考判断，且需要关注其他多种物料的使用情况，造成装配人员不能完全专注于装配工作。

（2）各物料的配送难易程度、配送时间、配送路线随机而不确定　仓库管理人员不能准确了解配送人员的工作情况，只能在主观判断配送人员的忙闲程度后分配任务，配送工作负荷不均衡，波动较大，配送频率最低时每周仅有 3000 次，而最高时每周可达 4000 次，存在较大的配送频次波动。

（3）物料存储位置布局不科学　中压车间由于完全按照订单需求组织生产，物料种类较多，物料的存储位置不固定，这在一定程度上增加了取货时寻找的时间，降低了取货效率。

（4）取货工具不合理　采用叉车作为运输工具进行取料，叉车的基本运载单位为标准托盘，为了避免来回取货的麻烦，配送人员在取货时一般会选择将托盘装满且最大限度地转移到装配线旁的料箱或料架中，这容易造成过量配送，导致工位现场 5S 水平较差。

（5）存在返料现象　领出仓库的材料数量若超过工位所需的数量，则下班前需要将多余的材料送回仓库货架，并完成相应的物料移动信息处理工作。这样既费时费力，又会影响对下一个需求的响应，降低了整体配送效率。同时，叉车频繁穿梭于车间与仓库之间，存在一定的安全隐患。

针对以上存在的问题，中压车间需要探索一种新的配送方式来完成小批量、多批次的物料配送，以适应车间现代管理的需要。为此，中压车间引进了丰田公司的水蜘蛛物料配送项目，以期进一步提升车间物料的配送效率。

2. 物料配送方式分析

搬运是不增加价值的物流活动。对搬运过程的所有物流操作进行拆解并进行价值流分析，可分为必要工作与非必要工作，除在公司内部进行的卸车、分拣、拆包装、验货、收货、配送材料到车间工位为必要工作（见表13-1中的阴影部分）外，其他均为可以取消的非必要工作（见表13-1中的非阴影部分）。

表13-1　中压车间物料搬运价值流分析

地方	工　　序	物料配送步骤	2013—2014	2015—2016
中心仓库	卸车（供应商、货运公司、快递公司等）	1	2013—2014 5500m² 库房	
	运送货物至分拣区	2		
	分拣、拆包装、验货、收货	3		
	检验、免检分类标识	4		
	上货架并整理货位	5		
	下货架取出需要的材料	6		
	装车配货	7		
	签写运单	8		
运输	运输至公司库房	9		
公司内部中心库	卸车（周转车、供应商、货运公司、快递公司等）	10	1	1
	分拣、拆包装、验货、收货	11	2	2
	检验、免检分类标识	12	3	3
	上货架并整理货位	13	4	2015—2016
	下货架取出需要的材料	14	5	2015—2016
工位	配送原材料到车间各工位	15	6	4
	将材料倒运到小车	16	2014—2015	
	码放材料到工位货架	17	2014—2015	

3. 物料包装信息收集

对公司现有配送材料的包装信息进行实地调研与测量，获得的部分测量数据见表13-2。

表13-2　公司部分物料包装信息统计表

材料代号	长度/mm	宽度/mm	高度/mm	最小包装数量	工　位	包装形式
1YVS670158P2	3700	100	100	1	包装	纸箱
1YVS331763P1	2050	230	2	1	S检	标准货拍
1YVS331675P1	2050	270	15	5	S检	捆扎
NHP201670R5CN	2000	600	200	1	包装	纸箱
2359-2138CNTHBP3	1985	1382	170	18	钣金	捆扎
1YVS335737P0001	1960	800	450	20	侧板	标准货拍
1YVS331804P1	1870	25	18	1	侧板	标准货拍
NHP101882P6	1855	45	32	5	内装	塑料袋
……	……	……	……	……	……	……

4. 物料配送路径长度测量

在确定物料使用工位信息、包装尺寸信息的同时，也对物料配送路径以及车间与库房的横度与纵度进行了测量，见表13-3。同时也测量了从库房到中压车间中内装、焊接、气密性检验、侧板装配、总装、终检等工位的距离。

表 13-3 车间、库房尺寸统计表

测量明细	单边长度/m	合计/m
车间横度	130	520
车间纵度	45	90
库房横度	25	50
库房纵度	35	175

13.1.3 物料配送改善

1. 物料配送方式的改善

将原来的被动叫料方式改为现在的主动叫料方式。

1）按照既定的配送周期，配送人员驾驶配送小车到生产线进行巡视，发现物料少于其最低存储水平时，利用手持 PDA 主动叫料，自动建立配送任务，且不需要计划处计划员进行任务分配。

2）物料配送人员根据手持终端上的配送任务，到库房的固定库位拣取所需物料并放置于配送小车上。

3）取完所有所需的物料后，出库前做好出库信息处理工作。

4）驾驶配送小车按照固定的路径进行物料配送。

5）完成所有物料的配送后将空料箱或垃圾带回，改善后的物料配送流程如图 13-3 所示。

2. 物料配送工具的改善

公司原来的物料配送工具是叉车，叉车的配送单元一般为一个标准托盘，适合大批量、少品种物料的配送。该公司是典型的 MTO 企业，涉及的物料种类较多，且装配线旁每种物料的暂存空间有限，不能容纳每种物料整托盘的货物。为此，需要对现行物料配送工具进行改善，即将原来的叉车配送改为如图 13-4 所示的由多节车厢柔性相连的小车（以下简称为"小火车"）配送，一次配送可以大大提高配送物料的种类和数量。

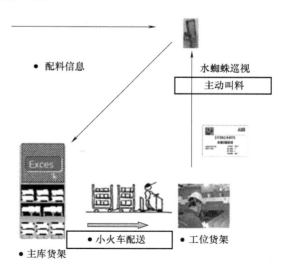

图 13-3 改善后的物料配送流程

图 13-4　改善后的物料配送工具

3. 小火车牵引车数量计算

为了有效地计算出小火车牵引车的数量，需要测定物料的单程配送时间。为此，将物料配送时间分为在库房中操作的"库里时间"以及配送途中进入装配车间的"生产线时间"，并根据物料的种类进行配送时间细分，细分后的物料配送时间汇总情况见表 13-4。根据测量，要完成单次配送任务理论上至少需要 75min，这与以每小时的消耗量计算配送量的基础相矛盾，为此，确定需要两台小火车牵引车，并据此规划两条配送路线。

表 13-4　小火车单次配送时间汇总表

类	别		时间/s	MV/s	MV/min
库房	库里时间	小件需拆包装	14.67	775	12.9
		整包装件/钣金件	13	820	13.7
		托拍存储物料	35	598	10.0
	小火车行驶时间		1.20	270	4.5
	生产线时间		20.00	20	0.3
装配车间	停车点		10.00	190	3.2
	上料时间	小件需拆包装	6	317	5.3
		整包装件/钣金件	4	252	4.2
		托拍存储物料	26	444	7.4
	水蜘蛛行驶时间		1.20	732	12.2
	回库时间		60	60	1.0
合计/min				74.7（取75）	
小火车牵引车需求数量/台				2	

（1）小火车 1 的配送范围及配送路线　为保证配送的便捷性，并考虑到配送工作量的平衡，由两台小火车分别负责 SAFE 开关柜和 40kV 开关柜生产线物料的日常配送工作。其中，SAFE 开关柜生产线 60min 内消耗的总包装量为 70.37，小火车 1 的配送范围见表 13-5，取料路线如图 13-5 所示，配送路线如图 13-6 所示。

第 13 章 物流及生产布局改善

表 13-5 小火车 1 的配送范围

IA 工位物料	IA-4 ~ IA-15
SA 工位物料	SA-1 ~ SA-12
FQC 工位物料	FQC-1 ~ FQC-4

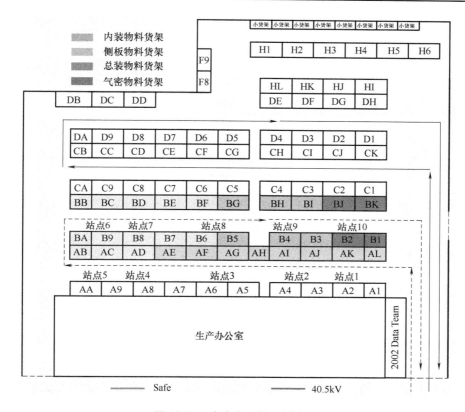

图 13-5 小火车 1 的取料路线

（2）小火车 1 的配送路径长度与单次配送时间　根据测量，小火车 1 在配送时，各路径的长度以及停车点的数量见表 13-6。结合其配送时在库房的时间和在装配车间的时间，计算得出负责 SAFE 开关柜生产线的小火车 1 完成一个配送循环所需要的理论周期时间为 55min，见表 13-7。

表 13-6 小火车 1 配送路径长度

生 产 线	库房内小火车路径长度/m	车间内小火车路径长度/m	每循环周期消耗整包装量	小火车周期	停车点数量
12kV SAFE 开关柜	N/A	N/A	N/A	N/A	N/A
40.5kV SAFE 开关柜	N/A	N/A	N/A	N/A	N/A
MV（中压产品）	155	320	70	1h	7

工业工程案例精选

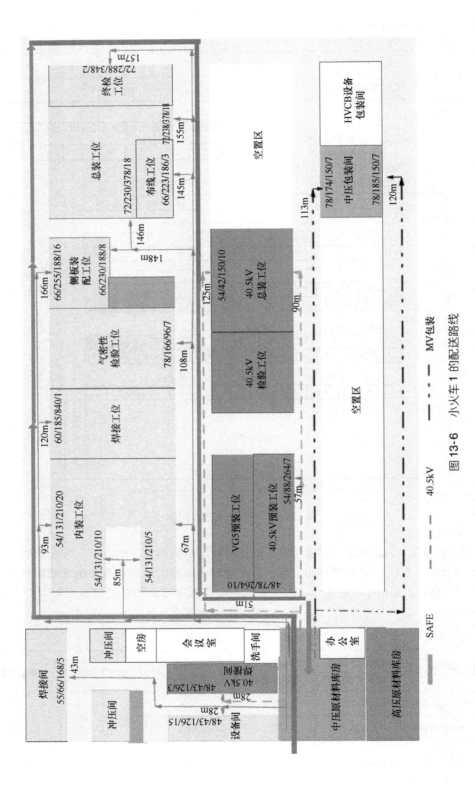

图 13-6 小火车 1 的配送路线

第13章 物流及生产布局改善

表13-7 小火车1单次配送时间表

	类 别		时间/s	MV/s	MV/min
库房	库里取料时间	小件需拆包装	14.67	410	6.8
		整包装件/钣金件	13	434	7.2
		托拍存储物料	35	317	5.3
	水蜘蛛行驶时间	—	1.20	186	3.1
	出库到生产线	—	20.00	20	0.3
装配车间	停车点	—	10.00	70	1.2
	上料时间	小件需拆包装	6	168	2.8
		整包装件/钣金件	4	134	2.2
		托拍存储物料	26	235	3.9
	水蜘蛛行驶时间	—	1.20	384	6.4
	回库	—	60	60	1.0
合计/min				40.2	
小火车牵引车需求数量/台				1	

（3）小火车2的配送范围及配送路线　负责40.5kV开关柜生产线的小火车2在60min内消耗的总包装量为62.69。小火车2的配送范围见表13-8，配送路线如图13-7所示。

表13-8 小火车2配送物料范围

工位名称	配送范围
40.5IA工位	40.5IA-1~40.5IA-3
VG5工位	VG5-1
IA工位	IA-1~IA-3
GH工位	GH-1~GH-4
FA工位	FA-1~FA-15
Wiring工位	Wiring-1
MECH工位	Mech-1~Mech-7

根据测量，小火车2在配送时，配送路径的长度以及停车点数量见表13-9。结合其配送时在库房的时间和在装配车间的时间，计算得出负责40.5kV开关柜生产线的小火车2完成一个配送循环所需要的理论周期时间为45min，见表13-10。

表13-9 小火车2配送路径长度及停车点数量

生产线	库房内小火车路径长度/m	车间内小火车路径长度/m	每循环周期消耗整包装量	小火车周期	停车点数量
12kV SAFE	N/A	N/A	N/A	N/A	N/A
40.5kV SAFE	N/A	N/A	N/A	N/A	N/A
MV	155	310	63	1h	12

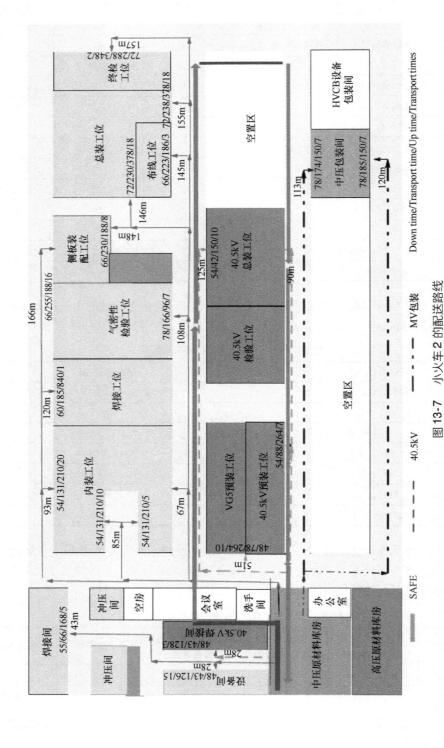

图 13-7 小火车 2 的配送路线

表 13-10 小火车 2 单次配送时间

	类 别	时间/s	MV/s	MV/min
库房	库里取料时间	小件需拆包装	14.67	365	6.1
		整包装件/钣金件	13	387	6.4
		托拍存储物料	35	282	4.7
	水蜘蛛行驶时间	—	1.20	186	3.1
	出库到生产线	—	20.00	20	0.3
装配车间	停车点	—	10.00	120	2.0
	上料时间	小件需拆包装	6	149	2.5
		整包装件/钣金件	4	119	2.0
		托拍存储物料	26	209	3.5
	水蜘蛛行驶时间	—	1.20	372	6.2
	回库	—	60	60	1.0
合计/min			37.8		
小火车牵引车需求数量/台			1		

4. 物料配送设施的改善

（1）生产线物料标签的完善 小火车配送中，配送员需要根据料槽中物料的使用情况判断是否需要叫料，由于物料种类较多，为了保证叫料效率，一般直接用 PDA 扫描料槽上物料标签对应的物料条码进行叫料。

（2）物料包装、物料架的优化布局 针对如图 13-8 所示的部分散装物料或者较长、较高的物料，拣料时不便清点、费时又费力的问题，与供应商协商规范物料包装规格，要求供货时 5 个或 10 个扎成一组，以便于拣料、清点。

图 13-8 散装物料
a) 存放不便 b) 多次分拣 c) 码放耗时

部分单位包装物料过重，超过 15kg，按照人因工程学的原则，不利于搬运。按照公司对供应商包装的管理要求，落实对供应商的管理，除特殊材料外，单位包装物料质量不得超过 15kg。

按照动作经济原则，人的最佳搬运高度为 120cm，目前物料架的最上层物料槽高度在 150cm 以上，如图 13-9 所示，不便于装卸物料，特别是对于一些较重的物料，上料作业难度更大。为此，将物料槽的高度调整到适宜上料的位置，并对部分物料的存储位置进行调整，较轻的物料位于上层料槽，而较重的物料一般置于最佳的作业高度，以便更加高效地完成物料搬运工作。

还有一些需要配送的物料由于物料架位于生产线内部，离物流通道较远，配送车辆无法靠近，配送员需要在物流通道处将配送小火车停下，通过多次往返于物料架与物流通道之间来完成上料工作，导致搬运工作量大、配料效率低下。为此，与生产部分协调，尽量使物料架的放置位置接近物流通道，若实在无法移动物料架，则应新增一条如图 13-10 所示的物料通道，以便于上料。

图 13-9　物料架的结构及高度

图 13-10　物流通道与物料架之间的距离

13.1.4　小火车牵引车与配料小车设计

1. 小火车牵引车的设计要求

小火车主要由电动牵引车和不带动力的悬挂配料小车两部分组成，各配料小车之间采用销子连接，因此，可根据实际配送物料灵活确定每次配送小车的数量，但为了确保安全以及通过性，悬挂的配料小车数量一般不超过 7 台。对牵引车的要求如下：牵引动力一般要大于 2t；速度不宜过快，在车间内行驶速度为 3m/s；转弯半径不宜过大，在挂满 7 节车厢时，需保证整个配送小车能够通过配送路径上的任意弯道；为保证配送工作的连续性，要求牵引车充一次电至少能够使用一个班次的时间（8h）。另外，牵引车最好能使配送人员站立操作，这样可以方便物料配送员多次上下车，使运送更加高效，也更符合人因工程学的应用原理。牵引车的形式如图 13-11 所示。

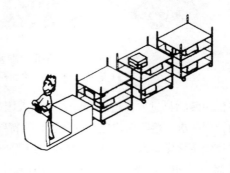

图 13-11　小火车牵引车示意图

2. 小火车牵引的配料小车的设计

悬挂在小火车上的配料小车主要分为两种：一种为三层的四轮小车，主要用来搬运小件需拆包装物料以及整包装件/钣金件；另一种为六轮小车，用来搬运整托盘存储物料，如图13-12所示，这些小车之间通过车辆前部的孔和尾部的销子柔性连接。

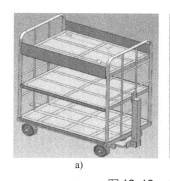
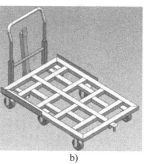

图 13-12 配料小车
a）四轮小车 b）六轮小车

（1）对四轮小车的要求

1）小车最上面一层四周需要增加围板，高度在100mm左右，以防止在运送途中物料从车上滑落。

2）小车料槽表面应加一层防滑胶皮，以有效避免物料对小车的碰撞磨损，并可避免物料从小车上滑落。

3）牵引杆连接处车身钢板应适当加厚，以防止连接处钢板疲劳磨损过快。

（2）对六轮小车的要求

1）其长宽应与公司所使用的标准货拍尺寸相匹配，为保证适当的余量，尺寸为1210mm×820mm。

2）小车应加导向板，导向板沿纵向布置小车一半长度，便于叉车快速将装有物料的托盘定位并摆放于小车上。

3）由于六轮小车存放于库房2m以下货架的底层，因此，扶手高度不应高于二层货架的底部横梁距地面的高度，以免影响二层货架抽屉抽出。

4）六轮小车中间两轮与小车沿行驶方向两端的距离是保持同轨迹效果的关键，因此，小车中间两轮连接处沿长度方向应增加限位孔，以保证中间轮位置的可调性。

13.1.5 改善效果

通过以上改善以及为期8个月的项目实施，取得了显著的改善效果，降低了在线库存量，节约了装配时间，实现了配送效率的提升，为公司整体运营水平的提高奠定了良好的基础。具体效果如下：

1. 改变了叫料方式，提升了物料配送效率

原来由装配工人根据装配缺料情况自己叫料，现在由配送员根据装配计划主动叫料。原来叉车配送一种物料的配送时间为6min，平均完成一种物料的叫料需要2min，共计8min；采

用小火车运送方式后，在一个配送循环内，可以配送物料 11 种，平均配送周期时间为 74min，完成每一种物料叫料、配送的时间共计 6.73min，叫料效率提升了 $[(8-6.73)/8] \times 100\% = 15.875\%$。叉车与小火车配送周期时间对比如图 13-13 所示，叉车与小火车单次配送物料种类对比如图 13-14 所示。

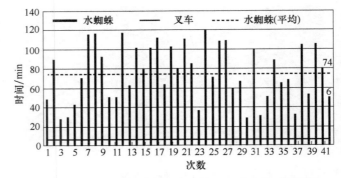

图 13-13　叉车与小火车（水蜘蛛）配送周期时间对比

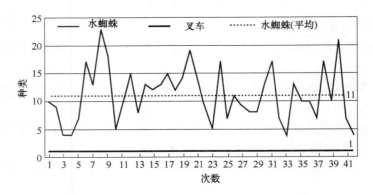

图 13-14　叉车与小火车单次配送物料种类对比

2. 节省了装配时间

由于小火车配送模式采用的是主动叫料方式，不再需要装配人员叫料，装配人员能够更加专注于装配工作。以每种物料的叫料时间为 2min 计算，若小火车配送 42 次，就将为装配人员累计节约 930min，且配送次数越多，为装配人员节约的时间就越多，用于装配线上的有效时间就越多。小火车配送节省的时间如图 13-15 所示。

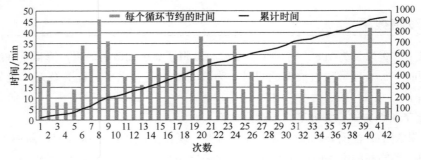

图 13-15　小火车配送节省的时间

13.2 某公司生产布局改善研究与应用

13.2.1 案例背景

某标准件公司包括机加车间、冷镦车间、冲压车间、热处理车间、表面处理车间、橡胶车间和模具车间。机加车间、冷镦车间和冲压车间是主要生产车间，其中，冷镦车间的设备主要包括冷镦机、热镦机和搓丝机；冲压车间的设备主要是压力机。冷镦车间和冲压车间的设备种类较少，生产效率相对较高。机加车间的生产设备主要包括车床、磨床、铣床和滚丝机等，设备种类较多，产品加工的主要工序集中在机加车间，生产工序较多，生产加工流程和物流路线比较复杂，生产中存在较大的问题，因此，针对机加车间的生产现状进行了详细的调研分析。

13.2.2 机加车间产品类型

机加车间产品类型分为螺母类、螺栓类、薄壁类和异形件，大约80%主要集中在螺母和螺栓两大类。可进一步将螺母类工件分为7类，螺栓类工件分为2类，见表13-11。

表13-11 机加车间产品分类

分　类	名　称	工艺表示
螺母类	高温合金六角、十角、十二角自锁螺母类，以及合金钢十角、十二角自锁螺母类	工艺1
		工艺2
	高温合金托板自锁螺母类	工艺3
	钛合金六角自锁螺母类	工艺4
	合金钢六角自锁螺母类	工艺5
	普通六角螺母类	工艺6
	普通六角开槽螺母类	工艺7
螺栓类	螺栓工艺类型一	工艺8
	螺栓工艺类型二	工艺9

13.2.3 机加车间主要产品工艺流程分析

机加车间主要产品是螺母和螺栓，其典型工艺流程如下：

工艺1：①车（车端面、钻孔）→②车（车端面）→③车（攻螺纹）→④车（车收口外圆）→⑤去毛边。

工艺2：①车（车端面、钻孔）→②车（攻螺纹）→③车（车收口外圆及端面）→④回牙、去毛边。

工艺3：①车（粗车外形）→②车（车端面、钻孔）→③车（车端面）→④车（攻螺纹）→⑤车（车收口外圆）→⑥线切割（割托板外形）→⑦去毛边。

工艺4：①车（车端面、钻孔）→②钳工（去毛边）→③钳工（孔口倒角）→④钳工（攻螺纹）→⑤车（车收口外圆）→⑥去毛边。

工艺5：①车（车端面、钻孔）→②钳工（去毛边）→③车（攻螺纹）→④车（车收口外圆）→⑤去毛边。

工艺6：①车（车端面、钻孔）→②钳工（去毛边）→③钳工（孔口倒角）→④钳工（攻螺纹）。

工艺7：①车（车端面、钻孔）→②钳工（去毛边）→③钳工（孔口倒角）→④钳工（攻螺纹）→⑤铣槽→⑥钳工（回牙、去毛边）。

工艺8：①车（去毛边，根据镦制零件飞边情况临时安排此工序）→②车（夹头部、车杆部）→③车（车头部端面、钻孔及车杆部端面）→④磨杆部外圆（公差在0.02mm以内，表面粗糙度值较低时采用）→⑤滚螺纹→⑥磨（螺纹坯径）→⑦滚螺纹。

工艺9：①车（去毛边，根据镦制零件飞边情况临时安排此工序）→②车（夹头部、车杆部）→③车（车头部端面、钻孔及车杆部端面）→④磨杆部外圆（公差在0.02mm以内，表面粗糙度值较低时采用）→⑤滚螺纹→⑥铣（头部形状或杆部形状）→⑦车（滚丝坯径）→⑧磨（螺纹坯径，当车削无法满足要求时采用此工序）→⑨滚螺纹。

运用工艺流程分析方法绘出机加车间主要产品工艺流程，如图13-16和图13-17所示。

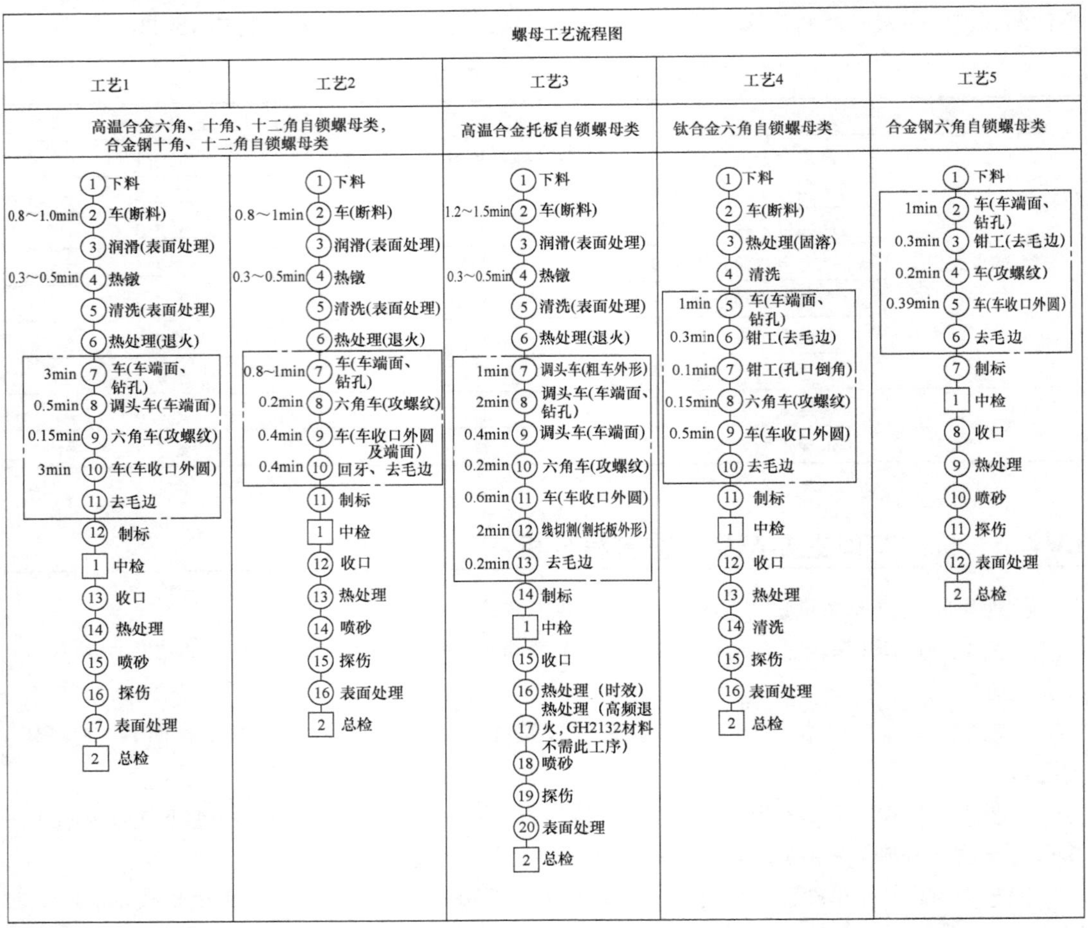

图13-16 机加车间螺母类零件的工艺流程

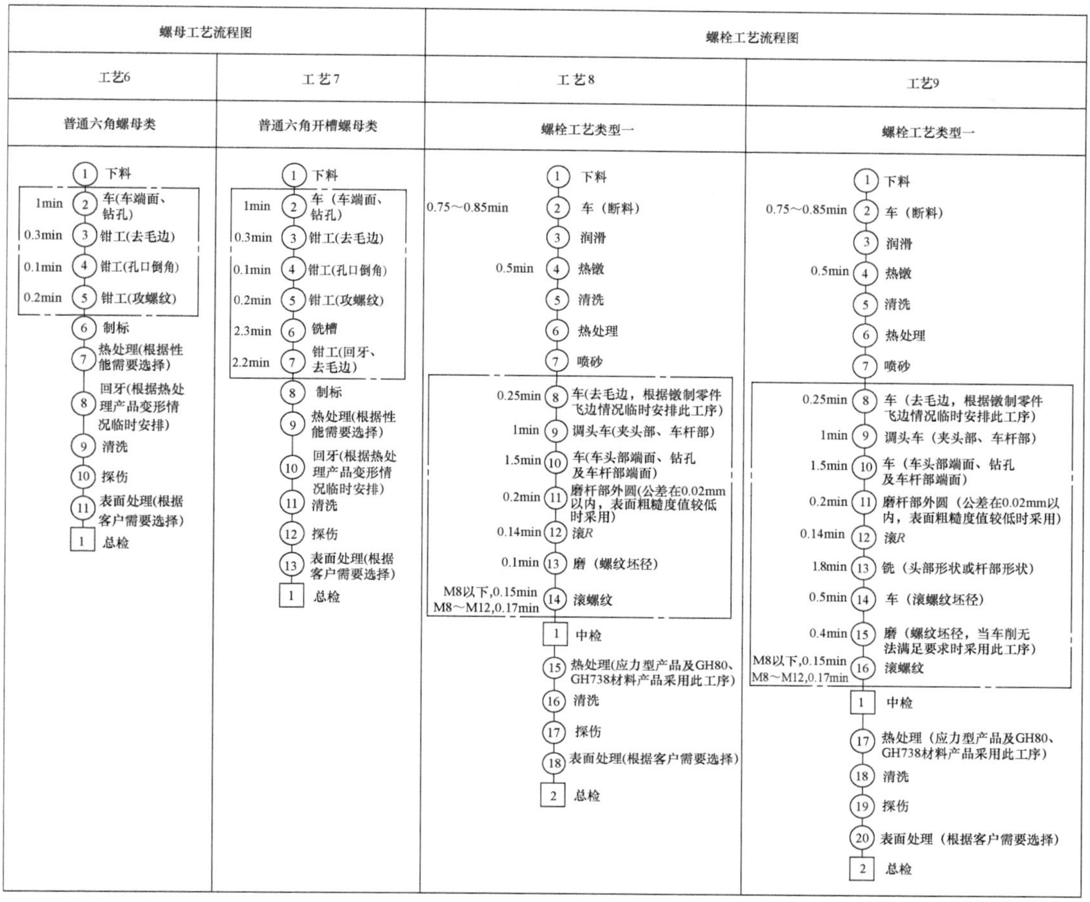

第13章 物流及生产布局改善

图 13-17 机加车间螺母和螺栓类零件的工艺流程

13.2.4 机加车间现状

1. 机加车间布局现状

机加车间采用的是机群式布局，其设备主要包括数控车床、普通车床、普通转塔车床、滚螺纹机、外圆磨床、制标机、钻床等。机加车间各工段布局如图 13-18 所示。

2. 机加车间产品物流路线图

根据调查，绘出机加车间螺母与螺栓产品的布局与线路图，如图 13-19 和图 13-20 所示。

3. 机加车间设备开动情况统计分析

根据调查统计得出机加车间设备数量见表 13-12。

为了进一步统计设备开动情况，对生产运行正常的设备（普通车床、数控车床、铣床、磨床）进行工作抽样。普通车床、数控车床各随机选取 10 个观测对象，钻床、铣床全部选为观测对象，按工作抽样方法确定的观测路线观测 50 次，测得普通车床开动率为 43.6%，数控车床开动率为 71.3%，铣床开动率为 91%，磨床开动率为 59.97%。为保证所测数据的可靠性，还从机动后勤部收集到 2009 年 1～9 月份设备运转台时统计数据，计算设备平均利用率：

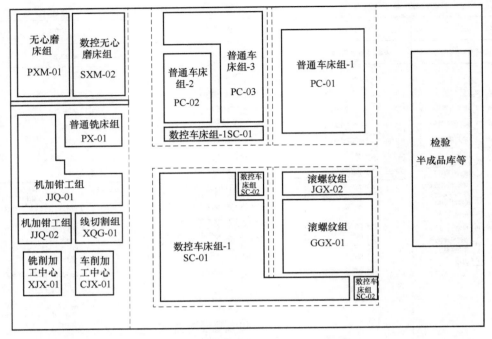

图 13-18　机加车间各工段布局简图

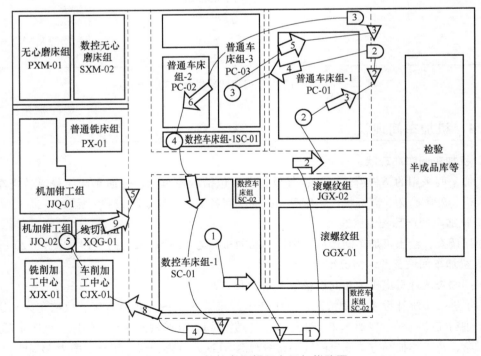

图 13-19　机加车间螺母布局与线路图

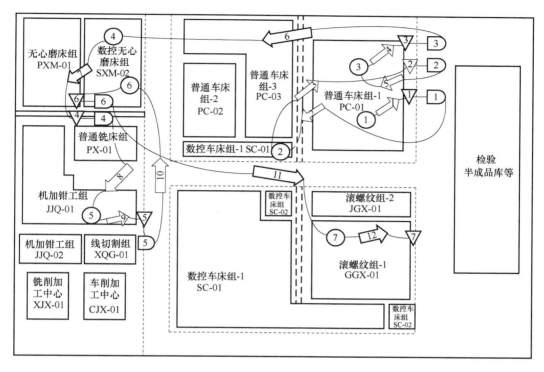

图 13-20　机加车间螺栓布局与线路图

普通车床为 32.67%，数控车床为 31.13%，铣床为 26%，磨床为 31.13%。综合以上两组数据，得到机加车间设备开动率为普通车床 38.14%，数控车床 51.12%，铣床 58.50%，磨床 45.55%，四类车床的平均利用率为 48.33%。

表 13-12　机加车间设备数量统计表

工作中心组名称	设备数量（台）
普通车床组 PC-01	17
普通车床组 PC-02	2
普通车床组 PC-03（六角车床组）	9
数控车床组（不带顶尖）	21
数控车床组（带顶尖）	5
车削加工中心	1
无心磨床组	7
数控无心磨床组	5
普通铣床组	3
铣削加工中心组	2
机加钳工组	9
滚螺纹组	9
线切割组	1

4. 机加车间产品等待时间统计

以机加车间磨床和滚螺纹两个班组为调研对象，统计得到产品在工序中的停留时间主要集中在 3～10 天，产品等待时间抽样调查结果见表 13-13。

表 13-13 产品等待时间抽样调查结果

生 产 班 组	等待时间（天）	抽查项数（项）	所占比例（%）
磨床	0～2	41	21.5
	3～5	67	35.1
	6～10	40	20.9
	11～15	25	13.1
	>16	18	9.4
	合　计	191	100
滚螺纹	0～2	78	34.2
	3～5	107	46.9
	6～10	30	13.2
	11～15	11	4.8
	>16	2	0.9
	合　计	228	100

13.2.5 机加车间现存问题分析

1. 产品准时交付率低

实地调查收集了 2009 年 1～9 月的交付情况数据（含目标值、各项目及其子项目完成情况）。数据显示，每月的交付目标值都不低于 91.2%，而实际每月的订单完成率均低于 50%，9 个月的平均交付率为 32%，紧急订单完成率约为 70%，准时交付率低。

2. 加班时数多

经实地调查，从人力资源部收集到各车间员工（包括生产部、品质管理部、机动后勤部、检测中心、研究所，以及机加、冷镦、表面热处理、橡胶、冲压、模具车间）2010 年各月的加班情况，数据显示，机加车间的总加班时数最多，达到 70100h，远大于其他部门。其中普通车床班组、数控车床班组、磨床班组和滚螺纹班组工人的加班比例较高，达到 30% 左右（见表 13-14），加大了员工的劳动强度，降低了员工的工作积极性。

表 13-14 2010 年机加车间加班情况统计表

班　　组	加班时间/h	实际工时/h	加班比例（%）
普通车床	17875	58184.28	30.72
数控车床	14536	60432.28	24.05
滚螺纹	8216	25388	32.36
磨床	8068	23617	34.16

3. 设备闲置率高

造成设备开动率低的原因是公司按订单安排生产，资源配置的有效性差，生产准备不充分，一些设备被长期闲置。另外，在员工进行领料、找工艺卡、工装等生产准备工作时，设备处于空闲状态；在产品检验和试验时，调度人员未给操作工安排其他工作也导致设备空闲。

4. 物流路线长，有迂回倒流现象

每个批次的产品在生产转运过程中，需要在多个工种和设备间进行搬运，物流路线比较复杂，回流和交叉现象严重，搬运距离比较长。随着产品工序的增多，搬运次数和距离也随之增加，使得产品在车间内的物流路线复杂，物流距离长，迂回倒流现象严重。

5. 产品停留等待时间长

通过对机加车间磨床和滚螺纹两个班组的调研，发现产品在这两道工序中的停留时间为 3～10 天，占整个等待时间的 56%。

造成这些问题的原因：一是车间产品转运批量大，一般以批次为单位，且以较大的转运批量在各工段间进行流转生产，加之实行严格的批次管理，同批次产品必须使用相同的生产设备和作业人员，为了防止在搬运和存储过程中出现产品混批、混料的问题，采用顺序生产流转方式，拉长了产品的加工时间，导致了产品停留等待时间较长、生产率低的现象。二是设备设施布局不合理，采用的是工艺原则布局形式，导致了物流路线长、停留等待时间长、搬运成本高、在制品数量多的现象。

13.2.6 机加车间布局改善方案

1. 采用单元式布局形式

公司按客户订单安排生产，采用多品种、小批量的生产模式，产品种类繁多，每月各类产品产量的跨度较大，现行的功能型布局方式不能满足多品种、小批量的加工要求，需要采用单元式的设备布局形式，单元布局集中了工艺原则布局与对象原则布局的优点。通过分析螺母、螺栓的加工工艺过程，发现螺母、螺栓有近 50% 的工序都集中在车削（普通车床和数控车床）上，其中 57% 的工序集中在普通车床、数控车床和转塔车床上。另外，高温合金六角螺母、十角自锁螺母、十二角自锁螺母，以及合金钢十角自锁螺母、十二角自锁螺母类（工艺 1 和工艺 2），高温合金托板自锁螺母类（工艺 3），钛合金六角自锁螺母类（工艺 4），螺栓类（工艺 8 和工艺 9）产品均有连续 2 道及以上的车削工艺是相邻的，且数控车床组 01、数控车床组 02、普通车床组 01 和普通车床组 03（转塔车组）的联系比较紧密，因此将其布置在一个单元内，便于工序间的流转。

2. 提出三种不同的布置方案

方案一：以物流路径最佳为原则进行布置。螺栓工艺流程中，滚螺纹组为机加最后一道工序，且与磨床组工序相衔接，故将滚螺纹组布局在车间出入口处，且与磨床组相邻，以减少物料搬运距离，如图 13-21 所示。

方案二：以减少机器搬运为原则进行布局。在尽可能减少设备搬动的情况下满足单元布局要求，如图 13-22 所示。

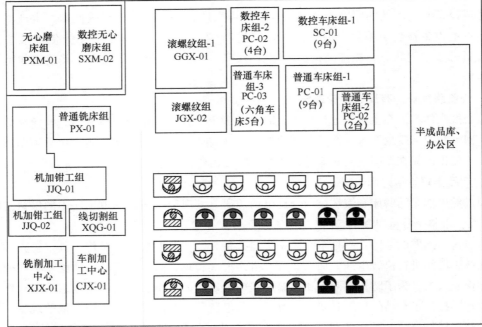

图 13-21　方案一单元布局示意图

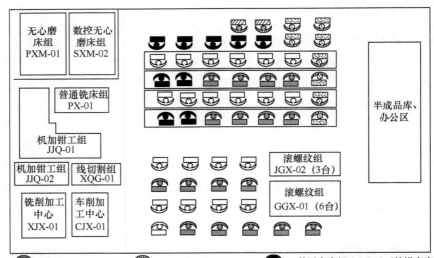

图 13-22　方案二单元布局示意图

方案三：将普通车床组-1 全部换成数控车床，并以按产品不同类型分类为原则布局设备。把螺栓类、螺母类和其他零件分为三个不同的加工单元进行设备的布局设计，布局示意图如图 13-23 所示。

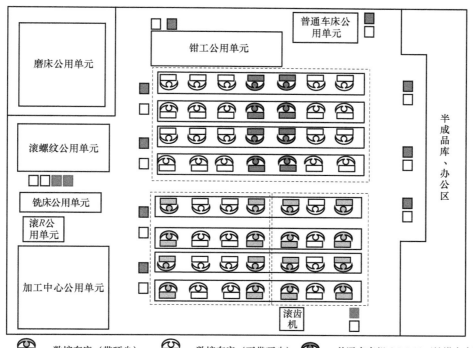

图 13-23　方案三单元布局示意图

3. 对比三种布局方案

运用布局与路径分析方法，对现有功能式布局和重新设计的单元布局进行对比分析，选择一种最优的单元布局方案。为此，选择螺母工艺 1（高温合金六角自锁螺母、十角自锁螺母、十二角自锁螺母，以及合金钢十角自锁螺母、十二角自锁螺母类）作为代表产品，在新设计的三种单元布局中进行对比分析，绘制出螺母工艺 1 在三种不同布局方案中的线路图，分别如图 13-24～图 13-26 所示。

4. 确定最终改善方案

通过上述三种布局方案的对比，发现方案三布局下螺母物流路线最短，因此，选择方案三作为机加车间设备单元布局方案，具体布局如图 13-27 所示。改善后，机加车间的整体布局如图 13-28 所示。

13.2.7　改善效果

改善前机加车间螺母、螺栓加工线路如图 13-29 所示，灰色是螺栓加工线路图，黑色是螺母加工线路图。

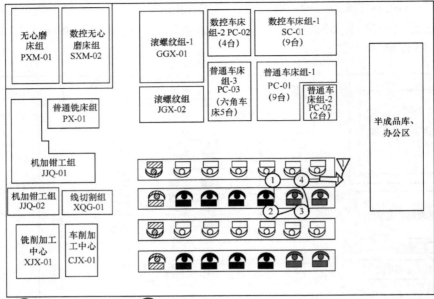

图 13-24　方案一布局下的螺母线路图

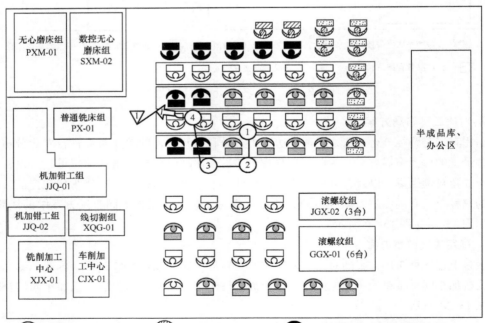

图 13-25　方案二布局下的螺母线路图

第13章 物流及生产布局改善

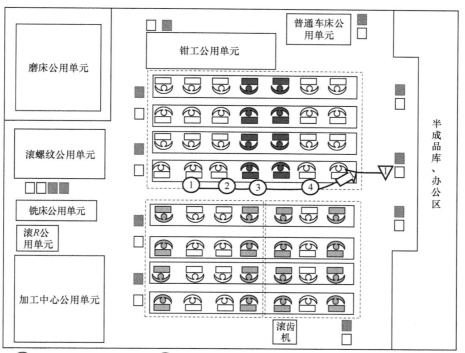

图 13-26 方案三布局下的螺母线路图

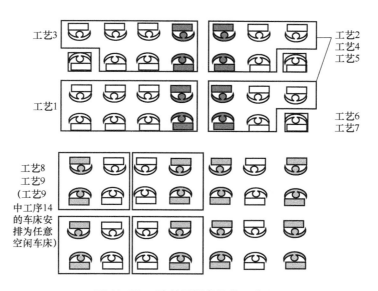

图 13-27 改善后设备的单元布局

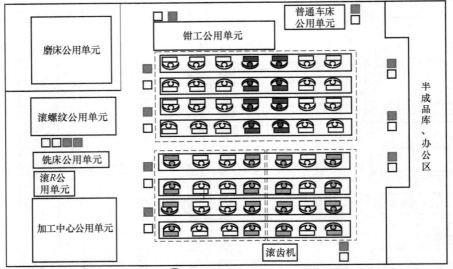

图 13-28 改善后的机加车间布局图

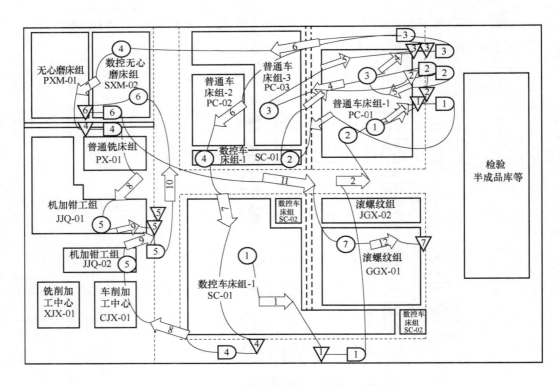

图 13-29 改善前的螺母、螺栓加工线路图

改善后机加车间螺母、螺栓加工线路如图 13-30 所示,浅色是螺栓加工线路图,深色是螺母加工线路图。

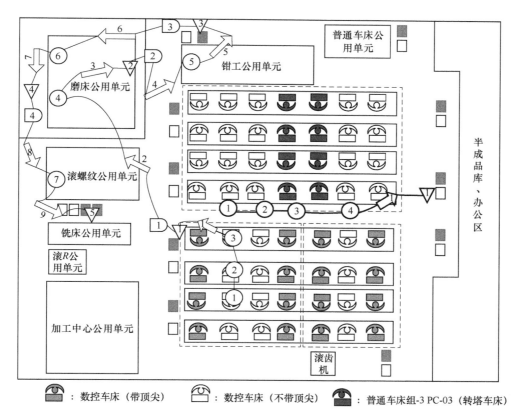

图 13-30 改善后的螺母、螺栓加工线路图

改善效果如下:

1)减少了迂回倒流、交叉流动的现象,缩短了物流搬运距离,降低了物流成本,提高了生产效率,减少的操作活动见表 13-15 和表 13-16。

表 13-15 螺母工艺流程改善效果统计表

活 动	改善前的功能布置	改善后的单元布局	节 约
操作 ○	5	4	1
搬运 →	9	1	8
等待 D	4	0	4
储存 ▽	5	1	4

表 13-16 螺栓工艺流程改善效果统计表

活 动	改善前的功能布置	改善后的单元布局	节约
操作 ○	7	7	0
搬运 →	12	9	3
等待 D	6	4	2
储存 ▽	7	5	2

2) 缩短了生产周期。改善后，生产周期比原来缩短了 25min。以加工批量为 1000 件的高温合金托板自锁螺母为例，假设工序准备时间为 60min，工序间的等待搬运时间为 60min，单元布局下的流转批量为 100 件/批。机加工序：①车（粗车外形）1min→②车（车端面、钻孔）2min→③车（车端面）0.4min→④车（攻螺纹）2min→⑤车（车收口外圆）0.6min→⑥线切割（割托板外形）2min→⑦去毛边 0.2min。则改善前功能布局下的总生产周期为

$$T_{总} = T_{准备} \times n + (T_1 + T_2 + \cdots + T_7) \times N + T_{等待} \times (n-1)$$

式中　T_i——各工序耗费时间；

　　　n——工艺数量；

　　　N——加工批量的数量；

　　　$T_{准备}$——工序准备时间；

　　　$T_{等待}$——工序间等待搬运的时间。

即 $[60 \times 7 + (1 + 2 + 0.4 + 2 + 0.6 + 2 + 0.2) \times 1000 + 60 \times 6]$min = 8980min。改善后，单元布局下产品的总生产周期为 $[2340 + 60 \times 3 + 60 \times 2 + (2 + 0.2) \times 1000]$min = 4840min。

13.3　本章小结

本章案例涉及物流配送的改善和生产布局的改善。主要通过改善配送工具、方式、路线和设施等，来优化物流配送；主要通过分析产品工艺流程和现存问题，来改善企业生产布局。企业现状改善涉及方方面面，需要综合利用工业工程相关方法和工具，同时结合现状才能达到改善效果。

参 考 文 献

[1] 谭延尧. 基于价值流图的 M 公司 X253 保险杠装配线改善研究及应用 [D]. 重庆：重庆大学，2016.
[2] 史常雄. 某车间单元生产布局设计 [D]. 重庆：重庆大学，2015.
[3] 易树平，郭伏. 基础工业工程 [M]. 2 版. 北京：机械工业出版社，2013.
[4] 王丽亚，陈友玲，马汉武，等. 生产计划与控制 [M]. 北京：清华大学出版社，2007.
[5] 吴芳. 学习曲线效应在成本分析中的经济意义 [J]. 中国市场，2014（47）：25-26，31.
[6] 蒋祖华，奚立峰，等. 工业工程典型案例分析 [M]. 北京：清华大学出版社，2005.
[7] 郭伏，钱省三. 人因工程学 [M]. 北京：机械工业出版社，2006.
[8] 李江栋，陈志光，胡冰平. 工业工程改善方法及案例精选 [M]. 广州：世界图书出版公司，2013.
[9] 刘晓红. 工作抽样法在家具企业生产管理中的应用 [J]. 南京林业大学学报（自然科学版），2003，27（1）：67-71.
[10] 杨社教. 学习曲线在企业成本预测中的应用 [J]. 煤，2007，16（6）：70-73.
[11] 赵雄飞. 针对中国国情的城市公交车人因工程分析 [J]. 商用车，2005（1）：26-27.
[12] 郭国民，张国民. 工作研究在流水线平整中的应用 [J]. 工业工程与管理，2005（2）：120-124.
[13] 李青，周炳海. 工序分析法在投影仪装配线改善过程中的应用 [J]. 工业工程与管理，2007（1）：106-111.
[14] 张志强，周炳海. 基于流程分析法的汽车座持装配生产线改善 [J]. 机械制造，2007，45（10）：56-59.
[15] 张黎阳. 模特法平整轴承装配线 [J]. 轴承，1997（11）：27-33.
[16] 孔凡栋，张欣，吴宇. 服装缝制车间作业时间研究 [J]. 西安工程科技学院学报. 2006，20（1）：46-49.
[17] 王丽莉，张凤荣. 生产计划与控制 [M]. 北京：机械工业出版社，2006.
[18] 潘尔顺. 生产计划与控制 [M]. 上海：上海交通大学出版社，2003.
[19] 陈友玲. 市场调查预测与决策 [M]. 北京：机械工业出版社，2019.
[20] 李敏，韩立国. 工作抽样在管理人员工作效率问题应用的案例研究 [J]. 科技进步与对策. 2004（10）：133-134.
[21] 杨雷. 工程硕士实践教学案例指导书 [M]. 北京：清华大学出版社，2013.
[22] SALVENDY G. Handbook of Industrial Engineering [M]. 3rd ed. New York：John Wiley & Sons, Inc.，2001.
[23] 李青. 精益生产在投影仪生产线优化项目中的运用 [D]. 上海：上海交通大学，2006.
[24] 徐刚. 工业工程应用于医院流程改进研究 [D]. 天津：天津大学，2006.
[25] 李军，孟春华. 工作研究用于生产线再设计：案例研究 [J]. 工业工程，2009，12（4）：121-125.
[26] 徐海林，王洋，王准，等. 园艺泵装配作业时间研究 [J]. 排灌机械工程学报，2005，23（5）：15-18.

[27] 檀珣, 孙小明. MOD 法在装配流水线平衡中的应用 [D]. 上海: 上海交通大学, 2007.
[28] 张黎阳. 模特法平整轴承装配线 [J]. 轴承, 1997 (11): 27-33.
[29] 虞银水. MTM 在上海大众的应用和发展 [C]//中国机械工程学会. 中国机械工程学会第四次工业工程学术会议论文集, 1994: 190-200.
[30] 孔凡栋, 张欣, 吴宇. 服装缝制车间作业时间研究 [J]. 西安工程科技学院学报, 2006 (1): 46-49.
[31] 孙岩, 刘宝军. 白车身装配生产线平衡实践 [J]. 汽车制造业, 2007 (12): 76-78.
[32] 赵雄飞. 城市公交车的人因工程设计 [J]. 城市公共交通, 2005 (5): 18-20.
[33] 刘滨, 蒋祖华, 秦冰清. 基于人因工程学的"双通道"出纳台 [J]. 人类工效学, 2005 (2): 40-41.
[34] 刘树华, 鲁建厦, 王家尧. 精益生产 [M]. 北京: 机械工业出版社, 2009.
[35] 岳屹华. 基于价值流的 RLPB 产品的生产流程改进 [D]. 上海: 上海交通大学, 2008.
[36] 蒙业新, 赵相忠. 基于价值流图析的 HS 公司生产流程改进 [J]. 信息技术, 2011, 11 (11): 190-192.
[37] Agrawal P K. The related activity concept in assembly line balancing [J]. International Journal of Production Research, 1985, 23: 403-421.
[38] 倪稷子, 阚树林, 沈军. 基于价值流图技术的锁体生产系统优化 [J]. 工业工程, 2011, (4): 139-144.
[39] 王道平, 张学龙, 黄佳媛. 企业内部供应链中知识流的价值流图析 [J]. 工业工程, 2011, (4): 145-150.
[40] 慈铁军, 唐贵基, 向玲. 基于精益生产的作业改善研究 [J]. 中国工程机械学报, 2008 (3): 370-374.
[41] 冯登水. 精益生产在 DM 公司冲压生产线的应用 [D]. 上海: 华东理工大学, 2010.
[42] R V, K R. A decision framework for maximising lean manufacturing performance [J]. International Journal of Production Research, 2012 (8): 2234-2251.
[43] BLANCO. Application of lean production with VSM to the Rioja wine sector [J]. International Journal of Production Research, 2012 (7): 1890-1904.
[44] TAPPING D, LUYTER T, SHUKER T. Value Stream Management: Eight Steps to Planning, Mapping, and Sustaining Lean Improvement [M]. Productivity Press, 2002.
[45] ESFANDYARI A, et al. Application of value stream mapping using simulation to decrease production lead time: A Malaysian manufacturing case [J]. International Journal of Industrial and System Engineering, 2014 (25): 230-250.
[46] SETH D, GUPTA V. Application of value mapping for lean operations and cycle time redution: An Indian case study [J]. Production Planning and Control, 2007 (2): 44-61.
[47] Ulf K. Teichgr, Maximilian de Bucourt. Applying value stream mapping techniques to eliminate non-value-added waste for the procurement of endovascular stents [J]. European Journal of Radiology, 2012 (2): 48-65.